# LEONARDO DA VINCI

## A ALMA DE UM GÊNIO

MARISLEI ESPÍNDULA BRASILEIRO

# LEONARDO DA VINCI

## A ALMA DE UM GÊNIO

LÚMEN EDITORIAL

1ª edição - outubro de 2004

Direção editorial: *Celso Maiellari*
Preparação de originais: *Tereza Gouveia*
Revisão: *Adriane Gozzo*
Projeto Gráfico: *Daniel Rampazzo/Casa de Idéias*
Diagramação: *Claudio Braghini Junior/Casa de Idéias*
Capa: *Guilherme Xavier*
Impressão e acabamento: *Yangraf Gráfica*

**Dados Internacionais de Catalogação na Publicação (CIP)**
**(Câmara Brasileira do Livro, SP, Brasil)**

Brasileiro, Marislei Espíndula
Leonardo Da Vinci : a alma de um gênio /
Marislei Espíndula Brasileiro — São Paulo: Lúmen, 2004.

Bibliografia.

1. Leonardo, Da Vinci, 1452-1519 2 2. Pintores – Itália – Biografia I. Título.

04-5847 CDD-759.5

**Índice para catálogo sistemático:**

1. Pintores italianos : Biografia e obra 759.5

LÚMEN
EDITORIAL

Rua Espírita, 64
São Paulo - SP
CEP 01527-040
Tel/Fax (0xx11) 3207-1353

visite nosso site: www.lumeneditorial.com.br
fale com a Lúmen: atendimento@lumeneditorial.com.br
departamento de vendas: comercial@lumeneditorial.com.br
contato editorial: editorial@lumeneditorial.com.br

**2004**

A
Emídio Brasileiro.
Jenucy e Vinícius.

A Jesus, o supremo artista.
Aos meus pais, Ivaldo e Ana.
À sra. Maria Amélia.

# Sumário

# Apresentação

Por que Leonardo Da Vinci fascina tantas pessoas no mundo inteiro há várias gerações? Talvez por ter sido um artista completo e ter feito tudo o que faziam os homens inteligentes de sua época. Leonardo Da Vinci buscou a perfeição em cada detalhe: do guardanapo ao helicóptero, do parafuso à bicicleta, da caneta ao submarino. Ele também queria voar e fazer 'milagres'. Eis o verdadeiro gênio culto e sensível, que marcou o fim da Idade Média e o início dos tempos modernos. Da Vinci ensinou o homem a entender e a observar o mundo de maneira crítica e objetiva, não mais pelas superstições.

Este livro busca responder a este questionamento, conduzindo o leitor pelos passos seguidos por Leonardo Da Vinci desde seu nascimento, em Vinci, até sua morte, em Amboise, na França, desvendando e estabelecendo elos na intrincada teia de suas descobertas, invenções, pinturas e vida pessoal.

Escrever sobre Leonardo Da Vinci é um desafio ousado e complexo. Entretanto, os acontecimentos da vida da figura fantástica e genial deste homem que viveu o auge do século XV é capaz de elevar a mente de qualquer um que deseje conhecê-lo profundamente por suas obras ou pelo que foi escrito sobre ele.

*Leonardo Da Vinci — A alma de um gênio* é um romance criativo e bem escrito, e o que o público comum sabe a respeito de Da Vinci é muito pouco. Por isso, a autora Marislei Espíndula Brasileiro empenhou-se na busca de informações e de documentos que trouxessem à tona fatos sobre a vida, a obra e o pensamento deste gênio da Humanidade. Assim, por intermédio de pesquisas *in loco* e de contatos pessoais com amigos da Europa, Marislei teve acesso a obras raras existentes unicamente na Biblioteca do Vaticano, consultou pergaminhos guardados no acervo da Rainha Elizabeth, da Inglaterra, e vasculhou arquivos de milionários colecionadores franceses para conseguir seu objetivo. O resultado de todo este trabalho foi uma obra especial, que certamente atingirá os leitores em suas mais profundas emoções.

Romanceada, desde o início nota-se que a trama vem repleta de diálogos inteligentes, amor, aventura e muita ação. A descrição dos cenários conduz o leitor a uma época em que a injustiça social reinava entre reis, súditos, duques, burgueses, padres e fiéis. É justamente neste período, quando, no final do século XV, a arte e o cavalheirismo tentavam lapidar com títulos de nobreza os hábitos do povo, recém-liberto da 'peste negra', que eles sobreviveriam, a fim de passar às futuras gerações a mística da alquimia, da fé e das grandes descobertas.

Esta obra é um romance original, que tem o poder de não apenas aproximar do público leitor um dos mais completos artistas de que se tem notícia, mas também de elevar a alma humana à sensibilidade dos que perseguem seus sonhos.

Da Vinci foi um gênio inventor, modelo do homem da Renascença e talvez um dos maiores artistas da história e de seus contemporâneos, mas, acima de tudo, um homem capaz de provar que a perseverança no bem e o bom uso da inteligência e da sensibilidade não devem ceder às barreiras da ignorância e do fanatismo, tão contrárias à evolução da Humanidade.

Emídio Brasileiro – Goiânia/2004.

CAPÍTULO 1

# *A Nova Atenas*

NAQUELA MANHÃ DOURADA do ano de 1466, no alvorecer do mês de abril, o crepúsculo ainda envolvia a belíssima e independente república de Florença.[1] Fundada em 59 a.C., durante a primavera, a cidade aformoseada e governada pela família Médici transformava-se, aos poucos, em um próspero e glorioso centro de cultura, despertando gênios na escuridão medieval. Suas poderosas companhias mercantes levavam a indústria têxtil ao Ocidente e ao Oriente, apesar da crise econômica gerada pela Guerra dos Cem Anos. Ainda assim, o florim de ouro deu aos moradores da cidade um inigualável prestígio, merecidas glórias, paz e prosperidade, permitindo que, junto às águas límpidas do rio Arno, com suas pontes de pedra, florescesse uma vida artística e intelectual brilhante.

Aos poucos, os frágeis raios solares começaram a iluminar timidamente o centro da cidade formado por ricas residências em estilo gótico, cujas ruas rústicas recebiam cavaleiros apressados em imponentes cavalgaduras. Sem demonstrarem nenhuma consideração, eles abriam caminho, às vezes tropeçando em cães famintos e em escravos. Colonos cabisbaixos traziam em suas cestas e carroças os produtos a serem vendidos em agitado comércio, espalhado em feiras livres. Operários e homens livres, funcionários públicos e gente de toda sorte teciam a passos largos seus destinos e costumes sem o perceberem.

[1] Na atualidade, Florença é uma cidade do norte da Itália.

Numa das pequenas ruas às costas daquela confusão, um casarão de paredes brancas e de janelas abertas atraiu um vulto humano perfeitamente discreto e com gestos hábeis, o qual se esgueirou rente ao portal da janela. O vulto aproximou-se lentamente e, com mãos delicadas, dedilhou até encontrar o que certamente já havia visto de longe: pães. Num gesto hábil, recolheu os pães dispostos em uma caçarola e deixou no lugar um ramalhete. Com rapidez felina, desapareceu nas poucas sombras que restavam do alvorecer.

Após alguns minutos, ouviu-se o grito histérico de uma mulher em pânico:

— Socorro! Acudam!

— O que houve, mulher? — perguntou um homem barbado, que surgiu de dentro da casa, que pelo desalinho do traje, sem esmero e elegância, denunciava a condição de vendilhão.

A mulher falou, gesticulando:

— Pegaram todos! Santo Deus!

— Todos o quê, criatura? — insistiu o homem.

— Pegaram todos os pães que acabei de fazer para levar ao santo padre, para enfeitar a mesa no dia dos santos reis. Vê que atrevimento: ainda me deixaram flores no lugar!

— Ah, mulher, são os bastardos cada vez mais ousados! Nem o exército do papa poderá contê-los. Agora leve as flores para o padre e encontre outro lugar que não seja a janela para esfriar teus pães.

Distante dali, o vulto se escondia em um porão de uma mansão imponente, cuja entrada secreta tinha acesso por uma fenda na parede, ocultada por uma moita de "coroa-de-cristo".

Movendo a vistosa e espinhosa planta com muito cuidado, o vulto passou por uma abertura existente na parede, saltou e caiu de pé, com exímio equilíbrio, num vasto espaço mal iluminado e mobiliado por caixotes e móveis velhos, cheios de teia de aranha. Apenas uma parte central estava impecavelmente limpa e ocupada por um colchão de capim e uma pequena mesa improvisada.

Desfazendo-se da veste negra e do capuz, a luz prateada que entrava por algumas brechas revelou a bela face de uma garota. Ela trazia ao pescoço um fino cordão que sustentava um crucifixo de ouro. Não fosse seu corpo feminino bem formado, poderia ser confundida com um rapazote. Vestia-se assim com camisa e calças bem escuras, para facilitar sua movimentação sem ser notada.

Após desprender seus longos cabelos louros, ela sentou-se no colchão e retirou da bolsa os pães, começando a se nutrir com delicadeza e excelentes modos.

Aquele lugar secreto, havia muito não visitado, sitiava o porão da mais famosa oficina de artesãos de Florença, cujo mestre, André Verrocchi, tornara-se próspero após ter agradado os gostos da família Médici, banqueiros que administravam a fortuna do papa, acumulando, assim, poderes políticos e militares.

Acima do porão estava o primeiro dos três andares da casa luxuosamente decorada por dentro e por fora, com vistas para um lindo jardim. No primeiro andar estava a oficina com objetos próprios de um intenso trabalho: pinturas prontas, outras semi-acabadas e abandonadas, esculturas a serem finalizadas, potes para a preparação de tinta e aventais.

Com absoluto cuidado, a jovem tinha-se alojado ali havia cerca de dois anos. Com discrição, ouvia os sons dos passos inquietos dos freqüentadores. Um deles era o professor André, com quase quarenta anos, homem robusto, de baixa estatura, pele clara e cabelos escuros. Ele tornou-se um homem ocupadíssimo com suas encomendas e alguns alunos de pintura. Ângela, sua irmã, era uma beata que cuidava da limpeza da casa e deixava claro seu pavor por ratos. Tamanho era seu medo, ela nunca ia ao porão.

Ângela era uma dessas mulheres dedicadas e concentradas em sua função feminina. Cristã fervorosa, assim foram também sua mãe e a mãe de sua mãe. Quando André se levantava pela manhã, ela já havia preparado um rico desjejum, enfeitando a mesa e atiçando as narinas de quem se aproximasse da sala de refeições. Parecia incansável e raramente adoecia, a não ser em determinados períodos em que parecia indisposta. Mas isso não era motivo para que não começasse seu labor antes do nascer do sol, fosse cozinhando, lavando ou passando as roupas branquíssimas, limpando cada canto e cada móvel da imensa casa com muito asseio e rapidez.

Ela mesma preparava seus sabões, tecia e bordava suas toalhas de linho ou colchas de lã e preparava o trigo para o pão e o macarrão que ela própria fazia. Alimentava num viveiro galinhas e porcos, para nunca faltar carne no cardápio nem os ovos. Mantinha sempre renovada no quintal uma pequena estufa, na qual as batatas estavam sempre prontas para serem colhidas.

Era uma alma inquieta, porém sabia seu lugar e não se casara por razões que ela própria desconhecia, já que não lhe faltaram beleza e candura na mocidade. Assim se passavam os dias de Ângela, como os de muitas mulheres valorosas, cuja importância só é percebida quando perdida. Além de seu ofício feminino, Ângela era conhecida por ser excelente parteira.

Se uma criança estava por nascer, lá estava ela, prestativa, a auxiliar a parturiente, aliviando suas dores. Usava com sabedoria folhas e raízes de ervas medicinais, e para todo tipo de enfermidade havia uma receita caseira que fazia com benevolência e fé, uma prática que enfurecia os médicos e droguistas da cidade. No entanto, todos sabiam das condições precárias dos mais pobres, já que apenas os ricos tinham recursos para pagar um médico. Por isso existia uma falsa tolerância quanto às parturientes leigas. Muitos médicos já se reuniam com o clero a fim de evitar que tais mulheres continuassem esse ofício, mesmo que as parturientes, envergonhadas, demonstrassem certa aversão à presença masculina em hora tão delicada.

Na parte de cima da casa, André amanheceu recostado a uma imensa poltrona e foi desperto carinhosamente pela doce voz da irmã:

— Acorde! Ah, pobrezinho, dormistes no labor do ofício?

— Ah? Quê? Já amanheceu? — falou André, esfregando os olhos. — Preciso entregar esta escultura ainda hoje ou não receberei dos monges os florins de que preciso para quitar meus débitos.

— Um banho te revigorará as forças — disse Ângela, otimista. — Fiz-te uma polenta bem temperada, misturada com ovos cozidos; logo terás força para terminá-la e receber também a visita do senhor Pietro.

— Não me esqueci, minha irmã, de que marquei este compromisso, embora preferisse não receber ninguém pela manhã. Mas como posso recusar negócios com um homem tão rico... E irritante?

Enquanto André se dirigia ao banho, uma imponente e luxuosa carruagem estacionava em frente à sua oficina. Dela descia um homem forte, de tez corada e cabelos ruivos. A cabeça grande, a testa larga e grosseira denunciavam, pela expressão carregada, um indício de espírito ganancioso, estúpido e de baixo caráter. Logo depois, desceu um rapazote tímido, franzino, delicado, porém de olhar decidido e inteligente. Sua expressão suave, acompanhada por olhos azuis e nariz bem desenhado sobre uma pele cor de pêssego, fazia lembrar a tez dos anjos, por causa de seus cabelos cacheados de um louro-ruivo. Seus gestos precisos deixavam claro que era um espírito nobre, distinto e de elevados princípios.

Antes que batessem à porta, foram recebidos por Ângela, que ajeitava o lenço branco na cabeça, querendo não deixar nenhum fio de cabelo à mostra. Recebendo-os sorridente e reverente, ela falou:

— Adentre-te que meu irmão logo irá receber-te. Ele está no banho, pois trabalhou até agora. Se não for incômodo, poderás aguardar um momento?

Impacientemente, sr. Pietro interpelou:

— Tenho outros afazeres, não posso esperar o dia inteiro!

Assim que terminou de falar, André surgiu animado, dizendo após se curvar:

— É uma honra servir o senhor com nosso humilde trabalho. Posso pintar um afresco magnífico de tua família, moldar uma estátua para eternizar-te ou pode ser que queiras meus préstimos como ourives...

Sr. Pietro interrompeu:

— Não vim encomendar nenhum trabalho, senhor Verrocchi. Por enquanto, preciso de teus serviços como mestre. Observe estes desenhos — disse, entregando-lhe dois rolos — e verás se aceitas ou não este menino por discípulo.

André imaginou que poderia estar diante de mais um aventureiro no mundo das artes. Assim, desenrolou com certo desinteresse o material recebido. Ao ver o primeiro dos desenhos que retratava, à tinta de escrever, a figura da Virgem Santíssima com o Menino Jesus no colo, André ficou estático. Desenrolou os outros e da mesma forma viu que havia desenhos lindíssimos de plantas, cavalos, cabeças humanas delicadíssimas e paisagens fantásticas. Assim cativado, voltou-se para sr. Pietro e perguntou:

— De quem disseste serem tais desenhos?

— Deste menino, senhor — disse, empurrando-o com brutalidade, fazendo com que o jovem rapaz desse um passo à frente.

Após olhar os desenhos com meticulosidade, o mestre falou:

— São magníficos! Se realmente feitos por um menino, diria que são fantásticos! Está harmonioso, belo. — Fazendo-se valorizar, mudou o tom de voz, completando com pouca modéstia: — Não são melhores que os feitos em minha oficina, mas vão além dos de muitos aprendizes. De onde veio o garoto?

Sr. Pietro respondeu:

— De Vinci. Conheces o pequeno vilarejo entre montanhas e vales a menos de um dia de viagem daqui?

— Sim, conheço. Este menino é teu filho? — questionou André com mais interesse.

— Bem, sim... Digo... Não... Quero dizer...

— Em nome de Deus, homem, é ou não é? — ironizou André.

Sr. Pietro sentiu-se pressionado, então respondeu sem pudor:

— Minha vida particular não interessa a ninguém, mas, se queres mesmo saber, é fruto de uma aventura. Sou homem, sabes como é, não pude resistir a uma bela camponesa. Tenho minha própria família, mas não quero que o avô do menino me venha puxar o pé. Além do mais, ele não quer fazer outra coisa a não ser desenhar. Então percebi sua inclinação e ele... — De repente, sr. Pietro cansou de explicar-se e concluiu: — Sou membro de uma ilustre família, compreendes? Enfim, é um filho bastardo, pronto!

— Ora, um filho bastardo é menos filho que os outros? — interferiu Ângela, que estava por perto.

Sr. Pietro ignorou-a, dizendo a André:

— Se não podes atender-me em minha solicitação, senhor Verrocchi, posso procurar outro mestre.

— Sim, posso atender-te. Que idade tem o menino? Aliás, como é mesmo teu nome?

— Leonardo, senhor, e não sou mais um menino! — respondeu o jovem, que até o momento ouvia em silêncio palavras tão duras, mas parecia suportá-las com heroísmo interior. — Tenho catorze anos e sou mais inteligente que muitos de quarenta. E não me importo se meu pai não deseja legitimar-me. Sei cuidar de mim.

O professor mirou-o de cima a baixo, deu uma volta ao redor do jovem e disse otimista:

— Se és realmente talentoso como és ousado, meu caro Leonardo, poderás atrair a corte dos Médici em pouco tempo. Pois bem, aceito-te como aprendiz de minha oficina!

Sr. Pietro interpelou:

— Vês como é um ingrato? Não espere muito, senhor André. Tuas aulas serão pagas com o trabalho que ele desempenhar. Até logo. — Deu as costas sem se despedir, deixando a porta aberta.

— Vá com Deus! — despediu-se Ângela, fechando a porta, incomodada pela grosseria do visitante. Com pena do garoto, ela completou: — Se há homens dessa natureza é porque Deus quis que fôssemos mais pacientes. Venha comigo, Leonardo, vamos lavar estas mãos, fiz bolo fresquinho.

# CAPÍTULO 2

# *Talento Precoce*

— Que tenho eu com isso? — respondeu sr. Pietro bruscamente, pretendendo não se encarregar de nenhuma preocupação além das que já tinha consigo mesmo. Sua vida era folgada, regada a vinho e a tolas vaidades oferecidas pela riqueza de sua família, que enriqueceu graças às manobras pouco honestas de seus ancestrais.

Antônio agarrou-o pela gola e disse com raiva contida:

— Pois digo, meu quase genro: não te matei quando desonraste minha inocente filha, deixando-a com um filho nos braços, porque sou um bom cristão. Sei que tenho poucos dias de vida, por isso serei capaz de matar-te se não fizeres algo pelo menino. E não penses que para mim é difícil reduzir-te a um punhado de estrume com uma única palavra.

Sr. Pietro afastou-se e desdenhou:

— Há! Não acredito em feitiçaria!

Antônio, com a voz mais controlada, imaginou seu único neto freqüentando bailes, bebendo, fazendo barganhas desonestas, tais quais as que sr. Pietro fazia com os colonos menos instruídos, e falou:

— Haverás de jurar-me diante do altar sagrado que não levarás meu neto para teu meio, onde reinam a inveja, a vaidade e os interesses escusos!

— Não te desesperes, velho, ele terá meu auxílio, mas nunca falará em público o sobrenome de minha família, que, como sabes, é abastada, nobre e...

— Sim, sei de toda esta história de importância, de tradição, de nome e espero que meu neto seja mais importante que o indigno sobrenome de tua rica família.

— Arre! Não tenho tempo para ouvir sandices de um velho pobre e tolo!

— Muito obrigado — disse calmamente Antônio. — A velhice respeitada e feliz é a colheita de uma juventude virtuosa, nunca te esqueças. Riquezas e honrarias, que te valerão se não fores para um bom lugar quando morreres?

— Nos palácios que freqüento jamais entrarás senão como servo, pois não tens nenhum título de nobreza.

Antônio começava a se irritar:

— Oh! Em nome de todos os santos, rogo que sejas esquecido pela posteridade!

— Velho parvo! — disse sr. Pietro ruborizado. — Felizmente nobres como eu não se casam com camponesas ou eu teria que te suportar. Mas, para que não me perturbes mais, cuidarei de encaminhar o menino para algum mosteiro o mais breve possível. Antes, saberei de alguma forma se ele é ou não meu filho. Se descobrir que não é, teu neto será morto por minha espada.

Sem se despedir, deixando o velho Antônio para trás, sr. Pietro esporou o cavalo e tomou distância. Cavalgou alguns momentos até que chegou às portas de sua imensa morada no topo de uma colina. Ao atravessar um portão de madeira, aberto por humildes servos, ele não poderia imaginar que encontraria o filho envolvido com carvões lapidados, em forma de bastões de várias espessuras, dispostos em uma caixa de madeira.

Enquanto cantarolava, o menino cuja expressão denunciava que não tinha mais que treze anos, desenhava na parede da casa uma figura feminina belíssima, descansada e pura, sentada despreocupadamente à sombra de uma frondosa árvore detalhadamente desenhada.

Sr. Pietro ficou estático diante daquela figura que parecia viva a seus olhos. Apesar de não ter suficiente sensibilidade para as artes, era bastante interessado em mulheres bonitas.

Quando o jovem o viu, assustou-se, temendo ser repreendido. Então, passou as mãos no desenho, apagando-o parcialmente e dizendo apavorado:

— Sinto muito, vou limpar tudo. Não te zangues, não me batas.

Despertando da admiração, o pai gritou:

— Não! Tua madrasta não fala comigo quando te castigo. Por que apagastes? Estava soberbo!

— Pensei que...

— Sim, é verdade, paredes não são lugares para rabiscos. Lava tudo ou levarás uma surra. Providenciarei material para que pintes no mosteiro para onde vais.

— Mosteiro? — assustou-se mais uma vez o jovem, que viu o pai dar-lhe as costas sem maiores explicações.

Nesse momento, surgiu à entrada da imensa morada o frade Angélico: homem altivo, de estatura acima da média, meio calvo, pescoço vermelho e gestos decididos. Amigo da casa e da família, havia muito observava os gestos do garoto e sua inclinação para a pintura. Alegremente, avistou de longe o menino, que correu para abraçá-lo e beijar-lhe o dorso da mão, cujos dedos longos denotavam sua personalidade psíquica.

— Deus do céu, vá te lavar, pois estás todo imantado de carvão! Onde está senhor Pietro?

— Entrou agora mesmo, padre.

— Que Deus te abençoe, meu filho! Por que estás tão triste? — disse, voltando-se a meio corpo.

— Meu pai me disse que serei enviado para um mosteiro. Se ele me obrigar a isso, fugirei para a França, onde ninguém poderá me encontrar!

— Para a França? Mas são nossos inimigos!

— Perdoa-me, padre, sei que os escolhidos tornam-se emissários diretos de Deus, mas não tenho nenhuma vocação para ser monge. Não que ame menos a Nosso Senhor, mas...

— Sim, filho, eu sei. Teu lugar é entre os artesãos, pois ainda tenho comigo os desenhos dos anjos que fizestes para presentear-me. Cuidarei de mostrá-los a teu pai. Após cumprir com minhas responsabilidades, falarei com senhor Pietro sobre ti. Não temas, sei como convencê-lo, pois já convenci a mim mesmo que as escolas florentinas necessitam urgentemente de mãos e mentes decentes, que não estejam interessadas em pintar nus.

— Padre, ouvi meu pai dizer, certa vez, que há maior prazer em se olhar alguém nu e belo que vestido e deformado.

O padre olhou-o, medindo-o, e disse com severidade:

— É exatamente o prazer que devemos suprimir. Ora, hoje em dia não se pintam outra coisa além de pernas e ombros de fora. Aonde iremos parar com estes desrespeitos? Bem, és ainda muito jovem. Vou falar com teu pai. Vá tomar um banho, pois estás parecendo um mouro.

O garoto saiu em correria, balançando os cachos de cabelos loiríssimos, indo encontrar Albiera, sua madrasta e madrinha, de braços abertos. Albiera sempre cuidara para que não faltasse nada ao garoto. Ela era uma alma sensível e cuidava dele como se fosse seu próprio filho, desde que sua mãe falecera. O avô havia começado a cuidar do menino, mas Albiera, a jovem esposa de sr. Pietro, longe de ficar com ciúme do filho de outra mulher, rogou ao esposo que o trouxesse para morar com eles. A princípio, ele negou severamente; no entanto, aos poucos ela o convenceu, mesmo sem a total aprovação do avô materno. Apesar das desavenças entre sr. Pietro e Antônio, Albiera conseguira batizá-lo já crescido, tornando-se sua madrinha.

Apesar da infância conturbada, aquela criança era leve como o vento e cheia de vida. Tinha no avô materno, Antônio, o melhor amigo, com quem brincava de pronunciar palavras ao contrário, e professor, que, com paciência, lhe ensinara a ler, a escrever e a pensar.

Quando retornou logo depois de um bom banho, com a pele rosada marcada por boas esfregadas, o padre já estava de saída. Ele o alcançou e perguntou ansioso:

— Espere! O que o senhor meu pai disse?

— Falei com ele — disse o padre. — Em breve ele te levará a Florença e talvez te coloque com algum mestre artesão. Vou recomendar-te ao escultor André Verrocchi. Bem sei que, com a morte de Donatello, que Deus o tenha, ele tornou-se o artista favorito dos Médici, para cujas recepções e festividade concebe estandartes e muitos elementos decorativos. Não era isso que querias, meu jovem?

Um sorriso espontâneo lhe iluminou o rosto rosado e ele disse:

— Sim, obrigado, padre! Que Jesus continue com o senhor.

— É mesmo, filho! — brincou o santo homem. — Ele está do meu lado direito?

— Não.

— Como não?

— Ele está dentro e ao redor do senhor, te envolvendo como a luz e o calor do Sol envolvem a Terra — respondeu-lhe o garoto com seriedade e serenidade, desconcertando-o.

Frade Angélico olhou-o nos olhos e falou profeticamente:

— Percebo que não falas como um garoto, mas como um espírito amadurecido. Pudera, tens uma natureza firme, paciente e perseverante, além de um grande talento para as artes e tudo o que se relaciona com construção de objetos. Porém, para alcançares a felicidade, deverás canalizar todas as tuas virtudes para a realização de coisas que tenham valor espiritual e que despertem sentimentos de beleza e harmonia; caso contrário, correrás o risco de não te realizares e de viveres em constante insatisfação.

— Já vivo assim, padre!

— Então, filho, evita atitudes volúveis. Não te vanglories de teu dom, pois foi te dado e pode te ser tirado. Te contentarás em vislumbrar teu nome adocicado nos lábios de teus sucessores após teu corpo ter descido à sepultura?

— Se queres dizer ser respeitado depois de morto, sim, mas se pudessem respeitar os artesãos enquanto vivos seria melhor. Meu próprio pai não me aceita. Se não fosse meu avô...

— Ora, teus inimigos não podem te fazer mal, pois teu tesouro não pode ser roubado. Teu talento não é único, mas só tu podes desenvolvê-lo em perfeição.

Sem compreender exatamente o que o padre queria dizer, o garoto ficou a olhá-lo, até que desaparecesse além do portão.

Aquele menino marcaria a história; seria um desses garotos que aprende a ler rapidamente e não mede esforços para subir em uma janela a fim de encontrar algo de interessante.

Numa dessas atiradas, o garoto encontrou uma passagem para a biblioteca do mosteiro próximo à sua casa. Sem ser visto, lá ficava um longo tempo escondido, folheando livros proibidos ao povo. Na verdade, não passavam de livros que falavam sobre sentimentos humanos como a alegria, a felicidade, o amor. No entanto, os que ele mais adorava eram os que tinham desenhos variados. Um livro custava o equivalente a uma casa, e o único livro disponível na cidade ficava na igreja; era uma grande Bíblia manuscrita, presa por correntes, para que não fosse roubada nem copiada.

CAPÍTULO 3

# *Um Baú de Surpresas*

NAQUELA TARDE, COMO de costume, Leonardo foi visitar seu avô e grande amigo, para contar-lhe as boas-novas. Ele estava sentado diante da lareira, testando uma nova flauta. Na tentativa de encontrar o tom ideal, treinava horas a fio. Não o conseguindo, tencionou lançá-la à lareira, mas ouviu um grito:

— Pare! — disse o neto, que acabava de entrar.

— Arre! Não consigo transmitir o som que me vem à mente. Há dias venho tentando sem alcançar um resultado satisfatório.

— Posso ver, vovô?

— Claro.

— Hum! — disse o garoto, examinando o instrumento. — E se o senhor acrescentasse um pequeno furo aqui atrás?

Antônio pegou a flauta, fez o orifício, lixou-o e tentou mais uma vez. Espirou um sopro suave e, dedilhando os dedos, conseguiu um som mais agradável e disse-lhe:

— Está melhor! Como o sabias?

— Eu não sabia — respondeu Leonardo, sentando-se a seus pés e esfregando as mãos diante do fogo, tentando se livrar do frio.

O avô guardou a flauta e silenciou. Leonardo percebeu que ele estava abatido.

— Que tens, querido avô? Tua pele tem a cor do trigo em época de colheita.

— Apenas uma noite maldormida. Vem, meu neto, aproxima-te e dá um pouco de alegria a estes olhos cansados. Catherine, tua mãe, me disse certa vez que, antes que teu pai a tomasse à força, teve um sonho; que um anjo a levou nos braços até uma nuvem e lá coabitou com ela. És como tua mãe, que Deus a tenha em seu regaço. Sempre a vi como um anjo do céu e tu também te assemelhas a eles. Porém, teu velho avô não viverá muito mais tempo para ver-te homem feito, casado, com filhos, tranqüilo, em um lar próspero, pelo menos tu, meu neto.

— Ah, meu avô querido! Como isso é possível?

— Ouve, Leonardo: enquanto tu nascias, igualmente nascia sobre o mundo uma nova forma de pensar. Não duvides estar presente a mão divina em todos os acontecimentos, principalmente quando os turcos conquistaram Constantinopla, pondo fim ao Império Bizantino e fechando aos europeus a rota para o Oriente. Com isso, definitivamente nosso povo teve que tentar chegar ao Oriente por outros caminhos, contornado a África, cortando o oceano Atlântico para descobrir os mundos que desconheciam. Enquanto os muçulmanos fecharam a Europa em seus flancos orientais, sabe-se que Portugal abriu-lhes os horizontes a partir das suas costas. Quem sabe podes te tornar um grande navegador! Sei disso porque fico à escuta das boas-novas que chegam de Florença e ressoam em Vinci. Poderia até mesmo acompanhar-te, mas agora meu coração está tão preguiçoso...

Leonardo olhou-o com certa preocupação e falou:

— Não me interesso pela busca de tais fronteiras. Que haverei de encontrar além-mar? Homens mais selvagens que nossos animais?

— Podes estar enganado, Leonardo. Minha memória já está falha, mas ainda sou capaz de lembrar de alguns fatos de meu passado distante. Senta-te aqui e presta atenção. Meu avô foi um cruzado importante e trouxe do Oriente relíquias que povos dominados haviam roubado de egípcios. Ele nunca as revelou a ninguém, mas antes de partir para Deus as entregou a mim e pediu-me que as guardasse com muito cuidado. E assim faço contigo.

— De que se trata meu avô? — disse o garoto com olhos reluzentes de curiosidade.

— Oh, estás interessado! Isso é muito bom! Move a pedra que fica detrás da cabeceira da cama e encontrarás um baú. Traga-o para mim.

Assim Leonardo fez, trazendo um baú de madeira muito antigo, mas bem conservado. Colocando-o no colo do velho avô, manteve-se extremamente curioso, ao que Antônio disse ao abri-lo e ver que estava repleto de papiros enrolados:

— Vê, são delicados, devem ser movidos com muito cuidado. De acordo com as inscrições dos hieróglifos, são do tempo do faraó egípcio Ramsés I. Abre um e vê quantos desenhos interessantes.

Leonardo desenrolou um deles com cuidado e viu que havia desenhos meticulosamente medidos, descrevendo pequenas e grandes pirâmides, cujo interior revelava câmaras diversas, pisos, plataformas e terraços engenhosamente calculados com entradas de ar. Sem compreender completamente do que se tratava, abriu outro e viu uma espécie de arca que voava sobre águas, contendo uma asa giratória em cima e duas do lado. Abriu mais um e viu inúmeras peças redondas que se encaixavam umas nas outras, fazendo-as girar.

Seu avô o observava, admirado em seu interesse.

Ao desenrolar outro, o menino não entendeu e disse:

— Não compreendo estes símbolos. É uma carta?

— Eu os explico. Eis uma lenda que te contarei. Senta-te aqui mais perto. Aqui diz que doze homens saíram do Egito dentro de uma nave, a fim de encontrar o outro lado do mundo. Atravessaram os oceanos e descobriram que existia uma terra longínqua, mais verdejante e fértil que as margens do Nilo e repleta de outros rios de água cristalina, onde encontraram apenas homens tolos vivendo à maneira dos bichos, que eram muitos e de várias formas. Tomaram o lugar, matando os primitivos moradores, usando lanças que cuspiam luz mortal. Quando retornaram e contaram tudo o que viram, o faraó designou grupos de homens, mulheres, crianças e escravos para trabalharem no lugar, a fim de tornar a terra digna da visita do grande deus. Eles foram dentro de outras naves, a fim de explorar o paraíso encontrado. Mas nunca mais voltaram. Em sonho, o faraó teve uma visão em que seu povo, logo que lá chegou, encantou-se com as belezas daquela terra. O deus Rá, como punição por terem matado e expulsado o povo primitivo, destruiu suas naves voadoras, e eles, que não sabiam mais como reconstruí-las, não puderam nunca mais retornar para o Egito.[2]

— Mas, vovô, como pôde um povo tão inteligente ter-se tornado primitivo?

— Rá também lançou a eles a tarefa de preservar aquele santuário, esquecendo-se do que tinham visto no Egito, isto é, adorando os deuses Sol e Lua, sobrevivendo apenas da caça, da pesca, vestindo tangas e fazendo suas casas com o que a floresta fornecesse. É o que descreve estes papiros. Guarde-os com zelo. Quando fores adulto, poderás navegar e encontrar tal paraíso.

— É realmente fantástico! Por que o senhor nunca me mostrou tal baú?

— Quero que tomes cuidado para que o clero não saiba que está em teu poder este baú, pois poderia custar tua vida. Havia outros, mas foram destruídos com seus donos, já que qualquer cultura fora da Igreja representa um perigo. Não acredito que tais relíquias ofendam nosso Senhor Jesus Cristo ou torne seus fiéis incrédulos, mas, se os padres as temem, que tenhamos cuidado. Por isso ainda não te mostrei, pois eras uma criança. Não tenho outro neto e já estás crescendo. Chegou o momento certo. Agora tu és um jovem; logo mais, serás homem feito e poderás conhecer outras fronteiras.

— Não, vovô, não sinto que este seja o meu caminho. Prefiro ficar aqui e descobrir o que ainda há de mistério nos detalhes que nossos olhos viciados ainda não viram. Há muito da alma humana e da natu-

[2] Cogita-se que a referência aos povos que habitaram a terra estranha seja aos ianomâmis, cujas características lembram as dos egípcios antigos: cor da pele, cabelos cortados em forma de franja, aparência de esfinge ou de estátuas de faraós egípcios. Suas ocas são em forma piramidal, e sua medicina aparentemente primitiva dá lições ao mundo civilizado.

reza a ser sondada. Deixarei as viagens para os aventureiros; enquanto isso, buscarei a essência da natureza humana.

— Sim, eu sei, tens razão. Mas o pão de cada dia precisa ser ganho. Como o obterás?

— O pão que conseguirei será com meu trabalho. Vejo muitos homens no labor diário, cada um em seu ofício, mas não me sinto atraído por nenhuma dessas profissões. Sei que muitos ganham seu sustento com dignidade e honestidade, outros nem tanto, mas não consigo imaginar-me lidando com a terra, nem com o comércio, muito menos como um bufão da corte. Que o carpinteiro busque encontrar a perfeição de sua obra; eu, por minha parte, buscarei alinhar minha mente para melhor compreender o significado da vida. Independentemente do que venha a fazer, o senhor verá que não precisarei de meu pai.

— Ah, teu pai! Deves perdoá-lo! Peço-te que não lutes contra ele — disse abraçando-o e recebendo do neto querido o mesmo carinho sincero. — Meu neto querido, quero que jures por tudo que é sagrado que jamais te sentirás menor que ninguém por seres um filho bastardo.

— Bastardo! O que é um bastardo, vovô?

Nesse instante, o velho Antônio levou a mão ao peito. Sentiu uma dor insuportável, a qual procurou disfarçar para não preocupar o neto, mas não teve forças e gemeu alto por algum tempo, esfregando o braço esquerdo. Leonardo segurou-o, tentando ajudá-lo, e gritou desesperado:

— O que tens? O que faço? Alguém, socorro!

Vendo que nada podia fazer, Leonardo viu seu velho companheiro, amigo e confidente se esvair em seus braços, debatendo-se num último suspiro. Logo chegou uma mulher que ajudava nos serviços da casa. Ouvindo os gritos, jogara ao chão uma bacia de roupas molhadas que trazia nos braços e correu para socorrê-lo. Porém era tarde. Antônio havia partido ante as lágrimas de Leonardo, que o fitava, tentando compreender o que se passara. Ele queria ver se era possível ver a alma saindo do corpo e o céu se abrindo, como tinha ouvido falar. Suas impressões diante daquelas imagens faziam-no delirar em cada detalhe. Sua mente arguta precisava saber as razões pelas quais o avô levara a mão ao peito, depois se contorcera e esfregara o braço.

Sem conter o pranto, o jovem tocou os cabelos brancos daquela cabeça genial, a pele pálida, enrugada e sem elasticidade daquele rosto que com ele sorrira tantas vezes qual criança. Acariciou as mãos inertes que tantas vezes o afagaram e o consolaram, quando criança, nos momentos de angústia em que se lembrava que a mãe o havia abandonado.

Logo chegaram os colonos e cuidaram para que Antônio fosse sepultado segundo os ritos cristãos. Naquela tarde, enquanto Leonardo chorava, fazia muitas perguntas a si mesmo e de sua própria consciência encontrava respostas.

Depois que o avô se foi, ele não mais fez questão de ser compreendido por qualquer outra pessoa. Ninguém jamais o compreenderia como seu avô. Leonardo jurou a si mesmo que jamais se apegaria a coisas ou a pessoas, para não sofrer como sofrera pela perda de seu avô e amigo, Antônio.

Seu pai ainda demorara alguns meses até levá-lo para Florença, a fim de matriculá-lo na escola de André Verrocchi. Antes de tomar tal decisão, chamou-o ao salão onde deveria receber aulas de esgrima, mas Leonardo sempre encontrava uma razão para esquivar-se, até que um dia o pai não mais aceitou desculpas. Aproveitando que a esposa estava doente e acamada, Pietro arrastou Leonardo até a sala de jogos, onde pegou uma espada. Leonardo falou assustado e inocente:

— É uma bela espada, de formas perfeitas... é bem afiada, pode machucar alguém!

Pietro apontou-a para a garganta do filho e disse rispidamente:

— Escolha a tua. — Leonardo engoliu em seco, olhou para todas as armas de variados tamanhos e formatos penduradas pelas paredes e expressou um desânimo. — Escolha qualquer uma, pirralho! — insistiu Pietro, impaciente.

— Não, por favor, papai... Prefiro...

— Cala-te e obedece pelo menos uma vez. Jamais saberei se és realmente meu filho se não duelares comigo.

— Mas por que tenho que usar a espada para provar que sou teu filho?

— Se o és, saberás duelar, pois nisto sou o melhor de todos. Aprendi a usar a espada antes mesmo de saber falar. Anda, insolente, toma esta aqui — disse apontando — antes que eu o faça em pedaços.

Trêmulo, Leonardo escolheu uma espada média, pendurada na parede.

— Pois bem — ordenou Pietro —, posiciona-te. Se não vais atacar-me, põe-te na defensiva.

Assim Leonardo fez, defendendo-se de cada golpe, temendo que o pai quisesse matá-lo. Durante algum tempo o tinir dos metais chamou a atenção dos criados, que, ocultos atrás das janelas, assistiam ao espetáculo, torcendo pela vitória do jovem.

No entanto, Pietro não estava brincando e, após derrubar o garoto no chão, começou a gritar:

— Ataque-me, ataque-me!

Leonardo parou, jogou a espada no chão e saiu correndo.

Como um tigre, Pietro avançou sobre ele e, agarrando-o, colocou a espada em seu pescoço. Nesse momento, avisada por uma serva, Albiera surgiu no salão e gritou:

— Retém tua espada, meu senhor e marido! Não permitas que o sangue inocente macule tua herança. Deixa-o ir, em nome de Deus!

Sr. Pietro soltou-o num safanão e disse, desanimado, após vê-lo distanciar-se correndo:

— Não pode ser meu filho! Catherine e Antônio mentiram!

— Meu senhor, eu te rogo: sendo ou não teu filho, leve-o hoje mesmo para Florença. Foi o último pedido de Antônio e também era da vontade de teu pai que o encaminhasse aos estudos.

— Farei isso para que não o veja nunca mais!

Nesse momento, Albiera caiu desmaiada. Pietro carregou-a de volta à cama. Dias depois desse acontecimento, Leonardo sofreria outra perda importante. Sua madrasta não resistiria à misteriosa doença, vindo a falecer.

Leonardo tentou fugir, mas ao saber que sr. Pietro realmente não teria outra escolha senão levá-lo à oficina em Florença deixou-se levar.

CAPÍTULO 4

# A Ponte do Orgulho

ANDRÉ NÃO TEVE tempo para Leonardo. Naquela manhã, recomendou a Ângela que, tão logo chegasse um de seus pupilos, este deveria mostrar a cidade ao novato, atraindo-lhe a atenção para as pontes, as esculturas, as pinturas e os monumentos.

O primeiro a chegar foi Filipe, um rapazote de pouco mais de treze anos. Altivo, tentava se portar como um príncipe, vestindo-se como um ou se expressando por palavras decoradas, que denotavam um superficial verniz.

Garoto de família abastada, estava contaminado pelas futilidades da corte e embevecido pela moral rigorosa imposta por sua família. Fazia questão de manter uma expressão arrogante, com o nariz sempre empinado e as sobrancelhas elevadas. Apesar de ser filho de um médico, apresentava uma tosse crônica que não sarava nunca. Quando ficava nervoso, e isso acontecia freqüentemente, seus espasmos chegavam a ponto de fazê-lo expelir sangue pela garganta.

Seu pai tinha a fama de gritar com os pacientes que atendia. Extremamente autoritário, exigira desde cedo que o filho seguisse a mesma carreira, embora Filipe, desde criança, demonstrasse dons para a pintura. Nesse constante dilema, via-se desprezado pelo pai agressivo e igualmente pela mãe disciplinadora, que exigia sempre do filho ser o melhor entre todos de sua idade, sem importar a que preço.

Nesse ambiente de orgulho e arrogância, Filipe, com o tempo, ia se moldando à frieza de seu mundo. Por isso, achou um absurdo ter de servir de pajem a alguém vindo de uma aldeia insignificante. Porém, André não era o tipo de professor que deixava escolhas aos alunos. Se precisasse, seria mais rude ainda. Mantinha por detrás da porta um chicote usado para espantar os cães e não hesitaria em usá-lo no lombo de algum aprendiz menos obediente.

Logo que Ângela apresentou Leonardo, ela ordenou a Filipe que conduzisse o novato às vistas da cidade, ao que ele respondeu com irritação:

— Sim, senhora, mas não penses que vou vigiá-lo!

— Se foste escolhido para vigia-lo, é porque Deus quis — disse Ângela.

Leonardo, apesar de vê-lo com má vontade, não desanimou e disse:

— Haverei de surpreender-te. Será bastante divertido o nosso passeio.

Ambos adentraram a carruagem, e o cocheiro os levou em direção à ponte Vecchio. Tomando a direção da praça dos Senhores, viram pelo caminho inúmeros vendedores de tecidos, couro, alimentos e utensílios. Seguindo em frente, após passarem pelo Palácio Vecchio, à direita da ponte com o mesmo nome, atravessaram aos poucos ruas secundárias iniciadas em paralelas à Igreja Franciscana de Santa Cruz.

A ascensão da burguesia e a queda do feudalismo fizeram com que a cidade crescesse vertiginosamente, mas sem nenhuma estrutura.

Com expressão de poucos amigos, o jovem foi dizendo, nos intervalos em que não tossia, o nome das ruas, das igrejas e dos monumentos em frente ao palácio, até chegarem ao rio. A paisagem do Arno tornara-se especialmente bela com a chegada da primavera. Com o dia claro, algumas mulheres aproveitavam para lavar roupas às margens do rio, cantarolando uma música comum.

Quando desceram, próximo à entrada da ponte repleta de transeuntes, algumas pessoas passavam pelo jovem e o cumprimentavam, ao que ele retribuía elevando as sobrancelhas. Caso fosse uma pessoa mais importante, retirava o chapéu enfeitado por uma grande pena negra.

Leonardo admirava o movimento das águas límpidas do Arno. Nesse meio tempo, um grupo de três rapazes se aproximou deles. Pela recepção amistosa, logo se viu que eram amigos de Filipe. Entre eles estavam Alessandro e seu irmão Piero, bem como Lourenço de Credi. Filipe deu alguns passos à frente, deixando Leonardo para trás.

Leonardo, na certeza de que o jovem tudo fazia para esconder que o guiava, teve uma súbita e infeliz idéia. Enquanto os jovens conversavam animadamente, Filipe não percebeu que Leonardo distanciou-se e posicionou-se na beirada da ponte. Um dos jovens, ouvindo gritos de mulheres, apontou para o lado e perguntou:

— Que pretende aquele louco?

— Quem? — perguntou Filipe, virando-se, arregalando os olhos e correndo em disparada para onde estava o jovem completamente nu, preparando-se para saltar da ponte. Filipe ainda gritou: — Deus do Céu! Pare, não ouses fazer isso!

— Ele saltou! — gritaram os transeuntes estupefatos. As mulheres que lavavam roupas à beira do rio gritaram histericamente e cobriram o rosto com as roupas molhadas.

— Um belo salto! — disse Alessandro, cuja fisionomia denunciava não mais de vinte e cinco anos. — Pena ser uma má conduta para afetar uma sociedade cheia de rigores e pudores.

— Tu o conheces? — perguntou Lourenço de Credi.

— Infelizmente conheço este doido — respondeu Filipe entre tosses. — Vamos, desçamos para retirá-lo da água, ou mestre Verrocchi castigará a mim por causa desse aldeão imbecil.

Os jovens saíram correndo, a fim de alcançar a margem e ir ao encontro de Leonardo, levando-lhe as roupas. Filipe vociferou de longe:

— És louco, queres morrer? Não estás em Vinci! Se formos presos por tua causa, haverei de vingar-me de ti, mesmo que leve muito tempo. Aliás, haverei de me vingar assim mesmo, por teres me envergonhado diante de meus amigos.

Nesse exato momento, um grupo de batedores cavalgados dirigiu-se à ponte, com um mensageiro dizendo em voz alta:

— Abram caminho para o príncipe! Abram caminho!

Os transeuntes voltaram-se para a cavalaria e curvaram-se. Os homens com seus chapéus e carapuças ao peito reverenciavam o filho de Cosme de Médici, Lourenço, cuja idade não ultrapassava a casa dos dezessete anos. No entanto, sua condição de membro da mais rica família de banqueiros fazia com que todos o tratassem como se fosse um príncipe. E ele gostou deste título, mais do que seu irmão Giuliano.

Percebendo a confusão à beira do rio, o jovem Médici, altivo, olhava para o acontecimento sem o compreender. Então, perguntou a seu conselheiro, um homem que aparentava uns trinta e poucos anos, magro, de rosto fino, marcado por sobrancelhas grossas que se encontravam no alto do nariz:

— Quem é ele?

— Com tua permissão, senhor, saberei imediatamente logo após prendê-lo — disse, adiantando o passo com uma estribada na costela do garanhão em que estava montado.

— Espere — disse o príncipe —, eu mesmo irei. Vejo que lá estão alguns amigos artesãos.

— Mas, senhor... — obtemperou o conselheiro com seus cuidados inúteis à audácia do jovem Médici.

Logo que se aproximou do grupo, o qual ficou preocupado com sua presença, Filipe retirou do bolso da casaca uma pitada de sal, que lançou à boca, a fim de conter o acesso de tosse. Lourenço, ao aproximar-se, questionou:

— Quem é o donzelo audacioso?

Todos se curvaram e retiraram os chapéus.

— É um aldeão, aprendiz de pintor — disse Filipe, empalidecido e trêmulo. — Perdoe-me, mas não passa de uma besta. Ao que me parece, veio de Vinci para aprender com Verrocchi. É apenas um bastardo, meu senhor.

Enquanto ele falava, Leonardo saía da água, e Filipe jogava-lhe as roupas, dizendo num tom terrível:

— Vista-te imediatamente. Estás diante de um nobre. Como ousas mostrar tuas vergonhas?

O jovem tremia de frio, mas ria sem parar enquanto se vestia.

Francesco Botticini, que acabara de se aproximar, cumprimentou a todos e falou entusiasmado:

— Não te vistas ainda. Que belo corpo, um esplendor! Acredito que encontrei um modelo para meu São Miguel em "Tobias e os arcanjos". Sempre tive dificuldade para representar corpos formosos, visto que é difícil encontrar uma pessoa cujas partes sejam todas perfeitas. Tinha sempre que escolher, entre muitas, as partes mais belas de cada uma e, assim, representar corpos totalmente belos. — Diante dos olhares de repreensão de todos, por sua euforia menos masculina, ele completou: — Ei, esperem! Sou muito homem, mas também sei reconhecer quando vejo um nu masculino perfeito. É incrível como algumas pessoas conseguem passar a vida toda com as costas completamente retas. Começo a ler e logo me vejo curvado, quase dobrado sobre o livro. Este jovem possui o corpo perfeitamente simétrico. Concordam, senhores?

Todos riram, vendo o rapaz gesticulando como se estivesse a delimitar as formas do corpo esguio e perfeito de Leonardo. A seguir, ele despediu-se de todos, demonstrando pressa em começar um novo projeto.

Os rapazes acharam a atitude de Leonardo extremamente ousada. Alessandro disse:

— Ah, como o invejo! Sempre quis fazer algo assim, mas nunca tive coragem. Acho que seria excomungado se me apresentasse nu diante do povo, quanto mais pulando da ponte!

— Tu ainda o acobertas? — disse Filipe, irritado.

— Pois digo que, se teu amigo for comigo, pularei igualmente despido.

Risos.

— Não — respondeu Leonardo, voltando o olhar para Filipe —, um ato natural é o bastante para derrubar o orgulho superficial de um homem ainda em fase de crescimento.

Nesse momento, a guarda real chegou na certeza de prender Leonardo por ter praticado um atentado à moral. Lourenço adiantou o passo e falou com a pequena tropa, logo a fazendo ir embora, após retirar do cinto uma bolsa cheia de moedas e distribuí-las aos homens, comprando o silêncio da própria guarda, haja vista que seu pai era generoso com os filhos, mas severo com o povo.

Filipe falou a Leonardo, agora já vestido:

— Agradeça a vossa magnificência, o filho do governador, por ter-te livrado da prisão por este ato insano.

— Não precisas agradecer-me — disse Lourenço. — A única novidade que acontece nesta cidade é o nascer do sol. Agora preciso ir, meus amigos, tenho negócios importantes.

— Muito obrigado — disse Filipe, beijando-lhe a destra. — Perdoe as faltas de Leonardo. Certamente foi uma honra para nós, nobre Lourenço, e mais uma vez estamos gratos pela tua intercessão junto aos guardas.

— Não há o que perdoar. — Dando as costas para Filipe, falou a Leonardo. — Prazer em conhecer-te.

Leonardo curvou-se e disse:

— O prazer é todo meu.

Após ser correspondido, Lourenço retirou-se com seus batedores.

— Filipe — ralhou Alessandro —, tu és mesmo um folgado! Faltaste babar aos pés de Lourenço!

— Tenho educação, sou um nobre. Vamos todos embora — disse Filipe, voltando à pose orgulhosa.

Alessandro, conhecido por todos como Sandro, tal qual seus irmãos Piero e Antônio o chamavam, já tinha seu próprio ateliê e se destacava dos demais pela experiência. Era conhecido pelo estilo das figuras que pintava, sempre tênues, suaves, quase imateriais. A expressão contemplativa dos rostos sem sorriso traduzia os pensamentos dos que admiravam sua obra. No entanto, alguns eram totalmente contra sua forma de pintar, já que ele preferia retratar os nus masculino e feminino, na tentativa de mostrar a forma humana sem preconceitos, numa realidade interior. Antônio, seu irmão mais velho, trabalhava com Lourenço na Corte e aguardava o momento ideal para colocá-lo entre os artistas da família Médici.

André nem sequer imaginava o que se tinha passado com seus pupilos. Extremamente ocupado, ateve-se apenas a perguntar se o novato fizera o passeio determinado.

No momento em que o mestre começou a aula, apresentou o novo aprendiz ao grupo, sem perceber que todos já se conheciam desde a manhã.

Leonardo não teve dificuldade para acompanhar o pequeno grupo, que já estava bastante avançado nas lições. Ao contrário, solicitou ao mestre se podiam, no dia seguinte, marcar um exercício fora dali, a fim de pintarem alguma paisagem. André achou a idéia interessante, mas cada um deveria trazer um trabalho pronto.

O estilo de Sandro, sempre ousado e elegante tanto na vida quanto nas pinturas, atraiu Leonardo pela riqueza de detalhes.

Após terminarem cada tarefa do dia, a qual mestre André insistia em fazê-los repetir quantas vezes fossem necessárias, até que atingissem a perfeição, Leonardo cochichou algo no ouvido de Sandro. Quando este meneou a cabeça positivamente, ele sugeriu ao grupo:

— Poderíamos subir a colina e pintar uma paisagem do Arno? O que acham?

Piero respondeu com uma pergunta:

— Sem mulheres? Desisto!

Sandro beliscou o irmão, pois estava ciente de que Piero era um galanteador nato e não perdia uma oportunidade para tentar conquistar uma jovem. Mas, intimamente, sabia que o irmão assim agia por brincadeira.

Filipe estremeceu ao imaginar o que o novato estava pretendendo desta vez, mas teve certeza de que ele era um rival eqüidistante. A maioria concordou em executar a tarefa logo pela manhã.

Lá chegando, Filipe, Sandro, Lourenço e Piero posicionaram-se com seus instrumentos, enquanto Leonardo olhava admirado para uma árvore imensa, cuja sombra lhe refrescava.

— Sabiam que a idade de uma árvore pode ser determinada pelo número de anéis em seu tronco? — disse Leornardo.

— E como sabes? — perguntou Sandro, aproximando-se.

— Eu sei, sabendo — ele respondeu.

Risos.

Em silêncio, cada um se concentrou em seu desenho. Porém, enquanto os colegas pintavam o rio, as árvores, o contorno das colinas e as nuvens, Leonardo pintava com perfeição e riqueza de detalhes uma paisagem imaginária constituída por rochas nunca vistas naquela região, além de ramagens de folhas delicadas e estranhas, tendo por entre elas uma neblina misteriosa, deixando todos boquiabertos. Parecia que havia adentrado o fundo do rio e descoberto uma vegetação totalmente estranha aos olhos humanos.

— Em nome de Deus, o que é isso?! — perguntou Piero.

— Uma paisagem — respondeu Leonardo.

— De onde? — questionou Sandro.

— De Vinci? — insistiu Lourenço.

— Não, meus amigos — disse Leonardo com os olhos distantes —, é uma paisagem que vejo apenas em meus sonhos. É um lugar para onde vou enquanto durmo, mas nunca consigo desenhá-la com exata precisão como a vejo.

Eles silenciaram e tentaram transportar-se para aquele lugar maravilhoso.

— Tu és um bruxo? — questionou Filipe. — Saiba que podes ser queimado vivo!

— Credo! — ralhou Sandro. — Não estamos mais nos tempos das Cruzadas. Pare com isso!

— Mas ele vê coisas que não vemos! — insistiu Filipe.

— Caro Filipe — disse Leonardo, colocando a mão em seu ombro —, o que vejo e não posso descrever é divino. Há vegetais e animais minúsculos que nossos olhos precisam se esforçar muito para enxergar. Vês o ar? Sentes dele o gosto ou o cheiro? Podes tocá-lo? No entanto, ele agita as folhas das árvores, sussurra em nossa janela, move barcos às mais longínquas terras e pode, em sua fúria, causar destruição irrecuperável. No entanto, sem ele não podemos viver. Não é preciso olhos para enxergar o que é divino, apenas um pouco de inteligência.

— De que me chamas? — irritou-se Filipe, retirando bruscamente a mão de Leonardo de seu ombro.

— Tem calma! Faço-te um convite, Leonardo — disse Sandro, interrompendo-os antes que começasse uma rixa. — Apresentar-te-ei aos nobres intelectuais da Corte logo que fizeres dezoito anos.

A partir daquele encontro, Leonardo passou a ser admirado por uns, invejado por outros. Sandro admirou-se de suas palavras e tornou-se seu melhor amigo, confiando-lhe e confessando-lhe suas idéias revolucionárias e anticatólicas.

Conforme havia dito, Francesco utilizou Leonardo como modelo para sua pintura, que ficou belíssima. Naquela mesma tarde, Francesco encontrou os amigos na oficina de André e mostrou com satisfação seu belo feito. Ângela havia saído apressada desde o início da tarde, e ficaram Filipe, Piero e Leonardo auxiliando André na escultura de uma imensa estátua. No início da noite, Ângela chegou esbaforida e nitidamente preocupada. Ela atravessou apressada a oficina, dirigindo-se à cozinha. André levantou-se de onde estava e foi ter com a irmã.

— E então? — André perguntou-lhe em voz baixa.

— Felizmente ela foi forte e conseguiu ter as duas crianças, mas um dos anjinhos não resistiu e faleceu em seguida. Estou tão cansada e amargurada — disse, secando as lágrimas que lhe brotavam da face ruborizada.

— Não chores — disse André. — Deus o receberá em seu seio, como recebe todas as criaturas inocentes.

— É, assim Deus quis — disse Ângela num suspiro. — Quem sou eu para questionar a vontade divina. Tenho que retornar. Vou agora mesmo levar algumas fazendas — disse Ângela, contendo-se e secando com o avental as novas lágrimas que insistiam em lhe inundar o rosto —, pois a pobrezinha não tem nem onde colocar a criança.

— Faça isso — disse André, retornando à oficina, mas deparando com Filipe, que ouvia a conversa com ar de quem flagrava um ato criminoso.

— Que é isso, menino? — ralhou André, colocando o indicador no nariz do ousado rapaz. — Tua mãe não te ensinou a não te atrever em conversa em que não és chamado?

— Ah! Há! — disse Filipe, ignorando a bronca e dirigindo-se a Ângela. — Então é a senhora quem rouba os pacientes dos médicos da cidade?

— Oh, não, meu jovem! — Ela virou-se e respondeu assustada. — Sou uma simples parteira que socorre algumas camponesas que não podem pagar o que cobram os médicos importantes como teu valoroso pai.

Um clima tenso pairou sobre a oficina. André quis colocar o rapaz para fora com empurrões, mas foi impedido por Ângela.

Filipe continuou com empáfia, já duplamente irritado pelas tosses que o impediam de destilar seu veneno:

— Bem sabes que podes ser queimada por bruxaria?

— Estás louco? — interpelou Leonardo, aproximando-se após ser informado por Piero sobre a possível razão de tal discussão. — Que mania é essa de perseguir as pessoas? Quem tu pensas que és? Não há nenhuma bruxaria nos atos benevolentes da senhora Ângela. Ao contrário, são feitos na mais pura vontade de ajudar quem vive de parcos recursos à mercê da exploração dos ricos e poderosos.

— Bem — disse o adversário constrangido e tossindo violentamente —, a corporação... cof... cof... dos médicos e droguistas... cof... cof... não pensa assim.

— Tu te escondes por detrás deles, a fim de tirares proveito próprio — disse André, querendo esmurrá-lo.

Filipe percebeu que perdera por ter afrontado Ângela, que era amada pelos seus. Deu um suspiro e, saindo em direção à porta, pegou seu chapéu.

— Vou-me embora. Não há lugar para bom senso nesta casa — disse.

Ângela voltou da cozinha e disse-lhe antes que atravessasse a porta:

— Filho, não te odeio; ao contrário, digo-te que, se não cuidares desta tosse, teus pulmões se romperão e não poderás chegar aos trinta anos. Um chá de...

Filipe voltou-se para ela e disse com os olhos flamejantes:

— Olhe bem para mim, cara senhora: não preciso de teus chás! Guarde tuas feitiçarias para aqueles que acreditam em teus poderes malévolos, dignos da fogueira santa.

André deu um passo em direção ao insolente e desabafou com indignação:

— Fora, miserável! Em minha casa não há mais lugar para ti... Vai, toma a rua, já! Como ousas ofender minha família desta forma? Some-te da minha frente ou não respondo por meus atos — disse, pegando o chicote que estava atrás da porta.

O jovem, consternado, tomou do chapéu e saiu batendo a porta.

— Hum! — comentou Leonardo, desanimado. — É um doente que se deleita com as atrocidades da Inquisição!

Ângela voltou a seus afazeres, não pensando na terrível possibilidade de ter-se exposto a um jovem de pouco caráter. Para ela, tudo o que acontecia estava de acordo com a vontade de Deus.

CAPÍTULO 5

# Um Anjo no Arno

NA SEMANA SEGUINTE, à tarde, Leonardo saiu sozinho para refletir sobre aquele ano e todos os acontecimentos que haviam mudado sua vida. Subiu a colina num lugar pouco visitado e começou a admirar o Arno, desenhando-o lentamente e escrevendo sobre suas impressões a respeito daqueles últimos dias, em que sua vida tinha mudado repentinamente. Tomou da pena e retratou a luz passando por sobre as montanhas, o farfalhar das folhas das árvores e o escorrer tranqüilo e suave das águas. Tinha aprendido com o avô a escrever ao contrário, da direita para a esquerda, a fim de confundir os padres, e assim escrevia sempre a respeito de suas descobertas e idéias.

A brisa deixou-o sonolento. Então, deitou-se à sombra de uma frondosa árvore e ficou embevecido com o som magnético das águas. De repente, sentiu que havia mais alguém naquele lugar solitário. Levantou-se a meio corpo e viu, de longe, um rapaz todo vestido de preto aproximar-se lentamente da margem, a procurar um lugar discreto para banhar-se. Assim que teve certeza de não estar sendo visto, ele despiu-se e entrou na água. Leonardo ficou surpreso, pois não era um rapaz, mas sim uma moça, de cabelos louros, delicada e extremamente bela.

Leonardo ocultou-se com agilidade ao perceber que se tratava de uma jovem. Como não quis ser inconveniente, virou-se para o outro lado. Com esse gesto, fez com que seu pote de tinta rolasse, desaparecendo por entre uma moita de espinhos.

Uma força irresistível fez com que ele deixasse de lado a timidez e começasse a observar a jovem. Após alguns instantes, ele aproximou-se às escondidas, deslizando sobre a relva, a fim de ver de perto seus movimentos. Ele ficou estático, apenas olhando-a recostada em uma pedra, tendo o corpo sob um véu cristalino de água. Após lavar-se completamente, ela concentrou-se em esfregar delicadamente os dedos dos pés, um de cada vez, como se fossem únicos, num ritmo suave e elegante. Suas mãos, cujos dedos finos deslizavam sobre seu corpo, sempre retornavam aos pés.

Leonardo não resistiu a seu instinto artístico. Então, com absoluto silêncio, retornou ao seu material de desenho e tencionou desenhá-la. Ao tentar pegar o pote de tinta, feriu-se no pulso e começou a sangrar. Ansioso por retratar aquela bela imagem, arrancou um espinho de um ramo, fez mais um furo no pulso direito e obteve a tinta de que precisava: o próprio sangue. Começou então a desenhá-la. Lembrou-se com carinho de frade Ângelo, que o advertira a não pintar corpos nus. Riu sozinho ao imaginar as tentações que sofria um padre diante de imagens femininas nuas. Naquele momento, sentiu-se privilegiado. Aproximou-se mais. Estava encantado, seduzido; porém, distraído, pisou em um galho seco, provocando um "crec". A moça olhou para o lado e, num gesto rápido, fugiu recolhendo suas roupas e desaparecendo entre as folhagens. Emudecido, Leonardo imaginou ter tido a visão de um anjo. Então, ele voltou para seu posto, envolveu o pulso com o próprio cinto e terminou seu desenho. A moça não retornou.

A noite chegou, e Leonardo voltou para casa, guardando o desenho em um pequeno baú e as imagens em sua fantástica mente.

Os dias se passavam tranqüilamente. Vez ou outra, Leonardo estava com Ângela na cozinha, ajudando-a no preparo das refeições. Era habilidoso com pratos exóticos, apreciados principalmente por André. Fazia questão de enfeitá-los com capricho, escolhendo folhas de idêntico tamanho e cor, sem se importar com os comentários maldosos dos colegas que o criticavam por estar fazendo ofício das mulheres. Na verdade, eles não compreendiam que o jovem de Vinci tinha alma feminina, por demais delicada, mas nada tinha de efeminado; ao contrário, sentia o vigor de seu corpo em plena juventude ao retomar em sua memória a imagem da bela jovem do Arno, quando um arrepio bom lhe envolvia todo o corpo. Compreendia e sabia como lidar com tais desejos: desviava seu pensamento e começava a desenhar, pintar ou modelar.

Por um momento, ele lembrou-se da viscosidade e do efeito de seu próprio sangue, o qual utilizara como substituto para a tinta. Então, imaginou que, se conseguisse tal viscosidade, estaria resolvido o problema das tintas velhas na argamassa úmida, as quais se tornavam secas e trincavam o detalhe pintado, fazendo-o perder muito do efeito que ele gostaria de ter numa pintura, mesmo após ter passado muito tempo. Assim, ele começou a fazer experiências com vários tipos de produtos, a fim de conseguir uma tinta ideal. Usou sangue de animal, pâncreas de peixe, óleo de rícino, resina de madeira, mas não conseguiu a tal consistência que tinha em mente. Em vez disso, terminou por fazer outras descobertas.

Nesse meio tempo, Filipe havia-se desculpado com André, que permitira que ele voltasse a freqüentar suas aulas, desde que não mais dirigisse a palavra a Ângela.

Numa tarde, em que havia terminado suas obrigações na oficina, Leonardo convidou Sandro, Lourenço, Piero e Filipe para irem até seu quarto, onde ficaram conversando sobre os diferentes métodos dos mestres de outrora. Enquanto conversavam, Filipe, inquieto, olhava para todos os lados. Então, viu um desenho que estava meio enrolado em um baú semi-aberto. O desenho, cujas linhas retratavam uma bela e jovem mulher nua, sob um véu de água, atraiu sua atenção. Ao abri-lo discreta e cuidadosamente, Filipe ficou interessado. Tal qual um ladrão, aproveitou a distração de Leonardo e, com cuidado, enrolou o pergaminho, colocou-o dentro da própria roupa e, inventando uma desculpa, disse:

— Bem, senhores, está na minha hora. Amanhã nos veremos. Até logo.

— Mas ainda é cedo — disse Leonardo. — Tenho outras novidades para contar.

— A noite já vem chegando e não posso me expor ao sereno — disse Filipe, tossindo.

Leonardo, sem desconfiar de que havia sido roubado, acompanhou Filipe até a porta e, voltando-se para os colegas, falou:

— Estranho esse Filipe! Mas não falemos disso. Tenho uma novidade: descobri uma nova maneira de tornar uma pintura mais sutil e delicada. Imaginais o que seja pintar uma fumaça? Os métodos mais antigos eram regidos por riscos definidos. Se os fizermos como fumaças, ou seja, enfumaçados, as figuras terão um ar de sobrenatural, de espiritual.

— E que pena nos dará tal efeito? — questionou Piero.

— Nenhuma das que existem — respondeu Leonardo. — Por isso elaborei esta pena de prata, de ponta tão fina, que é capaz de perfurar-te sem perceberes.

Leonardo a retirou de uma sacola de couro, costurada por ele mesmo, e mostrou-lhes.

— E como funciona? — questionou Sandro, curioso.

— É simples — explicou o jovem de Vinci —, mas exige muita paciência. Aproxima-te e verás que vou mergulhá-la na tinta e fazer minúsculos toques, apenas com a ponta, até que se forme uma linha perfeita, sem ser grosseiramente delimitada. Para isso, preciso antes delimitá-la com um risco invisível, forçando a outra extremidade contra a madeira. Depois, com uma lente, seguirei a linha invisível a fim de não perder o sentido de desenho, desta vez utilizando tinta. Vê?

Por um momento, Leonardo demonstrou sua técnica em uma pequena tábua, desenhando um par de olhos. Então, parou e ficou observando o desenho que havia feito.

— Ficou pronto? — quis saber Sandro.

— Ainda não — respondeu Leonardo. — O último retoque é uma segunda demão de tinta a óleo sobre a pintura seca e pronta, criando uma delgada névoa. Se utilizo as cores certas, obtenho o aspecto esfumado. Vejam este outro que fiz há algumas semanas.

— É verdade! — disse Piero, olhando de perto a pintura. — Mas isso será um trabalho imenso. Imagine uma tábua de madeira maior! Levará no mínimo um ou dois anos para pintar um painel utilizando essa técnica. Desisto!

Sandro concordou com Piero, mas confessou que ficou admirado. Então, perguntou num sorriso:

— Podes dizer-me de onde tiras estas idéias?

— Ora, isto é um segredo! — respondeu Leonardo.

— Conte-nos — interpelou Lourenço, que, até o momento, apenas escutava.

— Pois bem — disse Leonardo, vencido. — Sempre que anoitece, acredito que o silêncio das mentes facilita meu raciocínio, por isso tenho melhores idéias sob a lua que sob o sol. Assim, fico deitado, quieto, em total silêncio, aguardando o sono chegar. É nessa fase, meio dormindo, meio acordado, que tenho muitas idéias. Às vezes, tenho após acordar pela manhã. Mas, geralmente, as tenho de madrugada, quando estou só.

— É uma técnica interessante — disse Sandro. — Já tive boas idéias nesses momentos.

Naquela noite, os rapazes ficaram até tarde conversando. No dia seguinte, Leonardo sentiu saudade da moça do rio e procurou o desenho que havia feito, a fim de retomar as doces e belas imagens, mas não o encontrou. Ficou furioso, mas logo se conteve, pois nem sequer poderia dizer como era o desenho. Não queria se expor, declarando que desenhara um nu feminino.

Enquanto ainda pensava, foi desperto de sua raiva por Ângela, que o chamou gentilmente:

— Filho, tu podes buscar, por gentileza, um enorme saco de sal no porão?

— É claro que sim! — respondeu Leonardo.

— Bem sabes que André já não tem a mesma disposição para tais ofícios. Ele é um bom pintor, mas é um bruto capaz de pisar nos ratos e nem perceber. Poderia acaso fazer-me este favor?

Leonardo se dispôs imediatamente, mas antes perguntou:

— Senhora Ângela, viste um desenho meu?

— Eu os vejo por toda parte nesta casa, meu querido.

Risos.

— Sim, senhora. É verdade! — Leonardo entristeceu. — Vamos ao porão!

— Ah, eu o levarei somente até a porta. Não me atrevo a entrar naquele antro de camundongos.

Leonardo explicou:

— A maioria dos animais é mais dócil que os homens. Deixe comigo. Sempre que precisares de mim, será um prazer ajudar.

Lá chegando, o jovem que sempre teve gestos delicados jamais abriria a porta do porão com a rudeza com que André o fazia. Ele girou a tramela e, sem fazer nenhum barulho, abriu a porta, descendo lentamente a escada. Conforme instruções de Ângela, teria que procurar o saco de sal, pois ela não tinha visto onde o irmão o colocara.

O porão ocupava toda a parte de baixo da casa e era um espaço idêntico ao primeiro andar. Fora construído pelo pai de André para abrigar a família em caso de a cidade ser invadida por tropas estrangeiras.

Leonardo observou tudo que a fraca iluminação do lugar permitia, mas não imaginava que fosse encontrar mais à frente uma pessoa dormindo em total despreocupação àquela hora do dia.

Ele aproximou-se com o devido cuidado, temendo ser algum mendigo ou fugitivo que tivesse encontrado ali um abrigo seguro. Com passos lentos e cautelosos, ele aproximou-se mais e, de perto, pôde ver que se tratava de uma moça, mesmo que ela estivesse de calças compridas. Perguntou a si mesmo se a acordaria ou não. Sem se mexer, enquanto assim pensava, ouviu um grito de Ângela à porta do porão:

— Encontraste o sal?

Nesse momento, a jovem acordou assustada, deu um salto e, com os olhos arregalados, parou de pé, dando passos para trás.

— Psiu! Silêncio! Tem calma! — disse Leonardo. — Não vou te fazer nenhum mal. Espere, és a moça do rio...

No entanto, ela não confiou e, tal qual um pássaro assustado, escondeu-se.

Leonardo não viu nenhum rato, mas respondeu para Ângela de forma a mantê-la distante:

— Sim, já encontrei o sal, mas não te aproximes daqui, pois há muitos ratos enormes, negros e peludos.

— Deus me livre e guarde! — respondeu Ângela de lá, temerosa, benzendo-se e correndo para a cozinha.

Rapidamente, o jovem procurou o saco de sal, colocou-o nas costas e saiu. Logo que chegou à cozinha e deixou o saco sob a mesa, falou:

— Podes deixar o porão comigo! Voltarei lá para ver se capturo alguns ratos para meus estudos.

— És louco! — disse Ângela se arrepiando de pavor e fazendo o sinal-da-cruz. — Não suporto essas criaturas. Nem parecem que foram feitas por Deus!

Assim que Leonardo desceu, procurou a jovem por todos os lados, mas ela não mais estava lá. Decepcionado, encontrou apenas um filhote de rato abandonado por sua mãe. Pegando-o delicadamente, disse:

— Vou proteger-te. Nada de mal te acontecerá se não te aproximares da senhora Ângela. Depois pensarei em um nome para ti. Ah, já sei... "Arte". Gostou, meu amigo, Arte?

Com carinho, ele preparou uma caixa com panos velhos e deitou o ratinho, subindo em seguida.

Verrocchi era pintor, escultor e ourives de grande prestígio. Muitos aprendizes haviam passado por suas bem dotadas mãos. Porém, nenhum se assemelhava a Leonardo, pois ele era um excelente observador. Ficava horas observando os detalhes das obras de Masaccio e Donatello, que faziam parte da decoração da casa.

Um dos trabalhos que estava cansando o mestre era o suntuoso sepulcro de Pedro e João de Médici, na Igreja de São Lourenço. Leonardo, logo que viu seu cansaço, ofereceu-se para ajudá-lo, mas este recusou, dizendo-lhe:

— Antes das principais lições, nenhum artesão é bom o bastante para executar uma obra deste porte. Se estiveres mesmo interessado, podes colaborar lixando a lápide do sepulcro. É um trabalho importante, porém enfadonho.

Leonardo, entusiasmado por começar suas primeiras lições em um trabalho importante e bem remunerado, respondeu-lhe:

— Sim, senhor, será a lápide mais lisa de toda Florença.

André lançou-lhe um olhar severo, temendo que o discípulo viesse a se sentir envaidecido. Porém, resolveu incentivá-lo dizendo:

— Esforça-te e serás o segundo melhor artesão de Florença.

— Quero ser o primeiro — respondeu Leonardo, sem titubear.

— É mesmo? Então, assim que os outros chegarem, podes ajudá-los nas esculturas.

— Mestre — disse sério o jovem —, quem se contenta em ser o segundo, em pouco tempo será o décimo e não tardará a ser o último.

Risos.

Piero, Filipe e Lourenço Credi, ao chegarem, colocaram o avental e começaram a trabalhar. Leonardo os acompanhou e, em uma semana, já tinha recebido lições de grande valia, pois aprendia rápido e já criava seu próprio estilo. Verrocchi se irritava com isso e às vezes lhe dava tapas, dizendo ser ele um aluno rebelde, pois não aceitava certas recomendações de seu mestre. Leonardo queria inovar, mas nem sempre acertava. Entretanto, não desistia.

Certa vez, quando André precisou entregar rapidamente um quadro sobre o “Batismo de Cristo”, Leonardo incentivou-o a pintar alguns anjos próximos à cena do rio Jordão. André não aceitou, então ele os desenhou em separado e mostrou-o aos colegas, que logo chamaram a atenção do professor. André viu os desenhos e pediu que Leonardo os pintasse separadamente, a fim de ver se adaptaria ou não ao quadro. Assim Leonardo fez. O mestre aprovou e autorizou que ele os fizesse no próprio quadro, mas se estragasse sua pintura ficaria quarenta dias limpando a oficina. Leonardo aceitou o desafio.

André parou o que estava fazendo, sentou-se e ficou olhando Leonardo, segurando o queixo com uma das mãos ainda suja de tinta. Os colegas também se sentaram. Naquela tarde, eles ficaram assistindo ao jovem da aldeia Vinci pintar aqui e ali com genialidade nunca antes vista. Ao pintar os anjos, Leonardo descreveu com delicadeza e sensibilidade a bela e serena face de cada um, combinando cabelos e vestes com cores jamais utilizadas por seu mestre.

Quando Leonardo terminou, André levantou-se e disse com voz branda, diferente do autoritarismo que às vezes impunha aos alunos:

— Como deves ter ouvido, não sou apenas escultor, mas também pintor, e não há em toda Florença um ateliê mais procurado que o meu. Quando tinha sua idade, já era um aprendiz do ourives Giuliano Verrocchi, cujo nome adotei, pois, assim como tu, não recebi um nome de meu pai. Também estudei pintura, escultura, e recebi algumas instruções diretamente de Donatello, apesar de não termos o mesmo estilo. Bem, na verdade, meu estilo muito excede ao de muitos do passado e do presente. Sei que ainda sou o principal escultor de Florença e um dos artistas mais requisitados. Entretanto, jamais vi alguém tão jovem com tanto talento. Peço que me perdoes por ter duvidado de teus dons. Ficou tão bom que eu deveria borrar o restante do quadro, para deixar apenas teus magníficos anjos.

Ruborizado, Leonardo indicou com a pena e falou:

— Sou imensamente grato por tais palavras, principalmente vindas do senhor, que é, para mim, mestre e pai. Vê, um anjo deve ser sempre uma obra-prima, cujo esplendor e delicadeza beirem a perfeição e prendam o coração pelo encanto das formas suaves.

André, com olhos úmidos e achando-se indigno, disse:

— Hoje, nesta casa, alguém pintou melhor que eu.

Os jovens ficaram estupefatos ao ouvirem tais palavras vindas de um mestre severo e orgulhoso. Leonardo aproximou-se do mestre e disse com candura:

— Mestre Verrocchi, tua obra, principalmente a escultórica, prima pela elegância das formas e pela sofisticada feitura. Não deves borrar o restante do quadro. Deixe-o assim como está. Os padres não vão notar a diferença.

André insistiu, desta vez com a voz austera de sempre:

— Não vão notar? Como? Só se forem estúpidos! Não, filho, a partir de hoje a pena não mais será meu instrumento de trabalho. Hei-los todos os meus utensílios; serão mais úteis em mãos mais bem dotadas que as minhas. Serei um escultor apenas, e tu o melhor pintor de toda Florença. Eu não pinto mais.

Lourenço de Credi fora seu primeiro aluno e jamais ouvira de seu mestre qualquer elogio. Indignado, interferiu dizendo:

— Mestre, que loucura, não deves agir assim! És o melhor de todos; não há nenhum que te supere. E Leonardo é ainda um jovem!

O mestre lançou-lhe um olhar fulminante, que o fez voltar para seu lugar, e continuou reunindo todo seu material particular. Então, num sorriso paternal, entregou tudo a Leonardo, que não sabia o que fazer diante de tal atitude. Então, disse-lhe:

— Amanhã, acorde cedo, rapaz. Pretendo esculpir Davi e Golias. É minha intenção utilizar-te como modelo.

— Com prazer, mestre — afirmou Leonardo, desconcertado.

Os colegas continuaram silenciosos, somente até o momento em que saíram, pois trataram de espalhar a notícia dizendo: "Verrocchi abandonou a pena depois que viu seu pupilo Leonardo pintar".

Naquela semana, Lourenço Credi, observando as técnicas de Leonardo, fez o retrato de Verrocchi para lhe dar de presente. Queria ombrear-se para, no mínimo, compensar sua inferioridade em relação à superioridade do rival. Ao presenteá-lo, falou:

— Eis aqui o homem de olhar verdadeiro e firme.

Verrocchi agradeceu e disse com seriedade:

— Estás melhorando muito; já consegues agradar um cliente. Vou elaborar a obra em bronze simbolizando "Cristo e São Tomás" na fachada do São Michele. Queres ser meu auxiliar?

— Será uma honra, mestre.

Essa atitude amenizou o ciúme de Lourenço em relação a Leonardo.

Faltavam poucas semanas para as comemorações da Semana Santa, e André deveria entregar a encomenda: uma estátua de Davi. No dia seguinte, logo cedo, Leonardo preparou-se para posar. Apesar de ter de ficar vestido durante horas com uma roupa mínima, sob os olhares críticos dos colegas, Leonardo não se sentiu incomodado. Ao término da obra, todos ficaram admirados com a sutileza do olhar de seu mestre ao copiá-lo tão idêntico: um jovem de compleição frágil, efeminado, contudo inteligente e determinado, tendo nas mãos a cabeça imensa e grotesca de Golias.

Leonardo conquistou a posição de pupilo-mor do artista. Trabalhou em desenho, pintura, escultura e ourivesaria. Muitas de suas obras de alta qualidade Leonardo não assinava.

Numa tarde ensolarada, um cliente entrou na oficina procurando um quadro para enfeitar sua casa nova. Encontrando alguns, ainda em fase de acabamento, perguntou a André:

— São do senhor estas pinturas?

— Não, não pinto mais. Esta figura à esquerda é de Leonardo, meu pupilo-mor.

— É bela — disse o estranho, olhando mais de perto. — Há algo de solene, doce e ao mesmo tempo grandioso, sedutor. Sim, é maravilhosa! De quem é mesmo?

— De Leonardo — respondeu André. — Perdoe-me, mas ele não está no momento; foi comprar tintas.

— Leonardo de quê? De onde? — inquiriu o cliente com muito interesse.

— Bem, senhor, não posso respondê-lo, pois não tenho no momento esta informação. Sei que é de Vinci, mas posso perguntar-lhe seu sobrenome quando chegar.

— Pois bem — disse o homem. — Logo que ele assinar o quadro, providencie que seja levado à minha casa o mais breve possível. Tenho sentidos apurados, mas não tenho dinheiro para comprar quadros de pintores famosos, por isso procuro boas pinturas de iniciantes.

— Com prazer, senhor — respondeu André.

O comprador saiu tão sério quanto entrou.

Algum tempo depois, Leonardo chegou animado por ter encontrado um mercador que lhe vendera boas tintas. Ângela, que estava distraída, sentada em uma cadeira, bordando uma toalha, apenas sorriu. André perguntou-lhe secamente:

— Qual é o teu sobrenome, filho? Se não tens, deves usar o de teus avós.

Leonardo obscureceu o semblante, pois se lembrou do pai, que nunca mais vira nem queria ver, já que ele não tivera a dignidade de dar-lhe um sobrenome. Não que quisesse, mas passaria o resto da vida sendo cobrado por esse detalhe. Então respondeu:

— Não tenho nenhum sobrenome! — Saiu batendo a porta, deixando as tintas sobre a mesa e os dois desapontados, pois nunca o tinham visto perder a compostura.

— Quem um dia compreenderá os jovens? — questionou Ângela, perdoando-o, voltando a seus bordados. — Se Deus quer assim, o que poderei fazer?

André fez uma careta e também voltou a seu trabalho.

Quando virava a esquina, Leonardo esbarrou em Sandro, que lhe disse:

— Ei, aonde vais com tanta pressa? Espera, tenho uma novidade para ti. Estive em Vinci, tua cidade-mãe, e vi o casamento de teu pai. Não vais visitá-lo?

Ao ouvir tais palavras, Leonardo bufou. Aproximando-se mais do amigo e, olhando fixamente em seus olhos, falou com raiva contida:

— Não! Eu me recuso a participar dos casamentos daquele que dizem ser meu pai!

Sandro estranhou:

— Tu deves respeitá-lo! É teu pai acima de tudo.

— Olha bem para mim, vê se pareço tolo! — disse Leonardo, ainda irritado. — Não o odeio, mas pode um homem ser respeitado se não dignificou a mulher com quem se deitou, nem o filho que frutificou deste desvario, pois nem sequer lhe deu seu nome?

— Como disseste, foi um desvario — disse Sandro, tentando dialogar. — Não te angusties com fatos quiméricos. Na maioria das vezes, encontramos felicidade e infelicidade em fatos insignificantes.

— Também não me importo — disse Leonardo, dando de ombros. — Mas o que devo responder quando me perguntarem?

— Não sei — respondeu Sandro. — Mas prometo pensar no assunto.

De repente, Leonardo sorriu e estalou os dedos no ar dizendo:

— Já sei! Farei tal qual fez o mestre. Adotarei seu sobrenome, Leonardo Verrocchi, o que achas?

— Bom.

— Só isso? Bom? Por que não é ótimo ou excelente?

— Porque não combina contigo.

— Então responderei que sou Leonardo, venho de Vinci, pois adotarei o nome de minha cidade como meu sobrenome. O que achas, Sandro?

— Vamos repeti-lo trinta vezes e ver se soa bem — disse Sandro, rindo da idéia sem desdenhar dela.

Após repetirem várias vezes, ambos chegaram à conclusão de que Leonardo Da Vinci ficaria melhor:

— É isso mesmo! — gritou para os transeuntes que o olhavam, tendo-o por louco. — Hoje nasceu o maior gênio do Universo! Que todos os anjos cantem em minha glória!

— És mesmo convencido — repreendeu o amigo —, mas concordo que ficou ótimo. Leonardo Da Vinci... Leonardo Da Vinci. É, ficou mesmo excelente! Diante desta genial idéia, concluo que meus trabalhos terão minha assinatura familiar. O que achas de Sandro Botticelli?

— Estupendo!

Leonardo não imaginava que, saindo da terra de seus pais, tornaria grande um pequeno vilarejo ofuscado pela grandiosidade de Florença. A imensidade de sua alma diante da pequenez de seu destino precisava avultar pelo menos um pouco de sua frágil e miserável condição de filho bastardo.

Antes de retornarem cada um para sua casa, Leonardo e Sandro foram até a praça da feira observar as novidades. Após caminharem um pouco, Leonardo parou diante de uma tenda, onde existiam várias gaiolas de madeira com pássaros coloridos. Olhando-os com pesar, tomou uma atitude inesperada. Derrubou o pano que servia de teto sobre o vendedor e jogou ao chão todas as gaiolas, quebrando-as e libertando todos os pássaros. Os feirantes começaram a persegui-los, mas eles saíram em disparada, correndo e se escondendo debaixo da ponte de pedra mais próxima. Sandro ria muito com as idéias loucas de seu amigo. Leonardo, apesar de também estar rindo, achava injusto tantos seres livres da natureza servirem de mercadoria, sem o menor respeito. Pegando um pássaro, segurou-o delicadamente e falou comovido:

— Chegará o dia em que os homens conhecerão a alma dos animais, e neste dia um crime contra um animal será um crime contra a humanidade.

Dali, foram para suas casas. Depois de acalmados os ânimos, tudo voltou ao normal.

Leonardo desculpou-se com André e Ângela por sua intempestividade e separou todos os seus desenhos e quadros, passando a assiná-los, a partir de então, com o nome Leonardo Da Vinci.

Sua extraordinária beleza física cativava a clientela indistintamente, mas era com sua inteligência e espírito brilhante que agradava a todos quando se tratava de pintura.

# CAPÍTULO 6

# *A Aposta*

NO ENTANTO, NÃO era somente a pintura que atraía Leonardo. Ao contrário, o que ele menos fazia era pintar. Desenhar era seu maior divertimento. Sempre que André lhe dava alguma folga, corria para a oficina que Sandro havia construído com seu próprio ganho e ajuda da família. Ambos ficavam horas se divertindo com desenhos arquitetônicos. Sempre que os terminava, Leonardo os mostrava a Sandro, que dizia animado:

— Que maravilha! Tu és realmente um gênio! Tudo o que fazes é bem-feito, não importa o que seja!

— Apenas procuro aprimorar o que acho estar fora do que acredito ser harmônico — disse Leonardo modestamente —, a fim de ser insuperável diante de minha própria deficiência.

— Não sejas modesto! — riu Sandro. — És capaz de ombrear ou mesmo superar qualquer destes grandes pintores góticos. Há uma preponderância que muito excede à imperfeição das obras até hoje elaboradas. Não percebes? Seu estilo é diferente! Não há como concorrer contigo.

— Não temo concorrência, muito menos pretendo ofuscar meus rivais; ao contrário, minha intenção não é ser o primeiro diante do último, mas o mais elevado diante de mim mesmo.

Um silêncio se fez entre eles. Leonardo meditava sobre as próprias concepções mentais, e Sandro procurava entender a profundidade daquelas palavras.

— Sim, meu amigo — disse Sandro, com ares de quem acabara de ter uma idéia —, amanhã mesmo te levarei à Corporação dos pintores. Com isso, poderás receber o título de mestre, o que te permitirá estabelecer-te como pintor independente.

Assim aconteceu. Alguns desenhos de Leonardo já haviam passado de mãos em mãos, e não foi difícil fazer com que pintores mestres o reconhecessem. Estes comentários chegaram à Corte.

Lourenço Médici também queria conhecê-lo melhor e não tardou a convidá-lo à Corte por meio de um seu emissário, que leu o convite: "Em palácio de Vecchio, a família Médici oferecerá um banquete para comemorar a eficiência com que o jovem Lourenço comanda os negócios da família".

Não acostumado com tais eventos, Leonardo procurou Sandro para orientá-lo.

— Não sei como devo me apresentar — disse a Sandro — nem o que devo vestir!

— Não há motivos para pânico — respondeu Sandro, sorrindo benevolente. — Tua presença abrilhantará a festa dos Médici.

— Eu?

— Sim. Teus dons e tua gentileza têm gerado comentários na Corte. Se não quiseres, tens o direito de se negar a participar de tais comemorações. Eu, de minha parte, acho-as sempre inúteis e bajuladoras. Mas, se vais, é melhor te vestires de forma mais refinada.

— Esse Lourenço me parece ser inteligente — observou Leonardo.

— De certa forma, sim — respondeu Sandro. — Está sendo treinado para assumir os negócios da família, no que tange à administração da riqueza papal, e está se saindo melhor do que imaginavam. Há poucos meses, o rapaz firmou alianças com Estados vizinhos, como Milão, Veneza e Ferrari. Isso fez para manter a paz em seus domínios, assegurando a prosperidade econômica e o desenvolvimento das artes e das ciências, o que o leva a dominar a cidade e até mesmo o povo.

— Bem — disse Leonardo, animado —, se é assim, nos encontraremos ao anoitecer! Estarei pronto. Comprarei a melhor roupa da cidade, além de capa, chapéu e botas.

— Faça isso — disse Sandro, sorrindo. — A Corte é vaidosa e valoriza a aparência. Eu, por minha vez, também não ficarei para trás.

Despediram-se.

A noite chegou, e as carruagens começavam a chegar aos portões do luxuoso palácio. Do lado de fora, os mágicos jardins recebiam a luz do luar. No suntuoso banquete, a Corte se aglomerava com suas vestes cerimoniais escarlates e carmesins, vestidos de veludo bordados com brocados, soldados com escudos reluzentes guardavam damas enfeitadas com jóias preciosíssimas.

Logo que chegou, Leonardo foi apresentado por Sandro a alguns conhecidos como o mais jovem gênio da pintura, por seu estilo inovador e criativo. De ouvido em ouvido, os comentários foram aumentando, até que chegaram em Madalena Médici, irmã de Lourenço, a qual havia passado alguns anos estudando em Veneza, conhecendo diferentes formas de arte.

Madalena falou ao ouvido de Lourenço:

— Esse Leonardo é um jovem atraente e dizem que é extremamente inteligente; duas virtudes difíceis de ser encontradas ao mesmo tempo em um homem.

Lourenço reprovou, enciumado:

— Os dias que passaste em Veneza foram o bastante para contaminar-te com o comportamento debochado das mulheres de lá?

— Oh, não deturpe minhas palavras, meu irmão! Falo sem malícia; além disso, sei que meu pai tem intenções para minha mão.

Estavam presentes ao banquete convidados ilustres: duques, condes, cortesãos, bem como artesãos famosos. Desde a rua, ouviam-se os cânticos dos músicos, acompanhados por tocadores de flautas que andavam pelos salões.

Adentrando os muros do palácio, desde os jardins, um rumor confuso de vozes e risos atingia seu apogeu. Inúmeros vasos de flores enfeitavam os corredores e as salas ricamente decoradas. Apressados, vários criados se esforçavam por servir a todos no salão de honras. Imensas mesas, repletas de riquíssimas baixelas; vinhos de toda safra, servidos em taças de ouro, acompanhando uma culinária refinada, degustada sem precedentes por homens e mulheres bem-vestidos e adornados por jóias extravagantes. A forma de pensar dos Médici poderia ser traduzida por estes dizeres: "Nada entre os Médici deve ser regrado. Tudo transpira opulência e fartura".

Assim que Lourenço foi cumprimentado por Leonardo, chamou-o, sem cerimônia, para que o acompanhasse pelos salões, mostrando-lhe as obras de arte que estavam penduradas ou sobre os palanques. De nariz empinado, dizia Lourenço:

— É do desejo de meu pai e meu também que o palácio seja decorado pelas mais belas obras de arte, custe o que custar. Concordas que a beleza, o requinte e a elegância devem preponderar em qualquer ambiente?

— Completamente — respondeu Leonardo. — Soube que estudaste profundamente a República de Platão, a fim de transformar Florença de acordo com as idéias do filósofo.

— É uma verdade incompleta, meu caro — respondeu Lourenço, exibindo um meio sorriso. — O ofício dos bajuladores é um vinho que não degusto. Florença será bela, mas pela vontade do povo que a ama.

Leonardo olhava cada detalhe das pinturas e esculturas. Quando parou diante de um quadro de Donatello, figurando "O milagre do filho irado", Lourenço afirmou:

— Não é magnífico?

Cruzando os braços, o jovem de Vinci suspirou, elevou as sobrancelhas e, desejoso de não ofender a confiança do ilustre amigo, perguntou:

— Queres saber a minha opinião com toda sinceridade?

— Sim, claro — respondeu Lourenço. — Há anos minha família o admira e não o vende por preço algum, pois não há ouro que o possa pagar. Vê as formas, a vitalidade das personagens. Sê sincero, não é estupendo?

— Perdoa-me — disse Leonardo —, mas há algo de comum, secundário, malfeito, diria desprezível, por isso deve ser barato e provavelmente custou pouco mais que dois florins.

— Que disseste? — perguntou Lourenço, estupefato, com as mãos na cintura.

— Não pretendo chocar nem ofender o gosto de tua família, mas não há nenhum espírito em tal obra. É desprovida de simetria. Pode um pintor ser eternizado utilizando traços vulgares como estes que vejo?

— A que te referes? O que vês que não vejo?

— Observa! — apontou Leonardo. — No primeiro plano, quis o artista tornar vivas as imagens das pessoas; no entanto, no último plano, seu estilo pobre é descoberto por fazer raios irreais do sol ao fundo. Ora, nenhum sol conhecido tem raios como estes, e isto torna o desenho irreal, por isso não aguça a criatividade daquele que o observa. Compreendes?

Lourenço colocou o indicador dobrado sobre os lábios, mirou demoradamente o quadro e perguntou:

— E podes fazer melhor?

Leonardo deu um sorriso espontâneo e disse:

— Se posso fazer melhor? Faça-me uma encomenda, exige o tema e te mostrarei.

— Pois bem, senhor sabe-tudo! — desdenhou Lourenço. — Duvido que possas superar Donatello.

— Ah! Ah! Ah! — gargalhou Leonardo. — Duvidas? Ora, qualquer criança poderia fazer melhor que "isto".

Lourenço fechou o semblante diante do menosprezo do jovem rapaz e, meneando a cabeça, disse-lhe com severidade:

— Quanta insolência! Meu pai saberá de tua presunção. Guardas! — gritou dali mesmo aos que vigiavam a porta.

— Vais me prender porque falei a verdade? — perguntou Leonardo, preocupado.

— Oh, não! Quem tu pensas que sou? Seria um monstruoso e surpreendente ato ante um débil e diminuto fato — disse Lourenço, logo se voltando para o guarda que surgiu reverente à sua direita. — Providencie para que os criados tragam tinta e madeira para este homem que se diz melhor que Donatello.

— Imediatamente, senhor — respondeu o guarda, logo se retirando.

— Será um prazer! — disse Leonardo, altaneiro, mirando Lourenço com simpatia.

Em poucos instantes, alguns criados trouxeram potes de tintas de várias cores, pincéis e uma tábua de madeira bem lixada, amparada por um tripé. Lourenço posicionou-se num lugar de destaque e ordenou em voz alta:

— Parem a música! — Imediatamente os flautistas silenciaram, e a Corte se voltou para o orador. Lourenço continuou com simpatia: — Senhores, não desejo tomar vosso precioso tempo de prazer. Este senhor — apontou com a mão para Leonardo, à sua esquerda — disse-me que é capaz de pintar melhor que o maior dos gênios que se viu até hoje. Diante desta ousadia, lanço-vos um desafio igualmente ousado: se este jovem, que os senhores vêem ao meu lado, não agradar o vosso gosto ao pintar o retrato de uma de nossas donzelas aqui presentes, ele será expulso de Florença por abusar de nossa hospitalidade. Porém, se for realmente bom, como insinua ser, prometo transformar nossa cidade em um centro de cultura, pois metade dos impostos serão para custear obras de arte feitas por artesãos de nossa terra. — Houve um murmúrio de indignação entre os convidados. Leonardo engoliu em seco diante da astúcia do Médici. Lourenço continuou: — Sei que é do nosso interesse, isto é, do meu e dos nobres convidados, transformar nossa cidade em uma Nova Atenas: rica em arte, cultura, beleza e sabedoria. Para isso, é preciso resgatar os valores da Grécia antiga pela arte. Está lançado o desafio que, se vencido, nos será de muita alegria. Que Deus o inspire!

Os convivas animaram-se e abriram espaço para o jovem, seguido de perto pelos servos com os instrumentos de pintura.

Leonardo viu de longe seus amigos, que já estavam apavorados, temendo que ele aprontasse mais uma de suas excentricidades. Sandro estava em um canto, rezando e roendo as unhas.

Leonardo pegou o quadro, ajeitou-o no tripé, conforme sua altura, colocou as tintas a seu lado, escolheu algumas penas e, virando-se para a platéia, olhou para as jovens que ali estavam e escolheu a mais bela. A jovem donzela, sorridente, deu um passo à frente. Lourenço adiantou o passo e, dispensando a jovem, colocou em seu lugar outra menos bela. Na verdade, tão magra e de quase nenhuma beleza que chocava o gosto de quem a visse, mesmo estando ela vestida de forma magnífica e enfeitada por caros adornos, os quais lhe pendiam dos cabelos e do pescoço.

A moça, cuja idade já ultrapassava a casa dos vinte anos, permanecia solteira. Era Elisa Sorbone, filha do marquês de Veneza. Seu pai a enviava às festas das Cortes, a fim de que encontrasse um bom casamento. Nesse ínterim, tornara-se culta e meiga, cativando a amizade de Madalena Médici.

Ao contrário das belas donzelas e madonas que enfeitavam os palácios, Elisa não era corpulenta, não tinha seios nem quadris fartos, seus cabelos castanhos, encaracolados, emolduravam a face sulcada, e a pele pálida abrigava lábios finos. Porém, de seus olhos negros, pequenos, puxados e quase sem supercílios brilhava uma luz diferente, mergulhada em bondade sublime, sendo esta uma característica pouco apreciada entre os nobres.

Uma gargalhada geral desconcertou a jovem, que entristeceu, baixando os olhos. Trêmula, ela começou a esfregar as delicadas mãos gélidas contra o estômago. Uma pequena pressão a mais, e a jovem se despedaçaria em mil partes, como um delicado frasco de puro cristal.

Leonardo a recebeu com gentileza e cochichou-lhe ao ouvido:

— Não temas. Percebo, pelo teu olhar, a beleza que está adormecida em ti.

CAPÍTULO 7

# Magnífico Canhoto

FEZ-SE UM SILÊNCIO gélido. Os espectadores viam Elisa tremer. Mas Leonardo, imponente, se portava como um titã.

De longe, Sandro não compreendia quais motivos levaram o amigo a uma conseqüência tão funesta e a uma situação tão embaraçosa. Filipe olhava-o como a prever uma cena vergonhosa, em que a empáfia do jovem de Vinci o lançaria por terra. Mas Leonardo parecia seguro de si.

— Senta-te, por gentileza — ele disse à jovem, encabulada diante dos olhares críticos das outras mulheres mais belas, que se mordiam de inveja por não terem sido escolhidas. Ela sentou-se de lado, à sua frente, de modo a não poder ver o que ele estava pintando.

Leonardo a olhou por alguns instantes, moveu-lhe delicadamente o queixo, como a procurar a melhor pose, e começou a cantar uma melodia suave, enquanto rabiscava com a pena um emaranhado irregular, complicado e tumultuoso, sem traços definidos, algo semelhante a uma paisagem, ao redor de um rosto que ainda não fora definido.

Aos cochichos, os convidados se divertiam com aquele espetáculo. Logo perceberam que Lourenço pretendia ridicularizar o ultrajante jovem. No entanto, alguns ali presentes já conheciam Leonardo e sabiam de seu talento. Lourenço, de pé, com os braços cruzados, trazia no rosto um sorriso sarcástico. Sandro aproximou-se para descobrir o que Lourenço tramava.

— Que método de pintura confuso é esse? — perguntou Lourenço, perplexo.

— É simples, meu senhor — respondeu Sandro. — O ponto de partida nem sempre é o último.

— Não entendo — sussurrou o outro.

— De um canhoto não pode vir algo divino! — desdenhou um padre, que estava vendo que Leonardo usava sempre a mão esquerda.

À medida que os confusos riscos iam sendo feitos, ora lentos, ora rápidos, foi-se definindo gradualmente a forma humana, em uma cadência de linhas correspondentes que se arranjavam em uma harmônica obra-prima. A face da jovem despontava de forma agradável aos olhos. Leonardo estava sendo fiel aos traços, mas cada linha feita com cores combinadas fazia com que a expressão serena, dócil e afável da jovem substituísse os traços singelos de seu rosto, sem perder a originalidade. Ao fundo, uma atmosfera mística, indescritível, nunca antes vista, repleta de frondosas árvores seculares, rochas e sombras contrastando com luzes misteriosas. Algo de solene, doce e ao mesmo tempo sedutor.

O que Leonardo não percebeu é que alguns rapazes da Corte, longe de admirar seus dotes de pintor, começavam a cochichar entre si, demonstrando certo desagrado por virem todas as atenções voltadas para um estranho. Dir-se-ia que já estavam adivinhando que aquele rapaz, por seus dotes incomparáveis e seus encantos, estava suplantando a todos, mas que não passava de um bastardo.

Tanto as moças da família Médici quanto as preferidas donzelas das boas famílias o paparicavam com olhares de admiração, o que causava um invejoso desagrado diante da vergonha e da derrota estampadas na face dos moços. Muitos artesãos iniciantes já se retiravam desgostosos, pois, se esperavam encontrar guarida na preferência da rica família e conseguir renda fácil para seus deleites, agora viam que não possuíam um milésimo do talento de Da Vinci.

No meio de tantos agrados e desagrados bem disfarçados, o nobre Lourenço, sem a menor sombra de inveja, começava a admirar cada gesto triunfante e negava qualquer rivalidade, inveja ou ciúme mesquinho.

Os que tomaram o prudente partido de ali ficar observando o espetáculo aplaudiram, estupefatos, quando Leonardo virou-se e deu um passo para o lado, deixando à mostra sua obra de arte.

— Oh, maravilhoso! — disseram alguns.

— Esplêndido! — falaram outros.

— Ih, muito comum! — sussurrou alguém, com um sarcástico riso de despeito.

— É mesmo Elisa? — questionou Madalena. — Mas está divina!

Elisa estava nervosamente curiosa, mas aguardou ansiosa a permissão para se levantar. Já não estava trêmula, mas não teve forças para se levantar. Piero, crente de que era portador de um charme irresistível, estendeu a mão à jovem. Ele sempre fazia questão de se mostrar um cavalheiro com as mulheres belas ou não.

Diante do sinal positivo do pintor, ela deu um passo à frente e, ao virar-se para o quadro, arregalou os olhos e perdeu os sentidos, desmaiando nos braços de Piero, que, desconcertado, não sabia o que fazer. Enquanto todos riam, ele a abanava com seu lenço, dizendo:

— Senhorita, acorde, por favor. Oh, meu Deus, alguém me ajude! Tragam um incenso!

As bondosas criadas correram para esfregar-lhe o pulso, enquanto Piero, exibindo sua força física, carregou-a elegantemente para o quarto mais próximo.

— Pobrezinha — disse Leonardo —, é uma alma sensível.

Lourenço aproximou-se de Leonardo e, beijando-lhe a face, disse-lhe:

— É magnífico! A sublime arte de um brilhante pintor deve ser, no mínimo, inesquecível. Em sua obra, há sinais de suave elegância e extraordinária imponência. Venceste! Transcende qualquer detalhe. É profunda, intensa e inovadora!

— O rapaz venceu a aposta. Cumprirás tua promessa, Lourenço? — questionou um estranho, cujo olhar estampou um raio de velhacaria.

Os convidados começaram a pressioná-lo com comentários, então ele bradou:

— Silêncio todos! Não sou homem de duas palavras! A partir de hoje, todos os pintores e escultores talentosos de Florença terão o apoio financeiro de minha família e, com certeza, dos médicos e droguistas desta cidade, para embelezar nossas ruas, nossas igrejas e palácios. Que continue a música! Alegria, senhores!

Todos comemoraram.

A presença marcante de Leonardo fez florir em Lourenço uma mente antes sufocada pela estreiteza de seus pensamentos limitados. Leonardo abrira-lhe o olho para um lado mais humano da pintura.

Os pares recomeçaram a dançar tão logo o quadro foi retirado e entregue às damas de companhia da jovem.

Lourenço, com a mão sobre o ombro de Leonardo, que já estava saindo com outros amigos, chamou-o à parte e perguntou-lhe:

— Qual é o teu segredo? Como consegues tal efeito nunca antes visto?

— É simples! — disse Leonardo. — A transição da luz para a sombra em hipótese alguma deve ser visível. Ainda não posso explicar a facilidade com que vejo cada particularidade de determinada forma. Sei apenas que consigo transmiti-la para o desenho. Se isso é um dom de Deus, sempre o recebi com alegria. Se me permites, gostaria de me retirar, meu senhor.

— Gostaria que aceitaste a condução de meus criados até a tua residência.

— Com prazer.

— Ah, aceite também este pequeno agrado! — falou, retirando do cinto uma bolsa abarrotada de moedas de ouro.

— Não é necessário — disse Leonardo.

— Ficarei ofendido se não me permitires este prazer. Ora, passo o dia a admirar os potes de ouro e prata acumulados em anos de arrecadação. As milhares de jóias preciosas de incalculável valor já não ofuscam minha visão. Por isso, quando vejo algo realmente digno de ser olhado, não meço preço, apenas pago o que acho que vale, e para mim teu trabalho vale cinco mil florins. É o que te pago agora.

— Cinco mil!? — disse Leonardo, espantado. — Mas essa quantia é o bastante para comprar um feudo com palácio e tudo o mais!

— Encontrarás muitos palácios — disse Lourenço —, mas a amplidão de teus pensamentos é um contraste ante a irrelevância dos ideais de teus líderes.

Leonardo riu, pois não compreendera se a frase dita fora filosófica ou demagógica.

Nesse momento, Piero aproximou-se e disse:

— A jovem já se recupera.

— Tu foste muito gentil, Piero — disse Lourenço. —Teu irmão Antônio já me falou sobre teu talento e o de Sandro. Meu pai deu-me liberdade para escolher alguns artesãos para trabalhar no embelezamento de nossa cidade. A Igreja faz um contrato após avaliar a produção do artista. Compareçam ao palácio amanhã.

— Com muita satisfação — curvou-se Piero. — Ao romper da manhã estarei em teu escritório, digo, estaremos, pois meu irmão já se empolgou novamente com os festejos.

Mais uma vez, Lourenço estendeu a bolsa a Leonardo dizendo:

— Aceite! É apenas um estímulo de um mecenas ao teu talento. Tu também deverás fazer parte do grupo.

— Se é assim, aceito de bom grado a bolsa, mas não posso entrar em um projeto tão grande; não tenho nenhuma obra significativa. Isto é para Sandro e Piero — disse Leonardo, sorrindo. — Já aceitei teu transporte para casa; sinto que estou abusando.

— É uma alegria ver que todos estão servidos. Nós nos veremos em breve — completou Lourenço. — Fique mais um pouco e aprecie a festa. Há belas donzelas ansiosas por companhia. Não vá agora, Leonardo.

— Pois então retardarei minha partida, apreciando a brisa noturna na sacada — disse Leonardo.

Piero animou-se com a proposta de Lourenço, retornando com ele aos salões. Leonardo dirigiu-se para a sacada, na intenção de olhar as estrelas. Desde a noite anterior, estava intrigado com uma idéia: tinha quase certeza de que a Lua exercia influência sobre as águas, só não sabia exatamente de que maneira.

Do outro lado do salão, uma jovem se divertia com algumas amigas quando viu o jovem pintor se dirigir à discreta sacada. Desculpando-se, após aguardar o momento em que ele estivesse só, aproximou-se e perguntou-lhe com voz sensual:

— Como consegues pintar feições tão magnificamente?

Ele voltou-se para ela, curvou-se, beijou-lhe o dorso da mão e lhe respondeu com uma pergunta:

— Conhecemo-nos?

— Sou Graccielli.

— Encantado, senhorita. Responderei à tua pergunta. Começo pelos olhos; são a principal porta de expressão. Evito delinear as sobrancelhas, pois carregam a expressão, por mais claras que sejam. O nariz é mais sombra que propriamente um risco, e não importa quantas vezes o faça para que alcance a perfeição; um mau nariz pode estragar um belo rosto. Quanto à boca, intensifico o lábio superior e não caio na tentação de desenhar um sorriso com dentes à mostra, se quero viver em paz com a Igreja, que teme as opiniões femininas, se é que me compreendes. Procuro uma posição em que luz e sombra possam auxiliar na constituição do belo, por isso prefiro a pose meio de lado, já que um rosto totalmente de frente ou totalmente de lado pode mostrar imperfeições.

— Esplêndido! — admirou a jovem. — Presumo que não sejas daqui!

— Presumiste corretamente. Sou de Vinci.

— Logo vi — ela respondeu, mudando o tom de voz para mais íntimo. — Sou de Veneza e devo confessar-te: não sei como suportas esta cidade imunda, cheia de mendigos por toda parte. Ih! Povo feio, mal-vestido. Lourenço tem razão em investir no embelezamento da cidade. Tu, ao contrário, és fino, acatado; não te pareces nada com os habitantes de Florença.

Leonardo estranhou aquela atitude tão ousada e com ares de brincalhão perguntou:

— As donzelas de Veneza não se envergonham de dirigir a palavra a um homem?

— Não — ela respondeu com o nariz empinado. — Aprendemos desde cedo que um homem tem três utilidades: amar as mulheres, defendê-las e sustentá-las. Sabias disso?

Leonardo sorriu, dizendo:

— Não sabia disso e não pretendo parecer-me arrogante aos teus olhos, mas poucas são as coisas de que não sei, e muitas vezes discordo até mesmo das que sei.

— Oh, perdoe-me — ela mudou o tom —, não quis ofender-te! Moro no palácio, mas aqui é tudo tão entediante!

— E o que fazes nestas paragens se não te sentes bem, cara senhorita?

— Estou acompanhando meu irmão, professor dos filhos dos Médici. Ensina esgrima e retórica. Enquanto isso, sou obrigada a viver das migalhas, sem emoção alguma, e confesso-te: sinto-me uma prisioneira, pois minha vida é só clausura. Dá-me um pouco de alegria. Eu gostaria de contratar tuas habilidades de pintor, retratando-me enquanto sou jovem e tenho alguma beleza. Se não for um incômodo, é claro.

Leonardo respondeu gentilmente:

— Será uma honra. Se preferires, na próxima quarta-feira estarei em palácio para retratar-te.

— Aguardarei ansiosa — respondeu a moça, enquanto saía acompanhada por outras jovens que lhe vieram ao encontro, levando-a uma de cada lado do braço.

Nos corredores, uma moça cuidadosa cochichou-lhe aos ouvidos:

— Graccielli, tu és louca! Não estás em Veneza! Aqui é uma cidade pequena; as pessoas falarão de ti!

— Que falem! — disse a donzela. — Aquele moço me parece extremamente interessante. Viste o jeito com que ele se porta? Seus gestos são delicados, seu sorriso, suave, seu olhar é cândido. Não é como nossos valentes e robustos guerreiros, que não passam de montanhas insensíveis!

— Não brinques, menina! — ralhou a mulher. — Estes rapazes delicados às vezes enganam. Não raro são viris e capazes de incendiar uma mulher.

— Veremos! — disse Graccielli, ajeitando o decote e voltando a sorrir.

Sob a luz das estrelas, Leonardo preferia a solidão. A azáfama dos convidados não lhe parecia uma atração agradável. Risos altos e vulgares embalados por vinho da melhor qualidade ensurdeciam-no cada vez mais. Seus pensamentos estavam distantes, pois uma idéia fixa o perturbava. Sua alma inquieta desenhava em sua mente a figura da garota do porão.

Leonardo não suspeitava de que a misteriosa jovem o observava a distância, analisando cada gesto seu, seguindo seus passos desde que ele chegara a Florença.

Num ímpeto, Leonardo levantou-se e decidiu que desta vez iria realmente embora e ninguém o impediria. Estava entediado e deslocado. Quando estava saindo do palácio, Piero alcançou-o e, chamando-o à parte, disse-lhe:

— Não digas nada a Sandro sobre a oferta de Lourenço. Deixe que eu mesmo lhe dê a boa notícia.

— Pois bem — concordou, sem desconfiar das intenções de Piero —, aproveite e despeça-se de Sandro por mim.

Alguns dias se passaram, e, a partir daquele dia, Leonardo se tornaria conhecido e admirado na Corte. Outras mulheres ricas queriam ser pintadas por ele, que era generoso com o pincel, fazendo pequenos retoques e escondendo grandes defeitos.

Antônio, irmão de Piero e Sandro, era um homem de confiança de Lourenço. Coube a ele organizar o mecenato aos artesãos. Ele decidiu que Sandro precisava de uma chance, e que Piero precisaria de uma lição por não ter comunicado a Sandro a oferta de Lourenço, que não compareceu à reunião de adesão, mesmo estando com ele todos os dias.

Lourenço tinha incumbido Piero de uma importante obra: executar sete quadros que representassem as "Sete Virtudes" opostas aos sete pecados capitais, para ornamentar o salão do Tribunal da Mercancia. Porém, um fato interessante mudaria os ventos a favor de Sandro, que era bom e justo. Sandro expunha seus quadros em sua própria oficina, geralmente os colocando perto da porta que dava para a rua. Certo dia, colocou um quadro que retratava a figura de um soldado, tendo à mão uma coleira, que prendia um cão em atitude feroz. Não era este o estilo de Sandro, mas ele recebera a encomenda de um rico comandante, que queria colocar o quadro em seu gabinete de forma a intimidar os mais ousados. Sandro pintou o cão tão nitidamente que o gato de uma senhora que passava à rua saltou-lhe do colo e começou a agredir a pintura, quase a destruindo.

Antônio chegava àquela hora. Ele já sabia do talento de Sandro, mas viu que aquele era o sinal e aquela a chance de introduzir no mecenato dos Médici seu irmão mais jovem.

No entanto, Lourenço já havia assinado um contrato com Piero e não era fácil desfazer um acordo, pois teria que convencer também a Igreja, os médicos e os droguistas, os quais despendiam volumosas somas em dinheiro. Para tanto, contou com a ajuda de outros amigos de sua confiança. Bastou-lhe Sandro pintar "A fortaleza", que seu nome fora indicado para fazer parte do grupo de artesãos mestres e participar da modernização da cidade.

A partir desse dia, Sandro passou a desfrutar da honra de servir aos Médici, além de passar a receber inúmeras encomendas religiosas por parte dos padres e bispos. Leonardo jamais poderia imaginar que Piero não chamaria Sandro.

Piero aprendera a lição: tornou-se mais humilde e soube reconhecer o talento do irmão. Entretanto, não imaginava o que o destino lhe reservava.

Às vezes, Leonardo se sentia solitário; então, descia até o porão. No entanto, não encontrava a moça. No ambiente, sentia um agradável perfume, muito suave e delicioso. Assim, ele aproveitava para dar comida ao pequeno Arte, o qual se revelara um fiel amigo. Sensível aos animais, Leonardo passou a alimentá-lo diariamente, aproveitando para deixar no porão alguns pães embrulhados carinhosamente, na tentativa de saber se a moça ainda utilizava aquele esconderijo. Após alguns dias, ele encontrou o embrulho vazio. Foi quando percebeu o sinal e decidiu esperá-la, escondendo-se dentro de um baú. Como previra, ela apareceu, olhando atentamente para todos os lados, até que viu o embrulho. Sem tocá-lo, ela esboçou um leve sorriso e retirou a capa negra. De seu esconderijo, Leonardo pôde ver quanto ela era bela e graciosa. Ela aproximou-se lentamente, retirou de uma sacola alguns talheres e um tecido branco, forrou um pequeno caixote e pôs o embrulho com os talheres ao lado. Tão logo ela começou a cortar delicadamente o pão recheado, o jovem Da Vinci ficou impressionado e pensou: "Como pode uma garota que vive na rua ter costumes tão refinados?".

Realmente, a moça tinha hábitos finos, diferentes dos das moças simples do povo. A pele, os traços delicados, os cabelos sedosos, o jeito de comer e de andar denunciavam que era de classe superior. Mas por que estava ali? De que fugia? Leonardo pensava em mil maneiras de abordá-la sem que ela fugisse, até que teve uma idéia mais prática ao lembrar-se da maneira como os gatos capturam os ratos.

Enquanto ela estava distraída, Leonardo saiu de seu esconderijo e, como um gatuno, lançou-se com incrível agilidade sobre ela, segurando-a pela cintura e tapando-lhe a boca para que ela não gritasse e prejudicasse a si própria. A moça apenas parecia fácil, pois foi preciso muita força masculina para segurá-la. Leonardo possuía uma força física inigualável, mas não estava acostumado a lutar. Por instantes, eles se debateram: ora ele a segurava, ora ela o derrubava, até que ela se viu vencida, com a face no chão. Com uma das mãos, ele tapou-lhe a boca; com a outra, prendeu-lhe os braços; com as próprias pernas, imobilizou as dela.

Leonardo, querendo explicar-se, falou ofegante:

— Perdoa-me, espero não ter te ferido. Logo vou libertar-te. Não vou te fazer mal; quero apenas respostas para algumas dúvidas. Prometes que não fugirás se te soltar?

A moça não respondeu e tentou com todo o vigor se desvencilhar, mas não conseguiu. Vendo-se vencida e com a respiração acelerada, meneou a cabeça em sinal positivo. Tão logo ele a libertou, ela deu-lhe um pontapé no estômago e, com um salto para trás, ficou olhando-o fixamente, como uma tigresa furiosa. Então ele recuperou-se e, num gemido, insistiu:

— É assim que retribuis a minha hospitalidade? — Ela continuava desconfiada, mas ele insistiu: — Dize-me apenas qual é o teu nome. — Ela nada respondeu, apenas o observou, respirando rapidamente. Então ele falou: — Olhe, se fosse minha intenção prejudicar-te, estarias entregue aos juízes; bastaria uma denúncia e estarias presa por invasão. No entanto, não contei a ninguém que aqui estás. Ao contrário, estimulei que a senhora Ângela jamais colocasse os pés neste lugar. Por isso, não tens razão para sermos inimigos. Por favor, converse comigo. Se não podes falar, faça gestos que compreenderei. Nascestes em Florença?

A moça balançou a cabeça em sinal negativo.

— Ótimo! Já estamos nos comunicando. Tens família?

Ela acenou que não.

— Eu também não tenho. Tens inimigos que querem prejudicar-te, por isso foges?

Ela gesticulou que sim. Ele continuou:

— Posso ser teu amigo? Por favor, quero ajudar-te.

Ela demorou para responder e, após alguns instantes, balançou a cabeça afirmativamente. Desta vez, seu olhar tornou-se mais sereno.

— Pois bem, se seremos amigos, não vou mais te incomodar. Aguardarei que me procures. Amigos não fogem nem lutam entre si. — Virou-se para sair.

A jovem, demonstrando estar mais calma, falou:

— Não poderás ser meu amigo ou morrerás como morreram os outros.

O rosto do rapaz se iluminou ao ouvir aquela voz e se alegrou por ter conseguido fazer com que ela falasse. Então, disse num sorriso destemido:

— Se para ser teu amigo tiver que entregar minha vida, assim o farei!

Ela continuou olhando-o com aqueles olhos úmidos, assustados e belíssimos, sem mover nenhum músculo da face.

— Volta para tua refeição — disse Leonardo, ajeitando os cabelos que se tornaram emaranhados durante a luta e reorganizando os caixotes espalhados. — Sinto ter-te interrompido neste momento sagrado.

Após mais alguns instantes, ela se moveu e voltou para seu pequeno banquete, vendo que o pão não havia sido atingido pela luta de ambos. Ela repartiu-o em duas partes iguais e girou a travessa para o lado de Leonardo, dizendo:

— Sirva-te, por gentileza.

Leonardo sorriu:

— Oh! Não, obrigado, terminei de jantar...

— Por favor!

— Ah, está bem, comerei contigo, pois assim ficaremos mais próximos.

Ela entoou uma oração de agradecimento. Eles comeram em silêncio. Então, mais uma vez, ele rompeu o silêncio:

— Tuas roupas são maltrapilhas, mas não te pareces com as pessoas que viveram sempre na rua. Tuas mãos não são as mãos de uma serva e falas corretamente, não conforme o povo inculto. De onde vens?

Ela terminou de jantar e perguntou-lhe:

— Como saberei se posso confiar em ti?

— Tens a minha palavra e os meus atos do passado provam que sou um homem honesto e de confiança.

Desta vez a moça sorriu e disse com leve ironia:

— Teus atos do passado? Tais quais aqueles em que a cidade inteira presenciou ao ver-te pular nu da ponte?

— Deus do céu! — espantou-se o jovem, cobrindo a face corada. — Viste aquele vexame? Oh, não! Estou eternamente arruinado!

Risos.

— Sinceramente — ela o consolou —, não considerei tal atitude um “vexame”. Às vezes, é preciso chocar as pessoas para que percebam a importância do corpo mais que da roupa, bem como a importância da alma acima do corpo. Há mais indecência e obscenidade nos hábitos esbanjadores dos ricos que na nudez imaculada dos pobres.

Ao dizer isso, ela não imaginava quanto se tornava admirável aos olhos dele, que pensava da mesma forma. Então, ele disse compreensivo:

— Se não quiseres me dizer quem és, não é necessário. Concordo que o passado é digno de ser esquecido.

Isso a levou a esticar o braço e a tocar em seu rosto como a querer consolá-lo. Ao ser tocado, ele deixou-se acalentar e, fechando os olhos, sentiu uma suave sensação de bem-estar. Havia muito não sentia um carinho feminino, um toque suave e delicado. Adorava quando, em raras ocasiões, sua madrinha permitia que ele colocasse sua loura cabeça em seu colo maternal, enquanto ela mexia-lhe os louros anéis e entoava canções de ninar. Nesse embalo, ele segurou-lhe a mão e beijou-lhe a ponta dos delicados dedos:

— Tuas mãos são formosas e delicadas. Aliás, és completamente bela e perfeita. Nenhum escultor, nem com o mais puro mármore, poderia moldar-te senão o próprio Deus. Sem falar que tens um perfume agradabilíssimo; traz-me uma deliciosa sensação de bem-estar.

Ela poderia ter-se deixado embalar naquele clima romântico, mas retirou a mão das dele e disse com voz firme:

— Assim falas porque me pareço contigo. Olha-te no espelho, imaginas cabelos longos emoldurando teu rosto e me verás.

Leonardo ficou estático por um momento e analisando os traços disse:

— Sou mesmo um imbecil! Como não percebi isso antes?

Ela sorriu e disse-lhe:

— Não és imbecil, ao contrário. És um dos maiores gênios que já conheci. Mesmo na Corte onde vivi...

Por um momento, ela percebeu que não poderia continuar.

— Sim, continue. Na Corte! — espantou-se o jovem ao perceber que ela finalmente diria alguma coisa sobre si; no entanto, ela interrompeu-o e disse:

— Pois bem! Amanhã à tarde encontre-me na curva do Arno e ti direi quem sou.

Leonardo, como desperto de um sonho maravilhoso, respondeu:

— Será um cenário magnífico! Lá estarei, ansioso, desde o amanhecer e de lá não sairei até que te veja.

— Agora vá — disse ela — ou suspeitarão de tua demora no porão.

— Antes, tenho algo para ti e quero que utilizes como quiser. — Leonardo retirou do cinto a bolsa que recebera de Lourenço, despejando as moedas no chão.

— Por Deus! — espantou-se a moça. — Tudo isso? Não preciso de dinheiro, mas posso utilizá-lo para conseguir informações.

— Que informações? Sobre o quê? — Fez-se um silêncio, que ele rompeu: — Não quero ser deselegante. Aguardarei o momento certo. Toma, já tirei um pouco para reembolsar senhora Ângela e André por terem me recebido tão gentilmente. Aliás, eles poderiam abrigar-te, a casa é grande. Exijo que venhas morar conosco.

— Podes compreender-me sem forçar-me? — ela disse irritada.

— Não demorarei a compreender, senhorita mistério — ele respondeu. — Comprarei alguns lençóis para que te acomodes melhor, já que não queres conforto.

Quando ele ia saindo, ela disse:

— Ah! Não uso nenhum perfume.

Ele voltou alguns passos e falou:

— E de onde vem este aroma tão agradável?

— Talvez porque eu goste de estar entre as flores — ela disse num sorriso.

Ele meneou a cabeça compreendendo e saiu. Ela olhou-o desaparecer ao subir a escada que dava à estreita porta do porão. Pensou consigo que finalmente havia encontrado alguém em quem pudesse confiar. Arte, o ratinho, aproximou-se, subindo em seu colo. Ela acariciou-o e ficou pensativa. Então, pegou o pequeno saco de moedas e saiu.

O jovem Da Vinci estava impressionado. Tão logo chegou em seu quarto, cuidou de olhar-se no espelho e foi grande a sua surpresa: eles realmente se pareciam de maneira espantosa. "Que estranha coincidência!", pensou.

Naquela noite, ele teria um sono tranqüilo, revendo as imagens em sua mente do ato de carinho que recebera, apesar de que acordava de hora em hora, preocupado com a misteriosa semelhança entre ambos.

Outra pessoa da casa via-se perturbada em seu repouso, mas por outro motivo. Ângela vira um vulto rondando a casa. Da mesma forma, dera por falta de suas raízes curativas e as papoulas cozidas haviam desaparecido. Ao cair da tarde, vira apenas um espectro de capuz negro e se não fossem seus temores teria enfrentado o assaltante com um cabo de vassoura. Na intenção de não atiçar André, fazendo-o perder o sono, preferiu não comentar o assunto, imaginando ser apenas um moleque em busca de quinquilharias domésticas.

# CAPÍTULO 8

# Almas Semelhantes

No dia seguinte, Leonardo tomou a direção da feira, a fim de comprar fazendas para que a moça pudesse ter mais conforto. Passando pela casa do vendilhão, ouviu lá de dentro a voz eufórica e histérica de uma senhora:

— Marido, venha ver!

Lá de dentro, surgiu o homem barbado, que perguntou:

— O que é mulher?

— Não! — ela respondeu entre gargalhadas. — É um milagre ou o ladrão de pães arrependeu-se, pois, quando fui pegar farinha no pote, encontrei todas estas moedas de ouro!

O homem pegou as moedas e, passando-as de uma mão para a outra, falou abismado:

— Mulher!

— Sim, senhor meu marido!

— Deixe outros pães na janela, porque com estas moedas poderemos comprar mais de cem potes de farinha. Elas são muito valiosas!

O casal guardou as moedas e, feliz, foi fazer mais pães.

Leonardo cuidou de providenciar rapidamente as fazendas e deixá-las no porão. Então, dirigiu-se rápido para a curva do Arno. Ao se aproximar do lugar marcado, diminuiu o passo gradualmente e olhou para todos os lados. Enquanto esperava, começou a recolher pedras de várias formas, apenas para compará-las entre si. Assim, não viu o tempo passar enquanto as estudava.

Conforme prometera, ao cair da tarde, a moça surgiu desconfiada e perguntou:

— Vieste realmente sozinho?

— Sim. Imaginas que seria capaz de trair-te?

— Não confio em ninguém — ela respondeu, olhando para todos os lados.

— Dize-me, severa musa — adiantou o jovem com ansiedade —, o que te faz fugir?

— Sentemo-nos embaixo daquela árvore — ela disse, puxando-o pela mão.

Sua mão quente, segurando firme a dele, o fez estremecer como da última vez. Ele deixou-se levar, não oferecendo nenhuma resistência, até que ambos se sentaram perto um do outro.

Deixando no chão as pedras que havia recolhido, ele percebeu que uma delas era um fóssil de peixe e disse:

— Já é o segundo que vejo perto desta montanha! Fico imaginando como peixes e outras criaturas marinhas se encontram nas montanhas? Deve ter havido um mar primordial que cobrira as rochas. Isso deve ter ocorrido há muito mais tempo do que a Igreja imagina, pois é uma espécie de fóssil de um peixe.

Ela pegou a rocha e, olhando-a, disse:

— Realmente é um resto mineralizado, petrificado, de passados longínquos.

Leonardo ficou admirado:

— Uau! Sabes muito para uma mulher! Não temes falar de tais assuntos e ser privada dos sacramentos e das orações da Igreja?

Ela ignorou o exórdio e apenas disse:

— Eu não sei nada. Também não temo os anátemas eclesiásticos. Se for excomungada, não me fará diferença. Não vou à Igreja faz tempo, nem por isso me sinto longe de Deus. Entretanto, concordo que para algumas pessoas é necessário que freqüentem assiduamente as celebrações. Não sei se posso confiar em ti, mas acredito que posso dar-te alguns detalhes.

— Ótimo! — empolgou-se Leonardo, sentando-se em uma posição mais confortável. — Sou um admirador de detalhes.

Ela sorriu e começou a falar:

— Meu nome é Leda. Já chega?

— Só isso? Conte-me sobre tua vida, teus amigos, inimigos — insistiu Leonardo.

— Ora, nasci em Veneza e lá vivi minha infância com mamãe. Ela nunca me contou quem fora meu pai, até o dia em que morreu ao dar à luz ao meu irmão, filho de meu padrasto. Em seu leito de morte, ela teve tempo para instigar-me a prometer nunca procurar saber quem era ele, pois era um homem importante, casado e muito cruel. Meu padrasto casou-se de novo com uma rica mulher, mais velha que ele. Foi ela quem me ensinou boas maneiras e a sobreviver numa sociedade luxuosa e hipócrita. Fugi de casa aos doze anos, por causa das desavenças com meu padrasto, que era um homem sem escrúpulos. Saí à procura de algum sinal de meu pai. Sem perceber, me vi envolvida em investigações a respeito de uma seqüência de assassinatos de filhas e filhos bastardos, um após o outro. Descobri que os caminhos trilhados por meu pai eram os mesmos de um cruel assassino, que não se importava com a idade ou a descendência. Simplesmente a pessoa amanhecia morta, sem nenhum sinal de luta ou ferimento pelo corpo.

Leonardo ouvia estarrecido. Então, perguntou:

— Quais são as tuas suspeitas? Foram mortas por alguma magia ou cometeram suicídio?

Leda respondeu:

— Minhas suspeitas sugerem que tenham sido envenenadas. O assassino escolhia a dedo suas vítimas. Todos os que foram mortos recebiam antes uma carta, dizendo que deveriam ser eliminados da sociedade por constituirem um perigo à família e que seria um favor a Deus se os bastardos queimassem a carta e dessem cabo da própria vida, a fim de não envergonharem seus parentes.

Leonardo deduziu:

— Então, todos os escolhidos sabiam ler, isto é, tinham alguma cultura. Diria que tinham opiniões diferentes da maioria.

— Brilhante dedução! — admirou-se Leda. — Só não sei se a pessoa se envenenava ou era coagida a isso. Sei que era encontrada morta, com um frasco vazio de veneno na mão. Julgado como suicídio, ninguém investigava nada...

Leonardo ouvia atento àquela narrativa, desenhando cada fato em sua mente. Ela continuou sem se abalar:

— Mesmo sabendo ser eu uma filha bastarda, continuei a procurar meu pai. Vim para Florença após ter conseguido um pouco de dinheiro. Porém, minhas observações nesta cidade me levam a crer que aqui também já aconteceu a morte de um jovem e próspero mercador, que apareceu ferido pelo próprio machado.

— Mas — interrompeu Leonardo, lívido de pavor e preocupação — lembro-me do caso do mercador. Disseram que foi um acidente!

— Acidente? Acreditas realmente que alguém pode partir a própria cabeça com um único golpe e de trás para a frente?

— É verdade. Pior que isso! — despertou Leonardo. — Também sou um bastardo. Então, corro risco de vida como todos os outros filhos ilegítimos desta cidade?

— Sim, podes estar certo.

Uma onda de pavor e inquietação percorreu os pensamentos do jovem, que, disfarçando o temor diante do perigo, disse:

— Precisamos descobrir quem é este assassino, antes que ele nos mate!

— É o que faço todos os dias — respondeu Leda.

— És bastante corajosa para uma donzela — afirmou Leonardo. — A partir de hoje, estarei contigo nas investigações. Serei teu protetor e comunicarei ao governador...

— Em nome de Deus — ralhou a moça —, pare de tratar-me como alguém inferior! Uso calças, sou livre e não dependo de homem algum para sobreviver! Isso não basta? E mais: não comunicarás nada a ninguém, pelo menos por enquanto — interrompeu a jovem. — Isso já foi feito em Veneza, mas o assassino não deixa pistas nem provas. De alguma forma, ele fica sabendo quem o denunciou, matando-o em seguida. Ele pode estar entre os poderosos. É preciso descobrir antes quem é ele ou ela e preparar-lhe uma armadilha fatal.

Leonardo começou a compreender:

— Sim, diante disso, estás realmente certa. Mas de que forma posso proteger-te?

— Mas será possível! —irritou-se a moça. — Sei cuidar de mim! Cuida-te, que me vou embora. Adeus. — Levantou-se, saindo rapidamente

— Espere um minuto, Leda — insistiu Leonardo, alcançando-a. — Não podemos ficar mais algum tempo? Ainda é cedo... Por favor. Deixe-me contar também minha história.

— Não é necessário, sei tudo sobre ti.

— É mesmo? Sabes também sobre meus sentimentos? — disse Leonardo, lançando-lhe um olhar apaixonado.

Ela desconversou, dizendo tristemente:

— Veja o que as paixões têm causado: tantos sofrimentos e mortes cruéis! Não culpo apenas os homens, mas também as mulheres, por não se conterem diante dos próprios impulsos. Se sabem que de uma relação pode resultar um filho, por que continuam?

Leonardo ouviu entusiasmado, então falou:

— É a primeira pessoa que vejo falar assim. Sempre ouvi as pessoas dizerem que de um homem e uma mulher só resulta o "pecado".

Risos.

Ela, porém, continuou com o semblante preocupado:

— Isso é mais sério do que imaginamos. O adultério dos pais tem sido cobrado nos filhos, que morrem de forma sinistra. Mas não é Deus o culpado. Alguém que se acha enviado de Deus está matando todos os bastardos. Isto é pouco?

— Ora! — interpelou Leonardo. — É da natureza humana unir homem e mulher espiritual e fisicamente. Isso faz parte da vida e não há milagre maior que o do nascimento. Se duas pessoas se sentem atraídas, sem impedimentos, por que não cederem?

— Concordo — ela disse, sem se abalar. — O prazer também faz parte da vida, mas as conseqüências são desastrosas quando não se leva em consideração os fatores que o envolvem.

— Tu já amaste? — perguntou Leonardo, querendo saber detalhes daquela que parecia tão sábia.

— Sim.

— Quantos? — questionou o jovem, assustado.

Com voz suave, ela respondeu:

— Apenas tu, desde o dia em que te vi pela primeira vez, pela brecha do porão, sendo trazido por teu estúpido genitor. Perdoe-me a expressão, mas não pareces ser filho de um homem tão bruto.

Ele concordou e, sentindo-se à vontade com ela, tocou em seus cabelos, soltando-os. Com carinho, disse-lhe:

— És bondosa e sábia. Foste um anjo enviado para me salvar?

— Ninguém poderá salvar-te senão tu mesmo. No entanto, morreria por ti antes que algo ruim te acontecesse.

— Morrerias por mim? — ele estranhou.

— Não somente por ti, mas principalmente por ti — disse ela, numa expressão angelical.

Houve um silêncio. Ambos permaneceram olhando-se, sentindo-se mutuamente atraídos, apaixonados. Ela deixou-se embalar por aquele momento. Seus rostos se aproximaram, e seus lábios se tocaram irresistivelmente por alguns instantes. Ele abraçou-a e, voltando-se para a paisagem, falou com emoção:

— Vê que a natureza inteira é animada por almas diversas, todas com caráter espiritual. A rocha, as flores, os animais e os homens constituem expressões diversificadas de uma mesma força vital, e assim devem ser representados. A Terra vive e tem uma alma: os rios são suas artérias, os regatos, as veias, o fluxo e o refluxo do mar, seu alento. Nos vulcões está a residência da vida; o oceano em torno dos mares é um lago de sangue em volta do coração. Em tudo há ordem, harmonia e beleza. Observa as folhas como são diferentes umas das outras. Vê como os galhos possuem camadas. E as flores? Elas sabem quando há luz e quando há trevas. Tudo pulsa, e meu coração bate mais forte agora que a mais bela das flores está ao meu lado.

— Falas como se tivesses feito uma viagem pelo corpo humano — encabulou-se Leda.

— Não fiz uma viagem, mas acompanhei a morte de meu avô; depois, estudei cadáveres de animais domésticos, quando eram preparados na cozinha, por isso sei exatamente como funcionam algumas partes do corpo. Mas isso é um segredo.

Por um momento, ela lembrou-se de que estavam ao ar livre e que poderiam estar sendo observados. Na verdade, sua intuição não lhe mentia. Um vulto encapuzado os observava por entre os arbustos.

Enquanto ele despertava de suas emoções, ela levantou-se e disse:

— Sinto muito, não devíamos estar aqui. Enquanto não descobrir o assassino, não posso descansar.

— Também estarei atento. Voltemos juntos para casa.

— Não! — Leda interrompeu. — É melhor que não sejamos vistos juntos.

— Então, nos encontramos à noite no porão, a fim de trocar informações.

— Pois bem, adeus. Geralmente procuro pistas à noite para não ser vista. — Ela saiu com agilidade.

Leonardo acompanhou-a com o olhar, até que desaparecesse nas folhagens. Então, deitou-se na relva e, olhando o céu mudar de cor, disse para si mesmo: "É a mulher de calças mais linda e maravilhosa do mundo!".

Sem imaginar que estavam sendo vigiados, Leda distanciou-se, esquecendo-se de prender os cabelos dentro da carapuça. Um vulto encapuzado correu, escondeu-se por detrás de uma árvore e, quando ela passou, segurou-a pelo braço. Ela debateu-se, conseguindo retirar dele o capuz. Então viu que era Filipe. Irônico, ele disse:

— Uma donzela não deve andar por aí sozinha, desprotegida.

— Deus é minha única proteção! — ela respondeu rispidamente, encarando o rapaz. — Além disso, não preciso de proteção contra néscios como tu. Agora deixa-me ou vou gritar!

— Ora, ora, és realmente ousada! Quem te ensinou tais defesas? Leonardo é que não foi.

— Aprendi sozinha, lidando com pessoas perigosas. Mas tu és um idiota! — disse, desvencilhando-se das garras do jovem num só gesto brusco. Porém, ele lançou-se novamente num salto e a segurou outra vez, dizendo:

— Ei, espere, não tenha tanta pressa, vamos brincar um pouco — disse com ironia na voz e paixão doentia nos olhos, tentando beijá-la.

— É a última vez que aviso: deixa-me em paz! — ordenou Leda, após dar-lhe um golpe de joelho na região frágil dos homens.

Enquanto ele se contorcia no chão, segurando suas vergonhas e jurando, entre tosses, sua vingança, ela fugiu dizendo:

— Perdoe-me o golpe baixo, mas avisei. Tu é que não me ouvistes.

Alguns dias se passaram.

Noite e dia Leonardo perguntava-se: "Por que haveria alguém de ser tão implicado com uma pessoa, apenas por ser filho ilegítimo?".

Um acontecimento haveria de desviar-lhe a atenção.

Graccielli vivia no palácio com seu irmão Donatto Veroneli, o qual havia recebido o título nobiliárquico de conde de Ferrari graças aos serviços prestados ao duque daquela cidade. Donatto viera para Florença havia alguns anos, a fim de auxiliar a família Médici na educação dos nobres filhos. Por ser um homem de disciplina e comportamento irrepreensível, Donatto em pouco tempo conquistou a confiança dos Médici, que lhe davam total liberdade para agir dentro e fora do palácio. Graccielli era uma mulher bela, de muitos caprichos, e seu irmão, um homem de muitos dotes. Ela viera com o irmão a fim de, na Corte, encontrar um marido rico.

Naquele domingo, na Igreja Franciscana de Santa Cruz, após a missa pascal, as famílias mais abastadas se reuniram para um banquete servido no jardim paralelo, a fim de arrecadar fundos para a construção do salão festivo. Em animada palestra, Lourenço apresentou Leonardo para algumas pessoas, entre elas o conde Donatto e sua irmã Graccielli, e percebeu que eles já se conheciam desde a festa da pintura de Elisa. Graccielli mostrou-se tímida perto do irmão da jovem, afastando-se de Leonardo após cumprimentá-lo. Donatto mostrou-se amável e extremamente gentil. Leonardo, ao cumprimentar o irmão da jovem, percebeu que lhe faltavam alguns dedos na mão. Curioso, não resistiu e questionou:

— Presumo que tenha acontecido um acidente?

— Ah, sim — respondeu o conde sem se abalar. — Às vezes, até mesmo um bom espadachim pode ser pego de surpresa. Aprecias a esgrima, meu jovem?

— Não, senhor. Prefiro a pena.

— Apesar de estar faltando alguns dedos, uso também a pena como ninguém. Sou professor.

— Perdoa-me. Com certeza, tal detalhe não é nenhum problema para um homem culto como és, senhor.

— Tenho gosto em lidar com os jovens inteligentes — falou Donatto, gentilmente.

— Eu, por minha parte — disse Leonardo —, tenho imenso prazer em lidar com homens sábios.

— Ora, não me considero um sábio, mas te levarei para conhecer um amigo...

Nesse momento, Donatto fora interrompido por um criado, o qual lhe falou algo ao ouvido. Então, o conde demonstrou pressa e concluiu:

— Hoje, porém, não poderei falar-te muito, pois o duque me chama. Com licença, por favor.

— Toda.

Leonardo aproveitou para se afastar da azáfama dos comilões e foi isolar-se no banco de um gramado verdejante, enfeitado por flores coloridas e estátuas de mármore, circundadas por muretas de pedra que se estendiam até a rua. Não passou muito tempo, e Donatto reapareceu, aproximando-se de Leonardo e dizendo:

— O duque tinha dúvida sobre como se escreve a palavra estupefato. Fui esclarecer-lhe. Oh, é realmente uma pena que a maioria das pessoas não saiba ler nem escrever. Tens o domínio das letras, meu jovem?

— Sim — respondeu Leonardo —, mas prefiro o desenho.

Tão logo assim falou, Leonardo viu atravessar a rua um homem alto, de cabelos grisalhos e passo largo; sua aparência era muito agradável ao olhar. O conde acenou discretamente um lenço branco, que tirou do bolso, e fez sinal para que o estranho se aproximasse. Porém, sem um motivo aparente, ele não atendeu, então Donatto teve que ir até lá, rodeando até o portão.

— Vem comigo, Leonardo — disse Donatto. — Oh, que feliz coincidência! Aquele é Paolo Toscanelli, matemático, físico e astrônomo, considerado um dos mais celebrados eruditos locais, em cuja casa se reúnem sábios de Florença e de outras cidades.

Donatto cumprimentou-o, tirando o chapéu e apresentando-o para Leonardo:

— Vê este homem. Pois bem, ia levá-lo justamente à tua casa.

— Meu amigo — respondeu-lhe Paolo —, por tua causa ele seria bem-vindo.

— Ora, não sou digno — disse o conde —, mas, se o conhecesses e aos seus dotes, verias que é um jovem de muito talento. Tenho ouvido dizer que merece fazer parte de teu convívio.

Leonardo estendeu a mão e falou:

— Um teu criado, senhor.

— Ele é modesto — adiantou Donatto, baixando o tom de voz como se quisesse dizer algo em segredo. — Se me permites, eu o levarei quarta-feira à noite à tua casa. Tenho certeza de que ele é de confiança.

— Com satisfação os aguardo — finalizou Paolo, curvando-se e despedindo-se.

— Saibas — disse o conde para Leonardo — que não encontrarás sobre a Terra outro homem que possa te dar detalhes sobre os complicados mistérios da vida e da morte. Parece que tu és excessivamente curioso, como todo jovem o deve ser. Não o culpo, mas saibas que os príncipes acorrem aos sábios conselhos de Paolo para as decisões mais difíceis.

— E por que ele não está nos palácios?

— Oh! Não, filho. Tais homens não suportam ambientes onde há muita hipocrisia, homens de interesses escusos e bajuladores dos grandes líderes, devorados pela paixão da fortuna e do poder. Apenas homens que possuem ideais santificadores em relação à família podem suportar essa espécie de vida sem se corromperem. Para mim, o que existe de mais sagrado é a família, e nada a deve abalar. Ontem mesmo, sob minha inspiração, o duque decidiu designar um fundo para proteção dos órfãos abandonados. Pobres crianças morrem à míngua, abandonadas nas ruas, famintas e sem agasalho durante o inverno. Precisamos fazer algo. Se conheceres algum, envie-nos e forneceremos moradia, vestimenta e alimentação. É o mínimo de que um filho de Deus necessita.

Leonardo admirou-se daquele homem. Eles conversaram mais um pouco e despediram-se, pois o duque voltara a chamara Donatello. Assim, o jovem pintor voltou a ficar só, pensativo. Vendo que Sandro se aproximava, como sempre cordial, Leonardo perguntou:

— Conheces o senhor Paolo?

— Sim — respondeu o amigo. — É um grande conhecedor das letras.

— Acompanhe-me, Sandro, enquanto comprarei algumas flores. É para uma amiga.

Sandro olhou-o desconfiado e, tocando seu ombro, disse:

— Amiga ou namorada? — Leonardo nada respondeu. Então, Sandro continuou: — Ah, fico feliz em saber que estás amando alguém! Isto é muito bom, faz bem para a alma. Sabe, às vezes, penso que é melhor amar que ser amado...

Leonardo interrompeu-o, suspirando:

— Ela é linda como a luz das estrelas, serena como a chuva que cai na primavera, quente como os raios do sol nas manhãs de verão. É tão diferente das mulheres comuns, não que as desconsidere. Ela é ao mesmo tempo corajosa e frágil, seus lábios pouco se movem para se expressar, e fala palavras verdadeiras e fortes com frases inteligentes.

Sandro sorriu:

— Meu amigo, tu estás perdidamente apaixonado!

— Não — despertou Leonardo. — Sei que não estou. A paixão é deveras tumultuosa, violenta, física, e faz-nos sentir eufóricos, porém angustiados e cheios de temores.

— Então estás amando?

— Pode ser. O amor é tranqüilo, sereno, não desespera, é seguro e gera uma felicidade que somente sentem aqueles que amam, porque é espiritual e divino. Quando amamos, acho que nos aproximamos de Deus.

— Invejo-te, mas sem maldade — disse Sandro. — Ah, lá estão as rosas que procuras!

Leonardo também comprou um vaso e colocou as rosas dentro. Chegou em casa, guardou o vaso e, após um banho, foi pintar. Experimentou vários tipos de tinta que ele próprio havia fabricado, misturando inúmeros elementos. À noite, como de costume, aguardou todos dormirem e foi ao porão trocar impressões com Leda sobre as pessoas que conhecera naquele dia. Desceu as escadas do porão, encontrando-a, mas dessa vez serena e confiante. Ele entregou-lhe o vaso de rosas e falou:

— Trouxe para alegrar o ambiente.

— São lindas, obrigada.

— Tenho novidades. Fui convidado para participar de uma reunião com um tal senhor Paolo.

Ouvindo isso, ela falou com entusiasmo:

— Excelente notícia! Será importante se entrares na Sociedade dos Sábios...

— Sociedade dos Sábios? — ele perguntou assustado. — Ninguém me disse que era uma sociedade!

— É um segredo — explicou Leda. — Este é o nome que foi dado ao grupo que se reúne todas as quartas-feiras na residência do senhor Paolo para conversar sobre negócios, mas na verdade terminam por falar mal da Igreja, do governo e das mulheres.

— Ah! Então não vejo nenhuma utilidade em minha presença em tal lugar.

— É importante que vás, pois um deles pode ser o assassino — ela insistiu.

— Pois bem, se assim o queres, irei e observarei o comportamento de cada um, bem como suas idéias.

— Excelente! Agora vá ou notarão tua falta.

— Permita que eu fique mais um instante?

— Por favor, vá, Leonardo. Aquele beijo às margens do Arno foi um erro. Não descansaremos enquanto não estivermos seguros. Boa noite... Sonhe com os anjos.

— Sonharei contigo.

— Não te preocupes comigo — disse Leda. — Arte tem sido um bom companheiro.

Leonardo tinha-se esquecido do compromisso que havia firmado com Graccielli Veroneli. No entanto, pela demora, ela enviara seus criados para buscá-lo em casa e levá-lo ao palácio. Ele providenciou o material necessário e, lá chegando, encontrou-a no salão de música, um cômodo amplo e ricamente decorado com belas cortinas, tapetes e variados tipos de cadeiras.

Ela estava bem-vestida, maquiada e sentada em uma pose sedutora e rígida, tendo a seus pés uma criada sonsa que a abanava com um leque.

O vestido vermelho, apertadíssimo na cintura, tinha um decote quadrado, destacando os seios fartos.

— Como vai, senhorita? — disse Leonardo, curvando-se e retirando a boina preta, recolocando-a em seguida.

— Muitíssima bem. E o senhor? — respondeu com voz sensual.

— Bem, obrigado.

Ele armou a banca e dispôs lentamente os pincéis e as tintas a seu lado. Então, virou-se para ela e perguntou:

— Tens preferência por esta poltrona em especial?

Ela levantou-se e disse:

— Oh, não, querido! Onde preferes que eu me sente ou me deite?

Leonardo olhou para os lados do salão e encontrou ao fundo uma poltrona de veludo vermelho, emoldurada com motivos dourados.

— Ali, naquela cadeira. Vou buscá-la, pois assim ficarás mais confortável, podendo descansar os cotovelos. A criada fará parte da cena?

— Deus me livre, é claro que não! Xô, menina, deixe-nos a sós!

Por alguma razão, Leonardo começava a sentir certa repugnância pela moça. Sua voz era melosa e rouca; não parecia natural. Porém, ele estava a serviço e precisava do dinheiro para comprar tintas. Suportou mais uns instantes e começou a riscar a imagem da jovem, olhando-a de vez em quando. Após alguns instantes de silêncio, ela falou:

— Cantastes para pintar Elisa, que é uma mulher de traços repugnantes, e não cantarás para mim?

— Oh, sim, perdoe-me! É que minha voz está um pouco prejudicada pela mudança de temperatura.

— Ah, pobrezinho, vieste trabalhar doente! Tens compleição frágil; não devias te esforçar tanto. Disseram-me que não te alimentas de carne. Nenhum tipo de carne? — insinuou.

Leonardo apenas meneou a cabeça e permaneceu em silêncio. Concentrou-se em seu trabalho, a fim de não perder a paciência com aquela mulher que não parava de se mexer. Então, ele disse-lhe:

— Senhorita, por gentileza, deves ficar quieta ou não poderei retratar-te tão dignamente...

Antes que ele terminasse de falar, ela levantou-se e aproximou-se dele. Então, com as mãos em seus cabelos, falou com voz sedutora:

— É verdade que foste abandonado por teu pai que nem sequer te reconheceu?

Leonardo sentiu um arrepio ruim e foi distanciando-se dela, em silêncio, até se ver pressionado contra a parede.

— Quero apenas consolar-te. Ou não tens preferência pelas mulheres? — disse ela, aproximando-se mais e tocando-lhe os botões da roupa com a ponta dos dedos, na intenção de abri-los.

— Sim, eu as respeito quando elas se respeitam. Se não posso servir-te com meu trabalho, peço permissão para me retirar.

— Oh, não vá, coelhinho assustado! — insistiu Graccielli.

— Senhorita, por favor — disse angustiado.

— Deves ser muito carente. Eu também o sou.

— Não, eu não sou. Com licença, por favor, senhorita, não me obrigues a desrespeitar-te — disse, afastando-se e começando a recolher seu material.

No entanto, ela aproximava-se cada vez mais. Então, ele pegou um pote de tinta vermelha e, sem pensar nas conseqüências, verteu-o na cabeça da jovem e saiu correndo, deixando-a furiosa.

— Aaaaaiiiii! Eu me vingarei de ti, bastardo!

Nesse momento, passavam pelo corredor Lourenço e seu irmão Giuliano em acalorada conversação. Ficaram admirados diante daquela cena hilária. Deparando com Leonardo, Lourenço segurou-o e o cumprimentou com um beijo no rosto, como era costume fazer com aqueles de quem gostava. Vendo-o em agonia, perguntou-lhe:

— Aonde vais com tanta pressa? Nem foste ver-me?

Leonardo estava trêmulo e revoltado, mas conseguiu responder:

— Rogo teu perdão, nobre Lourenço, mas esta mulher é louca! Se precisares de meus serviços, sabes onde me encontrar, mas quanto a teus cortesãos não sei se os atenderei. Com licença!

A criada correu para acudir Graccielli, limpando-a com panos. Ela se irritou mais ainda e, enquanto se encaminhava histérica para o banho, solicitou a Lourenço:

— Quero Leonardo Da Vinci preso! Aliás, quero-o morto, esquartejado e devorado pelos cães!

— Que é isso? Sangue? — perguntou Giuliano, vendo-a lambuzada de vermelho.

— Não, senhor, é tinta! — respondeu Graccielli, envergonhada.

— Ora, ele é um pintor! — respondeu Lourenço, contendo o riso. — As tintas são seu instrumento de trabalho. Não há nada de errado em usá-las como bem quiser! Ele não fez nada além de pintar-te! Não era isso que querias? — Ela nada respondeu e saiu pisando forte, xingando algo incompreensível. Lourenço asseverou: — Imagino o que deves ter aprontado ao pobre rapaz!

Desta vez, Graccielli voltou alguns passos e foi franca:

— Senhor, com todo respeito, sei de teus agrados por aquele insolente. Mas, se não fizeres nada, eu mesma farei com minhas próprias mãos! — disse a jovem, saindo a passos largos.

Lourenço disse ao irmão:

— Não tomarei nenhuma atitude contra Leonardo. Conheço Graccielli, bem como o caráter sensível de meu amigo. Seja o que for que ela fizer, eu o defenderei.

Giuliano adiantou o passo e falou:

— Vamos, temos assuntos mais importantes para tratar. Papai já nos advertiu sobre a conspiração dos Pazzi. O que acha que devemos fazer, irmão?

— Perguntas para mim? — disse Lourenço. — Sabes que os mataria a todos, mas papai não quer que nenhum de nós se envolva. Já contratou guardas em dobro para vigiar o palácio.

— Vigiar o palácio? Mas não são assassinos, são banqueiros rivais!

— E tem alguma diferença entre tomar o sustento de alguém e tomar-lhe a vida? — ralhou Lourenço.

— Deus do céu! Não posso acreditar que, para arrebatar aos Médici a gestão da fortuna do papa, os Pazzi tenham a ousadia de atentar contra nossas vidas?

— Pois não duvide! Estão sob a proteção do pontífice Sisto IV.

— Quê?

— Mas não conseguirão o apoio do arcebispo de Florença, que é de nossa confiança.

Giuliano deu de ombros e falou:

— Ah, não pretendo pensar em fatos ruins! Amanhã acontecerá o torneio de cavalaria, serei o vencedor e a bela Simone verá que sou triunfante em todos os aspectos!

— Meu irmão, tem cuidado — aconselhou Lourenço. — Trata-se de uma belíssima mulher, mas bem sabes que é esposa de Marco Vespucci. Essa gente é corajosa, não brinque.

— Oh, não me interesso por ele, apenas por ela! Botticelli fará um desenho do estandarte que ostentarei. Da Vinci não terá nervos para fazê-lo após esta afronta de Graccielli.

— Nem sabes se vencerás! — insistiu Lourenço, num sorriso.

— Tenho certeza. Sou um Médici! Nasci para vencer! Venha comigo ver minha nova armadura.

Donatto ficou sabendo do incidente e foi ter com sua irmã Graccielli.

— Que estupidez! Deveria ter-te deixado em Veneza. Que escândalo! Não tens modos? Deverias te comportar como uma donzela digna de habitar o palácio, encontrar um marido digno e constituir uma família. Se eu for dispensado pelos Médici por tua culpa, juro que te trancarei outra vez em um convento!

Ao ouvir tais palavras, Graccielli jogou-se aos pés do irmão e implorou:

— Não, meu irmão! Prometo-te que isto não voltará a acontecer! Vou me controlar, eu juro!

— Assim espero — serenou Donatto. — Vê como estás? Cuida de teu cabelo ainda tingido. Francamente, era só o que me faltava!

O conde saiu visivelmente irritado, deixando a irmã entregue às criadas, que se esforçavam para tirar a estranha tinta avermelhada dos longos cabelos louros da moça.

Graccielli preferiu não sair do quarto, a fim de não aumentar os comentários. Porém todos já estavam sabendo de suas intrigas. Outras damas ficaram curiosas para ver a cor diferente dos cabelos da jovem. Algumas já queriam mudar a cor dos próprios cabelos, pois ouviram dizer que a moça ficara mais bonita com os cabelos vermelhos.

No dia seguinte, a Corte se preparava para o torneio de cavalaria. A família Médici esbanjava seu ouro em tais divertimentos, além de possibilitar um pouco de lazer para os habitantes de Florença, os quais assistiam aos desfiles dos cavalheiros e das damas mais elegantes.

Bem preparado, Giuliano vestiu a armadura e, após subir em seu cavalo, lançou um olhar sedutor à jovem esposa de Marco, que o recompensou com um discreto sorriso.

Ao sinal das longas trombetas, as competições tiveram início. Os cavaleiros, tendo nas mãos uma lança de três metros utilizada para derrubar o oponente, cumprimentaram-se e, distanciando-se em sentido oposto, chegaram ao fim da arena.

Os primeiros competidores foram, um por um, eliminados. Finalmente, o vencedor desafiou Giuliano. Lourenço ofereceu ao oponente uma grande soma em dinheiro para se fazer derrotado pelo jovem Médici, dando assim a alegria esperada por seu irmão. Dessa forma, o torneio final teve início. Preparados os cavaleiros, houve um silêncio emocionante. O oponente lançou um olhar significativo para Lourenço e colocou o capacete. Tão logo se encontraram, Giuliano avançou sobre o rival, que, simulando um ataque, deu margem para o jovem Médici romper-lhe a armadura do peito com uma fincada de sua lança, levando-o ao chão para o delírio dos que assistiam ao espetáculo. O homem foi retirado meio morto e levado para as cabanas, a fim de receber seu dinheiro das mãos de um assistente de confiança.

Enquanto isso, o público continuava a aplaudir Giuliano, que se mostrava à Corte, esbanjando orgulho. Graccielli destilava idéias de vingança tanto em relação a Leonardo quanto em relação a Giuliano e Lourenço, que zombaram dela. Sabendo do segredo dos amantes e longe de seguir os conselhos de seu irmão, suscitou desconfianças em Marco Vespucci, que passou a vigiar os passos da esposa e a preparar uma armadilha para pegá-los — e a melhor maneira seria apoiando os Pazzi.

Não demorou muito, Leonardo foi intimado para comparecer à Corte eclesiástica. Fora acusado, por carta anônima, de um crime vergonhoso, pelo qual estava sendo condenado. Imediatamente, ele foi levado por guardas eclesiásticos à Cúria. Para sua surpresa, lá já estava Lourenço, com seu advogado, cuidando para que o amigo não sofresse nenhuma condenação.

Leonardo sentou-se, e Lourenço pediu autorização para falar. Com um gesto de cabeça, o bispo autorizou. O príncipe então falou:

— Creia, senhores, que estamos diante de um homem abençoado por Deus, enviado a nós para, com seu dom, revelar ao povo as imagens do céu pela pintura. Não podemos devolver ao Criador o que Ele nos enviou.

— Sabes que o crime de sodomia é pago com a morte?

— Se ele tivesse cometido, mas é inocente! Leonardo Da Vinci jamais seria capaz de tais atos! Apesar de seus gestos delicados, trata-se de um artesão talentoso e de um perfeito cavalheiro. Mas não é por isso que devamos duvidar de sua masculinidade, apenas porque uma carta anônima acusa-o. Se fôssemos mulheres, tomaríamos os devidos cuidados com a virilidade deste jovem e belo rapaz.

— Mas aqui diz: — interpelou o juiz — "foi visto em atitudes íntimas com um homem e rejeitou uma mulher". É preciso dizer mais?

— Senhores — adiantou Lourenço —, há mulheres capazes de fazer isso a um homem por não terem seus sentimentos correspondidos! Ademais, Leonardo é um dos poucos homens desta cidade que não se tornou escravo dos prazeres da carne, pois se preocupa com a natureza e o trabalho. É um homem de fé inabalável. Em um mundo bruto como o nosso, alguém que se digne tratar com polidez e gentileza a todos logo é tido por pecador. Que queremos então quando tentamos educar nossas crianças, incutindo-lhes bons modos? Esqueceis que Jesus e Seus discípulos tinham o hábito de beijar-se no rosto...

Dessa vez, o juiz levantou-se e ralhou:

— Ouço-te, meu jovem, em atenção aos cargos importantes ocupados por teu avô e teu pai, mas não me venha com blasfêmias! Não mistures as passagens sagradas com as poucas vergonhas às quais fizeram Deus Todo-Poderoso destruir Sodoma.

Fez-se um instante de silêncio.

— Onde estão as provas? — perguntou o advogado.

— Aqui está a carta.

— Senhores, é uma carta anônima. Deveis dar crédito aos covardes que não são capazes de assumir o que escrevem?

Os membros da Corte eclesiástica reuniram-se, e o juiz disse para Leonardo:

— Pois bem, está decidido. Meu jovem, nós não te condenaremos, mas estarás em observação a partir de hoje. Modere teus hábitos e tome cuidado com as mulheres... E com os homens! Vá com Deus. Estás livre. Arquivaremos o processo por falta de provas.

— Muito obrigado — disse Leonardo, curvando-se.

Ao saírem da sala, Lourenço falou:

— Não duvido ser tal carta obra de Graccielli. Não voltes a desprezá-la.

Leonardo parou e, num ricto de pavor, disse-lhe:

— Meu amigo, libertas-me e depois condenas-me? Prefiro a prisão de pedras e ferro aos braços daquela gazela!

Ambos riram.

Era noite quando os dois irmãos, Lourenço e Giuliano, dirigiramse em segredo à casa de Paolo Toscanelli.

CAPÍTULO 9

# A Sociedade Secreta

À ENTRADA DA residência do sábio Toscanelli, o silêncio não denunciava que, pelos fundos, entravam, um a um, homens bem-vestidos e com semblantes compenetrados.

No andar de cima, um salão, mobiliado com aproximadamente dez poltronas dispostas em meio círculo, era aquecido por uma imensa lareira. Tão logo iam chegando, os homens cumprimentavam-se e sentavam-se.

Entre eles estavam Lourenço Médici e seu irmão, Giuliano. Leonardo sentou-se junto a Sandro, que o recebeu afavelmente. Ainda estavam Donatto Veroneli, sempre alinhado e bem penteado, o arcebispo de Florença e outros sábios e artesãos.

Leonardo trouxe consigo uma trouxa de bolinhos feitos com massa de batata, temperados com ervas diversas. Paolo recebeu-os pessoalmente, convidando-os a se sentar.

— Onde os coloco? — perguntou Leonardo, incomodado pela trouxa que trazia ao colo.

— O quê, meu jovem? — perguntou Paolo.

— Os bolinhos — respondeu Leonardo.

— O que disseste? — quis saber Lourenço.

— Sim, aqui estão. Trouxe alguns bolinhos. Pode ser que alguém sinta fome no meio da conversa. Como não vi nenhuma criada para guardá-los até a hora propícia, sugiro que os guardemos em algum móvel.

Risos e algumas gargalhadas. Porém, Leonardo não mudou o semblante e apenas falou:

— Servi-vos.

Alguns relutaram, mas Paolo levantou-se e, chamando uma serva para trazer uma bandeja da cozinha, dispôs os bolinhos dizendo:

— És muito gentil, senhor Da Vinci. Agradeço a delicadeza. É raro encontrarmos homens com dotes culinários... — Mordendo um pedaço, falou: — Hum, mas que delícia! Muito obrigado!

Outros se aproximaram meio desconfiados e, da mesma forma, experimentaram e ficaram espantados com o sabor delicadamente combinado das ervas. O cardeal não titubeou e dignou-se a pegar logo dois.

— Que maravilha! — disse Lourenço. — Nem o cozinheiro do palácio consegue este sabor! Parece doce e salgado ao mesmo tempo. Meus amigos, deveis saber que tudo o que meu amigo Leonardo faz é bem-feito.

— Posso pegar mais um? — adiantou-se novamente o cardeal.

Em poucos instantes, todos estavam admirados com a simplicidade com que Leonardo falava de seus pratos.

— Devias trabalhar na Toscana; as almôndegas de lá são horríveis! — opinou Donatto.

— Apesar de estar precisando aumentar minha renda — disse Leonardo —, bem sei que lá já existem dois cozinheiros. Não posso tomar-lhes o lugar; eles precisam do trabalho para sobreviver.

— Bem, senhores, estamos felizes pela presença de nosso jovem amigo e mais recente membro, Leonardo Da Vinci — disse Paolo, chamando-os a si. — No entanto, hoje, nosso assunto será bastante providencial. Como membro de uma sociedade, não posso cerrar minha vista às injustiças que vêm sendo cometidas com os menos privilegiados. Não é porque tu estás presente, nobre Lourenço. Eu me reverencio diante de ti, que muito faz pelo embelezamento de nossa cidade. Entretanto, vejo que...

— Senhor Paolo, com todo respeito, vá direto ao assunto! — interrompeu o jovem Médici, resoluto.

— Perdoa-me — disse o arcebispo, percebendo o desconforto —, o que nosso nobre anfitrião quis dizer é que o povo já não suporta viver na pobreza, enquanto muitos ricos esbanjam o dinheiro dos impostos.

— Ora! — defendeu-se Lourenço. — Quando um povo adquire riquezas e liberdade, torna-se insubordinado à autoridade, não suportando pequenas injustiças que todo líder termina por cometer para agradar uns poderosos. Senão, estes terminarão por lhe tomar o poder, e não demorará o povo ficará sob as rédeas de um qualquer! Ao que percebo, andando pelas ruas de Florença, o povo está bastante satisfeito.

— Não percebes que a miséria torna bruto e doente o homem, enfraquecendo-o diante do despotismo? — interpelou senhor Paolo, mais uma vez.

Lourenço levantou-se e disse, irritado:

— Que é isso agora? Chamam-me de déspota? Precisamos sustentar nossos exércitos para proteger o povo! Ou quereis ver os inimigos banhar o "Estado" em sangue?

O arcebispo interpelou mais uma vez:

— Deves ser como o pastor que cuida das ovelhas. Um príncipe que enriquece apenas a si mesmo e aos seus conselheiros com certeza empobrece seus súditos.

— Senhores! — rompeu o silêncio o jovem Da Vinci com espírito conciliador. — O trabalho de nosso príncipe não é em vão; sua autoridade natural inibe os opositores, encanta nossos vizinhos e mantém uma atmosfera pacífica entre as alianças firmadas, desde o dia em que assumiu o poder. Além do mais, o que falam sobre ele não faz jus à sua pessoa, como de ele ter servido de inspiração a muitos escritores, como Nicolau Maquiavel, que tenta transformá-lo em um nobre com poderes que ele não pretende ter. Nosso Lourenço é um poeta, um filósofo, não um déspota! Sejamos sensatos.

Um silêncio constrangedor se fez diante das palavras de Leonardo.

Lourenço lançou um olhar de gratidão a Leonardo e rompeu o silêncio dizendo:

— Senhores, mudemos de assunto. Hoje à tarde adquiri uma bela pintura.

— Sim, eu a vi — disse o arcebispo, ainda num tom agressivo. — Nada mais que um humanismo profano essa tal "primavera" de Sandro.

Sandro levantou-se e defendeu-se:

— Profano! Não era bem esta a minha intenção, mas gosto da idéia. Estou cansado das imagens repetitivas. Acredito que nem mesmo a morte me seria novidade.

O arcebispo arregalou os olhos.

— É um belo quadro — disse Lourenço. — É como se quisesse desnudar as memoráveis figuras idolatradas da Igreja, para assim desnudar a própria Igreja, onde homens comuns, repletos de indignidades, se escondessem por detrás das vestes sagradas do sacerdócio.

Risos temerosos.

— Apoiando tais obras, alcançarei a imortalidade — disse Lourenço.

Risos mais tranqüilos.

Paolo interferiu:

— Que lugar pode o homem ocupar num mundo concebido como universo infinito, não mais como espaço fechado?

— Tende cuidado, senhores — asseverou o arcebispo —, o papa não quer elucubrações vãs.

— Ah, perdoa-me, eminência! — acrescentou Paolo. — Os jovens falam agora do culto à beleza, da afirmação da universalidade de um cristianismo platônico e da preocupação com a preeminência do homem. E o racionalismo?

— Racionalismo, de que se trata? — quis saber o cardeal.

— Diz-se que aquilo que existe é o que se pode explicar pela razão — respondeu Paolo.

— Isso é, sem dúvida, uma loucura! — disse o cardeal. — Salomão, em toda a sua sabedoria, instigou seus súditos a responder ao louco conforme a sua loucura.

Giuliano interferiu:

— A venda fatal do preconceito e dos falsos princípios cerra teus olhos, eminência. Por isso calunias os sábios que dedicam toda a vida aos estudos? Também o povo deveria agir assim. Valorizas a ociosidade, a fim de produzires, com teus exemplos, ladrões, para teres o prazer de enforcá-los, decapitá-los ou queimá-los.

Leonardo, que estava quieto e só observava, falou:

— Polêmicas, meus caros, somos todos meros repetidores de idéias alheias. Sócrates foi obrigado a beber cicuta por saber mais que todos de sua época. E isso não fez a verdade menos verdadeira. — Fez-se um silêncio, então Leonardo concluiu: — Senhores, sou imensamente grato por participar convosco desta maravilhosa reunião; no entanto, é tarde, devo ir. Acompanha-me, Sandro?

— É claro! — respondeu solícito o amigo.

— Minha casa é vossa casa, senhores — disse Paolo.

— Também já vamos — disse Lourenço a Giuliano, sendo acompanhado por Donatto.

Leonardo saiu desencantado com o que chamavam de Sociedade dos Sábios e desabafou com Sandro:

— Como é possível que suportes tais reuniões estéreis com idéias vagas? Parece que todos disseram nada!

Sandro explicou:

— Sempre que há um novato, e eles evitam falar dos assuntos mais profundos. No entanto, acredito que há um espião, pois nem tudo fica entre o grupo. Acho que gostaram de ti.

— Sério?

— Claro! És jovem, bonito, amável e bem-humorado, inteligente e instruído. Tenho certeza de que te moverás no mundo de intelectuais e artistas com notável desembaraço, conquistando o afeto e a admiração de quantos te conhecerem.

No íntimo, porém, Leonardo nutria profunda descrença da Sociedade. Por isso, confidenciou a Sandro:

— Sozinho, sou eu mesmo por inteiro; em companhia dos outros, sou eu mesmo pela metade.

— Oh, não te desanimes! O arcebispo inibi-nos o tempo todo.

— Estou preocupado com outros assuntos. Comprei alguns instrumentos de alquimia e gostaria que visses.

— Alquimia? — assustou-se Sandro. — Ora, sou contra a Igreja, mas não vou por este lado obscuro.

— Que lado? — asseverou Leonardo. — Misturar alguns ingredientes por acaso é pecado de morte? Que dizer das cozinheiras?

— Não, mas...

— Então deixe de ser medroso.

Cada um foi para sua casa. Sandro preocupado com Leonardo, e este pensando em Leda. As primeiras impressões sobre a Sociedade, Leonardo passou a Leda:

— Pensei que se reuniam para estudos. A reunião não passou de ofensas e assuntos vagos.

Dois dias depois, Donatto procurou Leonardo para lhe dar uma notícia pessoalmente. Com a diplomacia de sempre, falou:

— Meu jovem, os cozinheiros da Taberna estão mortos. É uma terrível tragédia, mas é também o teu momento, pois está aberta a vaga para chefe de cozinha.

Leonardo falou, desanimado:

— Agradeço-te, senhor Donatto, por tua preocupação. Sou amante da gastronomia, mas sinto-me incomodado em entrar no lugar de homens que morreram no labor. Quem garante que não acontecerá o mesmo comigo?

— Tens medo de morrer?

— Claro! Não tens?

— Ora, não seja tolo! — insistiu Donatto. — Alguém deverá fazer os pratos de agora em diante.

Leonardo desconfiou da insistência na aproximação:

— Perdoa-me a franqueza, mas se o senhor pretende que eu me case com sua irmã podes esquecer.

— Meu caro — disse Donatto, sem perder a pose —, acreditas que eu seria capaz disso? Pobre Graccielli, acho que o ar puro de Florença lhe faz mal, pois está ficando louca. Talvez eu tenha que enclausurá-la em um convento.

— Será bom para ela — aliviou-se Leonardo. — Mas, quanto aos cozinheiros, não te compadeces?

— Claro que sim. Na verdade, fiquei profundamente estarrecido, principalmente porque os pobrezinhos eram bastardos.

Leonardo sentiu um ricto de pavor ao ouvir aquela expressão.

— Então, meu jovem, te apresentarás ao taberneiro?

— Sim, irei.

— É a vontade de Lourenço. Ele o admira.

Ao se despedirem, Leonardo esperou Leda para falar-lhe. Ela o ouviu atentamente e disse:

— Desconfio de Donatto. É um tipo dissimulado. Vê que o assassino está ficando mais ousado. Agora não escolhe uma vítima apenas, mas duas, não importando quantas são ou se deixarão famílias na orfandade. É um louco que precisa ser detido!

Leonardo andava de um lado para outro, pensativo. De repente, parou e disse:

— Tenho minhas suspeitas. Pode ser homem ou mulher, não é mesmo?

— Sim, não há dúvida de que existem mulheres capazes de tais ações. Há poucas, mas há.

— Desconfio de Graccielli. Procurarei observá-la mais atentamente.

— Também pode ser Filipe — disse Leda.

— É verdade, ele é bem louco.

Naquela noite, eles ficaram até tarde enumerando uma infinidade de nomes. Entre Leonardo e Leda havia-se desenvolvido uma harmoniosa amizade. Eles controlaram suas paixões e tornavam-se cúmplices sóbrios e compreensivos. O sentimento transformava-se, aos poucos, em amor. Aos poucos, eles transformavam o porão em um lugar aconchegante para viver. Tentavam não chamar a atenção.

Fora de Florença existia um castelo abandonado, ainda em construção. O que seria uma residência de três andares tornara-se uma ruína, em que apenas o primeiro pavimento ficara pronto. Conta-se que tal local fora roubado à custa da morte de toda a família que ali se instalava. Sem herdeiros, não havendo quem reclamasse as terras, o ducado assumiu a posse do local. No entanto, alguns mendigos invadiram o local e o tomaram por pousada. Alguns dias se passaram, e os mendigos saíram correndo madrugada adentro, fugindo apavorados, dizendo terem visto fantasmas gemendo e gritando ao redor deles, clamando por vingança. Daquele dia em diante, ninguém ousava se aproximar do castelo, temendo que a maldição o pudesse alcançar, exceto um homem, que diziam ter cem anos e estava por morrer. Leonardo, em suas caminhadas, descobriu-o muito doente. O velho pediu-lhe que o acompanhasse, que não o deixasse só e estudasse seu corpo, para que, no futuro, pudesse ser encontrado o segredo da juventude, desde que fosse enterrado depois.

Todas as tardes Leonardo visitava o velhinho, dando-lhe atenção sempre que podia. Às vezes ele não sabia o que dizer, vendo-o deitado de olhos fixos no teto e sem fome. Então, estimulava-o, perguntando-lhe:

— O senhor quer fazer uma oração?

— Não sou bom nisso. Apenas segure minha mão e cante alguma canção.

— Queres um padre?

— Não, filho. Não me batizaram quando nasci; também não quero a extrema-unção.

Leonardo acompanhou-o até seus últimos suspiros, mas não teve coragem para abrir o corpo do bom velhinho.

No dia seguinte, Leonardo confessou o que faria a Sandro, que ficou horrorizado, mas curioso. Mesmo assim, propôs:

— Há uma causa justa. Descobriremos a causa da morte dos cozinheiros se abrirmos os corpos!

— Sim, isso mesmo — animou-se Sandro —, mas já estão enterrados.

— Desenterremo-los, depois os devolveremos.

— Isso não lhe dá um frio nas costas?

— Dá, sim, mas a causa é nobre, e o castelo abandonado será um lugar perfeito para o estudo de cadáveres sem levantar suspeitas da Igreja, que nos condenaria por perturbar os mortos. Chamaremos também Lourenço Credi, Piero e Filipe.

Assim fizeram à noite, sob a luz de velas e lamparinas.

Enquanto abriam os corpos, Leonardo tomava nota e desenhava.

— Quem entenderá esta tua letra? Que linguagem é esta? — questionou Filipe.

— O que pensas? Que vou escrever claramente para que nos peguem e vejam que abrimos cadáveres? Não, prefiro agir prudentemente. Se alguém pegar estas anotações, não saberá o que é; apenas nós sabemos que deve ser lida com o uso de um espelho.

— És louco ou gênio? — perguntou Sandro.

— Um pouco de cada. Vê, não é incrível? Ah, esta lâmina não é tão afiada! Tenho esta, capaz de cortar pensamentos. Segure minhas anotações, Piero. Pretendo separar esta pele; parece-me que há três camadas: uma externa mais delgada, uma intermediária, ao que me parece é dela que nascem os pêlos, e outra interna, muito branca, acredito que formada por gordura. Dê-me a lente e poderemos ver melhor. Sim, é isto mesmo! Tem a mesma consistência da gordura animal!

— Aprofundemos mais — disse Piero, com expressão de repugnância. — Devemos apenas descobrir o que os matou. Não pretendo ficar muito tempo com estes defuntos. Esse mau cheiro é insuportável, e o ambiente já está todo fedorento e infectado. E que Deus nos perdoe por este sacrilégio!

— Devagar, meu amigo — disse Leonardo —, ou não saberemos o caminho das veias. Cubra teu nariz e tua boca com este lenço. Derramarei um pouco de sândalo, e o cheiro se tornará suportável. Acompanhe-me com a vela, pois farei os desenhos, e começaremos pela cabeça, retirando toda a pele até os pés.

Quando Leonardo retirou com cuidado a pele do rosto, descobriu, admirado, um incontável número de músculos: alguns rodeando os olhos, outros, a boca, uns de vários tamanhos, os quais lhe revelavam o segredo das expressões de alegria, espanto, dor, medo e indiferença. Desenhou-os com precisão, visualizando também os músculos do pescoço, do tórax e do abdômen. Ao analisar os músculos dos membros superiores e inferiores, quis sentar o cadáver, mas o corpo estava bastante rijo. Entretanto, com ajuda dos companheiros, sentou-o, colocando-o com as pernas cruzadas e a mão direita apoiando o queixo, como se estivesse a pensar. Viu que, puxando uns músculos do pulso, os dedos se moviam; fez igualmente com os pés. Deixando-o assim, distanciou-se e admirou a perfeição da forma humana. Seus companheiros não compreenderam e pensaram que ele estava brincando. Piero disse-lhe, benzendo-se com o sinal-da-cruz:

— Ei, isso não é brincadeira! Temos pouco tempo, pois este cadáver já está começando a feder demais. Além do mais, não quero ser excomungado pela Igreja por perturbar os mortos!

— Espere! — falou Leonardo, pegando seu material de pintura. — Está resolvido o problema dos modelos! Já temos como pintar ou esculpir, sem que precisemos cansar alguém em uma pose rígida durante horas. Outro, com o conhecimento dos músculos, saberemos qual estará contraído em determinada posição. Começaremos a pintar pelos ossos. Assim, teremos os formatos ideais de cada parte do corpo.

— Começar a pintar pelos ossos? — interferiu Lourenço Credi. — Sinceramente, começo a pensar que és louco.

— Pois acabo de resolver outro problema mais grave — disse Sandro. — O nu não será mais uma impossibilidade, pois o teremos sem pudor nem frio!

— Isso é interessante! — falou Piero.

Leonardo viu que cada músculo recebia um incontável número de vasos e nervos, que saíam da medula, de dentro da coluna e do cérebro. Porém, não podia ainda dar-lhes nomes.

Ao amanhecer, já havia contado mais de oitenta músculos. Com a ajuda da claridade, Leonardo começou a contar mais de duzentos ossos de vários tamanhos e formas: uns longos, outros curtos, uns chatos, outros curvos, outros, por sua vez, não apresentavam uma forma definida.

— Está na hora de vermos o cérebro — disse Leonardo.

— Não pensas que lá encontraremos pensamentos, não é? Ele está morto, esqueceste? — riu Sandro.

— Talvez não, mas quem sabe encontremos o mecanismo do raciocínio — respondeu Leonardo. — Já sei que o olho é uma lente ligada por nervos ao cérebro. Mas onde são construídos os elementos da imaginação ainda me é um mistério.

— Mistério é o que causou a morte deste cozinheiro.

— E o pior é que até agora não encontrei nada que revelasse a causa da morte. Não havia furos na pele, e os órgãos estavam intactos.

— Vamos — disse Sandro —, antes que apareça alguém. Deveremos enterrá-lo.

— Mais um momento — insistiu o jovem Da Vinci. — Quero fazer um último desenho do caminho percorrido pelas veias. Que interessante! Umas são mais grossas que as outras. As grossas estão vazias, não há sangue nelas. Por que será? Segure esta perna, Piero. — Piero estava distraído, olhando vagamente; parecia estar com o pensamento distante. — Piero? O que tens? — insistiu Leonardo.

Piero despertou de seus pensamentos:

— Ah! Quê! O que disseste?

— Estás sonhando? — quis saber Sandro.

— Ele está apaixonado, amigos — criticou Filipe, num riso sarcástico, ele que até o momento apenas observava.

— Não é da tua conta! — vociferou Piero, saltando sobre Filipe e segurando-lhe a roupa com violência, prevendo que este tornaria seu romance um motivo de gracejos.

— Tende calma! — disse Sandro, soltando-os. — Não era nossa intenção ridicularizar-te. Ao contrário, ficamos felizes, pois pelo menos um de nós tem alguma salvação em se falando de amor. Agora, chega, vou enterrar este corpo agora mesmo!

Piero saiu sem dizer palavra.

— Amigos, a sutileza dos elefantes africanos é maior que a vossa! — disse Leonardo, deixando seus desenhos de lado, saindo em seguida para conversar com Piero. Encontrando-o sentado em um tronco, à porta do velho palácio, ele sentou-se também e disse-lhe:

— Não te importes com o julgamento dos tolos.

Piero passou as mãos nervosamente pelos próprios cabelos e falou:

— Realmente não me importo com as pilhérias de Filipe. Tu, ao contrário, és meu amigo, por isso terás a oportunidade de conhecer minha amada. Ah, sua voz é doce melodia aos meus ouvidos! Suas palavras nunca são vãs; em tudo há verdade, sinceridade e humildade.

— Será um imenso prazer — disse Leonardo. — Tenho certeza de que ela te fará feliz. Tenho também para ti uma boa notícia.

— E qual é?

— Amanhã, me apresentarei ao dono da Taberna. Se conseguir trabalhar como cozinheiro, poderei me sustentar sozinho.

— Isso é fantástico, te congratulo!

— Obrigado! Agora entremos para colocar tudo em ordem — falou Leonardo, estimulando o amigo. — Não dês atenção a Filipe. Ele é um mal-amado.

Tão logo limparam o velho palácio, com muita discrição, enterraram o corpo, e cada um se dirigiu à sua casa.

No dia seguinte, Leonardo foi até a Taberna. O dono ainda estava assustado com a morte misteriosa de todos os cozinheiros, mas, mesmo assim, logo colocou um substituto, porque, como disse:

— Meu negócio precisa continuar, afinal, os clientes estão vivos, por isso, comece hoje mesmo.

Em poucos dias, Leonardo conquistou a clientela. Até mesmo toda a família Médici foi jantar na Taberna. Em um mês, o taberneiro prosperou e já não conseguia mais atender a todos os pedidos. Tantos elogios por todos os lados não faziam de Leonardo um vaidoso. No entanto, uma situação que irritava profundamente o jovem cozinheiro era o fato de os comensais limparem a boca com a ponta do forro da mesa. Estavam todos engordurados, e não havia quem os limpasse para ficarem alvos como Leonardo queria. Então, solicitou ao dono da Taberna que comprasse novos forros e um excedente para uma invenção sua.

Tão logo chegou o tecido, Leonardo mesmo costurou todos os forros e pintou-os com motivos delicadíssimos, representando as flores da região. Quanto ao excedente de tecido, cortou-os em pedaços pequenos e dobrouos em triângulo, colocando-os em cada mesa, a fim de que os comensais limpassem a boca com o que chamou de "guarda-baba".[3] Os comensais adoraram a idéia, e na casa das boas famílias começaram a usar a nova moda.

Os amigos foram almoçar com Leonardo. Piero não estava no grupo; chegou depois, acompanhado da namorada.

Filipe, ao ver Piero com Elisa, a filha do marquês, disse sem pudor:

— Quando se está no deserto, sem comida nem água, carne de lagartixa é banquete, e suor, vinho branco.

Sandro defendeu:

— Deves ser muito infeliz, pobre Filipe, ou estás com inveja do amor que um nutre pelo outro, já que nenhuma donzela feia ou bela foi capaz de amar-te.

— Eu? Imagine! Terei quantas mulheres quiser; basta um estalo de dedos e todas correm...

— Sim, correm de ti — riu Sandro.

Filipe retirou-se, indo em direção a uma jovem que ele viu atravessar a rua.

— Deixe-o — disse Lourenço. — É um pobre coitado. No fundo, ele é bom.

— Só se for no "fundo" do mar — ironizou Sandro. — Isto está uma delícia! Leonardo, venha, senta-te conosco!

— Então, o que acharam?

— Quero me casar contigo para que cozinhes para mim — disse Sandro, dando-lhe de brincadeira um beijo na testa.

Risos.

— Ei, pare com isso! — ralhou o jovem cozinheiro. — Já sabes como é maldosa a mente do povo. Na verdade, tenho algumas idéias. Acredito ser o momento de aperfeiçoar a aparência do prato principal da casa. Não como carne de animal morto; isso é o mesmo que comer cadáver.

Risos estranhos.

---

[3] Leonardo acabava de inventar o guardanapo.

— Acaso comes carne de animal vivo?

Silêncio.

— Então comes cadáveres! Como estava dizendo, jamais comi carne e, de certa forma, não suporto ver o povo se deliciando com a papa feita com polenta e pedaços de carne. Se fosse sábio, o homem jamais comeria carne. Deves comer mais folhas, pois elas contêm toda a energia absorvida pelo sol. Vê, o inseto come a planta, o sapo come o inseto, a cobra come o sapo, o gavião come a cobra, e assim os animais se alimentam, mas o homem pode optar por comer sementes, raízes, caules, folhas, flores e frutos. Imaginem quando não houver mais porcos, bois, cabritos ou galinhas para comer. Haverás de comer cobras? É prejuízo comer animais mortos! E podemos comê-los vivos? Pergunto-te: sente-te bem em comer vaca morta hoje?

— Que horror! Não fales assim! — disse o dono da Taberna, que acabava de chegar.

— Senhor, a partir de hoje, mudarei o prato principal, se o senhor permitir-me, é claro!

— Sim, tens minha autorização, mas tem cuidado.

Assim, Leonardo passou a servir a papa feita com polenta, enfeitada com folhas de manjericão, dispostas cuidadosamente, idênticas em tamanho e coladas com baba de vaca e pão cinzento. Ele mesmo fazia questão de ir ao curral recolher com uma colher a saliva das bovinas.

Tão logo o dono viu aquela atitude, falou desesperado:

— Estou a caminho da ruína!

A notícia repugnante se espalhou de forma que, de ouvido a ouvido, uns aumentavam outros absurdos.

Desde essa mudança, os comensais começaram a diminuir a freqüência. Em menos de um mês, Leonardo levou a Taberna à decadência. O dono ficou furioso e o demitiu.

Naquela mesma semana, haveria outra notícia que abalaria também a cidade.

# CAPÍTULO 10

# *A Conspiração*

DEPOIS DE DEMITIDO da Taberna, Leonardo voltou sua atenção para a oficina. Sem dinheiro, buscou encomendas de pinturas e encontrou-as no Convento de São Bartolomeu do Monte das Oliveiras, onde os monges estavam ampliando a igreja.

André já não pintava, mas orientou Leonardo a aperfeiçoar-se em pinturas sagradas, se quisesse obter encomendas. Leonardo seguiu seu conselho e apresentou aos monges inúmeros protótipos de pinturas retratando momentos bíblicos.

Os monges pediram que ele fizesse um quadro da Anunciação do Anjo a Maria.

Leonardo ficou dias imaginando como deveria ser a Anunciação. Quando conseguiu imaginar a cena, percebeu que precisava estudar mais profundamente. Com sua caixa de material, dirigiu-se para a curva do Arno e lá ficou horas, observando os detalhes das folhas, das flores e dos caules, para enfeitar o ambiente em que a Virgem Santíssima estaria. Porém, seu grau de exigência para pintar lhe absorveu todas as energias do pensamento. Às vezes, trocava idéias com Leda, questionando:

— Maria haveria de receber o anjo de pé, sentada ou de joelhos?

— Siga o que diz a tua imaginação — ela respondeu.

— E o anjo? Ele anunciaria de pé, de joelhos ou sentado? Bem, se ele se apresentasse de pé, ela deveria ajoelhar-se; não poderia ser o contrário, pois o anjo é um enviado de Deus, mas Maria também o é. Se ela estivesse sentada, talvez ele se apresentasse de joelhos. O que farei?

— Ora, faça um desenho de cada e verei qual ficará melhor.

Assim Leonardo fez, e passou dias desenhando detalhes de folhas, flores e posições do Anjo e de Maria. Porém, um impasse o impedia de desenhar as asas do Anjo. Nesse momento, uma ave pousou no galho da árvore. Ele tentou pegá-la, mas ela voou. Então, no dia seguinte, levou grãos para atraí-la. Também não conseguiu. Assim, inventou uma armadilha para capturá-la. Conseguiu. Imediatamente, prendeu-a sem feri-la, esticando suas asas; desse modo, conseguiu desenhá-las com perfeição. No entanto, algum detalhe estava faltando para que conseguisse figurar com riqueza a forma ajoelhada do Anjo e de Maria sentada. Não conseguiria figurantes para sentar-se por dias, até ele os desenhar. Também não era fácil conseguir cadáveres. Então, teve uma súbita idéia: modelar figuras de argila, vestindo-as com panos macios mergulhados em gesso. Dessa forma, ele conseguiu desenhá-las perfeita e pacientemente.

Quando Leonardo se dedicava a uma pintura, nada mais lhe interessava senão as tintas e as formas. Durante seis meses, ele mergulhou nos estudos de anatomia humana e animal, bem como nos da botânica, a fim de conseguir surpreender os monges e a si mesmo. Suas tintas, criadas a base de óleo, lhe permitiam retocar qualquer detalhe, quantas vezes fosse preciso.

Finalmente, a pintura ficou pronta e belíssima; uma verdadeira obra de arte e bem paga. Lourenço fez questão de pagá-la diante do povo, já que sua família ainda administrava os bens da Igreja.

Mulheres da Corte procuravam-no para serem pintadas. No entanto, terminavam por se sentirem desprezadas. Na verdade, Leonardo não suportava suas futilidades; parecia que todos os homens da Corte davam preferência a ter como esposas mulheres que pensassem pouco. Assim, ele se aborrecia e parava o retrato sem terminá-lo. A notícia espalhou-se, e, apesar das boas graças de que gozava nos meios florentinos e de sua obsessiva prática do desenho, Leonardo não estava sendo freqüentemente requisitado pelos mecenas locais; estes preferiam Sandro, que entregava logo suas encomendas.

Leonardo não gostava das poses rígidas — talvez por isso poucas mulheres tenham sido pintadas por ele. Um exemplo é Ginevra de'Benci. Ele poderia tê-la pintado em qualquer pose, mas seu marido preferiu a pose rígida. Para Leonardo, as poses rígidas caracterizavam as pressões ao povo, feitas pelo sistema existente.

Ao redor de Leonardo, aos poucos os jovens pintores formavam sua própria sociedade secreta. Reservavam as tardes de sábado para reunirem-se até altas horas da noite no castelo assombrado. Luca Pacioli foi um dos convidados de Sandro para participar com eles dos estudos da ciência. Assim, ele o apresentou:

— O jovem Luca lutou contra os árabes; no entanto, foi preso e por alguns dias esteve nas mãos dos chamados "cavaleiros cabalísticos". Dotado de muita simpatia, aprendeu noções de astrologia.

— Astrologia?

— Sim, a influência dos planetas em nossas vidas.

Luca empolgou o grupo ao desnudar cada um deles, perguntando-lhes apenas a data de nascimento.

— Toma cuidado ao falar em astrologia — disse Sandro. — Tais idéias, se levantadas diante do clero, te renderão problemas incalculáveis. Esqueceste do ancião que foi queimado vivo por dizer que o padre era de escorpião?

— Caro Sandro — obtemperou Leonardo —, agradeço-te teus conselhos, os quais sempre me são de boa valia. No entanto, falas como se ainda estivesses no tempo das Cruzadas. Elas já não existem faz tempo. Não sou louco de sair às ruas bradando em alta voz que a natureza humana é subordinada ao domínio dos animais. Porém, tenho certeza de que os astros influenciam os viventes da Terra, bem como a Lua influencia as marés. Não obstante, também compreendo que a Igreja deve reformar-se igualmente em termos de cultura, visto que a astrologia levada a sério é um importante instrumento de autoconhecimento.

— Falas como um sábio, meu jovem — inferiu Luca. — Em anos de experiência, concluí que a Igreja ocidental e oriental não se uniram por acaso. A Igreja ocidental tem uma visão linear sobre a forma pela qual Deus age nas redenções humanas e na história. Para vós, ocidentais, o homem foi criado, mas caiu. O Cristo promoveu a redenção ao se entregar à cruz. Quanto ao homem, num tempo restrito é salvo ou condenado; a morte física determina uma situação sem solução; é céu ou inferno. Já a Igreja oriental tem uma visão mais circular, pois concebe a alma humana como criada em algum passado distante, preexistente, cujo ponto não se pode demarcar no círculo. Estás me compreendendo?

— Sim — disseram todos ao mesmo tempo, entusiasmados com tais palavras. — Continue, por favor — disse Leonardo, segurando o queixo.

— Pois bem, a morte física também não assinala um ponto absoluto nesse círculo. A vida após a morte, ou seja, a morte física, é caracterizada por uma contínua oportunidade de evolução, progredindo para sempre, até que sejam adquiridos atributos divinos, virtudes que, em nosso plano, somos ainda incapazes de divisar.

— Caro senhor Luca — obtemperou Leonardo com curiosidade —, o que estás dizendo é que há uma continuidade da vida após o túmulo?

— De acordo com os orientais e com o que penso, sim.

— E como seria isso? — questionou Piero.

— Depende do grau de amadurecimento espiritual do ser. Se necessário, o espírito, depois que deixa o corpo de carne, voltará a viver na Terra, a fim de aprender o que não foi capaz em uma vida. O homem desliza ou se arrasta no tempo, a fim de aprender a viver. Platão já dizia que o próprio tempo é temporário; porquanto, é apenas uma medida temporária na dimensão física, fazendo parte de uma realidade inferior.

— Já li algo a respeito, escrito por santo Agostinho — adiantou Leonardo. — Agora compreendo quando ele disse que o tempo está limitado à nossa esfera, e que existem esferas onde não prevalece o tempo conforme o conhecemos. Ele também dizia que o tempo está presente em nós, sendo medido pela mente e pela alma do homem. E Deus, estaria fora do tempo?

— Bem — respondeu Luca, refletindo um pouco —, na verdade, acredito que Deus, sendo eterno, não está sujeito à materialidade do tempo, mas muito além dele, ou seja, transcendente, porém envolve-se no tempo e nas mudanças.

— Compreendi — disse Piero, com esforço. — Por isso, quem não é cético deve, no mínimo, ser espiritualizado; caso contrário, não sendo uma coisa nem outra, corre o risco de não ser nada.

Todos riram, exceto Luca.

— É preciso muita discrição, nobres cavalheiros — aconselhou Luca. — A Igreja não aceita suposições. Vede pelas pinturas encomendadas, figuras sempre de posições rígidas, coadunadas com a forma com que querem que o povo pense a aja, isto é, sem pensar muito.

Sandro explicou:

— Já estamos enfrentando tais problemas ao discretamente introduzirmos qui e ali uma figura mais móvel, outra mais expressiva.

Luca concluiu:

— É bom que estejais unidos em uma "Sociedade Secreta". De certa forma, ter liberdade para especular certos mistérios não é para qualquer um; deveis evitar especulações. Seria prudente levardes sempre seu material de pintura. Quem os visse logo pensaria que estejais reunidos para lições artísticas.

— Imagine! — completou Piero. — Seria um escândalo se falássemos em voltar à carne na missa de domingo!

— Manteremos a discrição — disse Leonardo.

Na Corte, Lourenço Médici atraía a atenção das outras cidades e o carinho do povo porque embelezava Florença. Em todas as inaugurações de obras de arte, lá estava ele, distribuindo ouro, ouvindo os aplausos e dizendo: "É magnífico!". Isso lhe rendeu um apelido, graças à sua sensibilidade. Quando se referiam a ele, logo diziam: Lourenço, o Magnífico.

No ápice do poder, já cognominado o Magnífico, Lourenço contraiu matrimônio com uma jovem da rica família Orsini, pertencente à nobreza romana.

Não demorou muito a fazer a jovem esposa infeliz. Era mais interessado na política que na família. Lourenço tornara-se extremamente preocupado com o poder a sua volta. Racional, sério, disciplinado, tornara-se astuto e ambicioso. Sua prudência vinha da desconfiança e ascendia lenta e progressivamente em busca de poder e conforto. A fama era seu deleite, por isso amava estar em evidência, e os bailes da Corte faziam fama. Quando lhe era cobrada a presença nos bailes, ele respondia: "O mais importante é o meu trabalho; o resto fica para depois. Não vou renderme às emoções, jamais! Manter o controle é meu prazer; não quero depender dos bajuladores. Exijo, sim, lealdade e valorizo pessoas fiéis".

A seu primeiro filho deu o nome de João. Desde pequeno, o primogênito já apresentava características peculiares, as quais a família compreendia como instinto de liderança. Ambicioso, orgulhoso, pouco modesto e independente, não gostava de ser criticado. De caráter instável, preferia brincar só. Seu temperamento ousado, de quem detesta rotina, e sua personalidade instável, que o fazia mudar de humor facilmente, deixavam as babás e os professores desorientados.

No entanto, um homem no poder faz amigos e inimigos, porque não consegue agradar a todos.

Já não era segredo que os Pazzi tornaram-se inimigos mortais dos Médici, quando conseguiram a proteção do papa Sisto IV, mas os Médici não estavam dispostos a entregar o poderio sobre a fortuna incalculável do clero. Com isso, os Pazzi estavam preparando uma armadilha para Lourenço e seu irmão Giuliano, que tinham o costume de ir à missa todos os domingos.

A irmã, Madalena, fazia questão de caminhar de braço dado com Giuliano.

Na manhã do dia 26 de abril, enquanto o arcebispo celebrava a missa em louvor a Nossa Senhora do Bom Conselho, dois grupos de homens bem armados estavam à espreita, um do lado de fora, outro do lado de dentro. Um clima sombrio se estabeleceu dentro da catedral. O arcebispo transpirava muito, e Lourenço começou a desconfiar de que algo errado poderia estar acontecendo. Naquela manhã, ele mudara a forma de celebrar a missa; não estava de costas, mas virado para os fiéis, e falava como um político, gerando comentários.

Banhado em suor, pregava o arcebispo:

— Meus irmãos, é com a autorização de Deus que vos falo sobre o constrangimento que nos leva a estar à mercê da injustiça. Sei que não devo falar-vos deste modo, mas me deixa consternado o fato de muitos viverem na opulência, detentores das riquezas, enquanto tantos vivem na penúria, com toda falta de recursos para suprir a fome...

De repente, Madalena soltou um grito lancinante ao ver que um homem, empunhando um punhal, lançava-se em direção a Giuliano, que se esquivou do assassino. As pessoas começaram a correr e a gritar. Em meio à confusão, os homens da guarda de Lourenço invadiram o local e lutaram bravamente. Lourenço, por sua vez, empunhou a espada e defendeu-se de um homem que vinha em sua direção. Os homens, subindo pelos bancos, derrubando imagens de santos, travavam lutas que deixavam vítimas, banhando de sangue o solo sagrado.

Giuliano e Lourenço lutavam com dois ao mesmo tempo, enquanto tentavam proteger-se. No entanto, Giuliano não esperava que um terceiro lançasse um punhal certeiro em seu pescoço. Quando olhou para trás, viu que o arcebispo atirara o punhal e benzia-se, hipocritamente, com um sinal-da-cruz.

O jovem Médici caiu morto. Lourenço desviou o olhar e percebeu seu irmão ser riscado do mundo dos viventes. Então gritou:

— É uma conspiração!

Agora, ciente do que estava acontecendo, imaginou que, se não fugisse, seria igualmente morto, em nome do poderio sobre a fortuna papal. Debateu-se com alguns e, sem temer o perigo que corria, arriscou-se num gesto audacioso. Subiu pelas cortinas e pulou a parede que dividia os dois ambientes, indo proteger-se no teto da sacristia.

Os reforços chegaram e dominaram os poucos que sobraram da rebelião. Lourenço, logo que percebeu a segurança, viu do alto que o arcebispo fugia por uma portinhola lateral. Então, saltou, pendurando-se pela mesma cortina, caindo sobre o opressor. Segurando-o pelo pescoço, Lourenço falou:

— Verme assassino! Deverias honrar as roupas sagradas que cobrem este corpo imundo!

Lá fora, após a guarda ter sufocado a rebelião, o povo tomou-lhe dos braços os rebeldes e numa euforia incontrolável os atacou com murros, pontapés e pedradas. A multidão estava enfurecida pelo pânico e pela revolta. O povo havia-se acostumado com o poderio dos Médici.

Madalena adentrou o local em que estava Giuliano e, jogando-se sobre o corpo inerte do irmão, gritou enlouquecida de dor:

— Mataram o príncipe!

A multidão, vendo Giuliano, alguns guardas mortos e o desespero da família, atiçou-se mais ainda. Tomando suas dores, os homens sacaram suas espadas e, num gesto impensado, esquartejaram os conspiradores.

Lourenço, empunhando a espada, ameaçou o arcebispo, querendo vingar a morte do irmão. O oponente rasgou a batina, para ampliar seus movimentos, e saiu correndo pelas ruas do fundo. Confuso, não percebeu que havia entrado no palácio.

Lourenço cercou-o e, jogando-lhe uma espada, gritou:

— Luta, covarde! Não te matarei pelas costas, como fez ao meu irmão!

Ora lutando, ora correndo um atrás do outro, ambos foram subindo as escadas até chegarem à alta torre. Numa luta violenta, Lourenço tinha nos olhos a visão de seu irmão ensangüentado, inerte no chão.

Conhecendo bem todas as passagens, Lourenço deixou o arcebispo sem saída. As espadas tiniam no ar. Ambos estavam cansados e feridos. Lá fora, podiam-se ouvir os gritos do povo. Lourenço perguntou:

— Agora compreendo. És um Pazzi, traidor.

— Sim — respondeu o arcebispo —, e vais morrer por tua ambição!

Num gesto rápido, o arcebispo desferiu um golpe em direção ao pescoço de Lourenço, mas este desviou, sendo ferido no ombro.

Com os olhos flamejando de ódio, Lourenço lançou-se sobre o traidor e, numa última tentativa, avançou com todas as forças, num golpe horizontal, o abdômen do rival. Em desequilíbrio, o arcebispo soube que morreria. Deu dois passos para trás e não percebeu que havia cordas pelo chão. Tropeçando, e tonto pelo golpe desferido, caiu janela abaixo, pendurado pelas cordas, enquanto suas vísceras se soltavam numa rajada de sangue, que caiu como chuva sobre a multidão histérica e horrorizada.

Lourenço olhou pela janela e percebeu que precisava resolver a questão a fundo.

No entanto, longe de reconhecer sua culpa, Sisto IV ameaçou excomungar Florença se o povo não lhe entregasse Lourenço. O papa contava com o apoio de Fernando I, rei de Nápoles, enquanto o príncipe florentino dispunha apenas de apoio externo.

Com inaudita coragem, o próprio Lourenço apresentou-se em Nápoles e convenceu Fernando a unir-se a ele. Assim, o papa ficou isolado.

A partir daquele momento, sua figura ficou ainda mais conhecida. Mesmo sofrendo pela morte do irmão, Lourenço decidiu que já era hora de fundar monumentos importantes para o crescimento da cidade. Ele não tinha mais o avô nem o pai para apoiá-lo e se não fosse firme haveria de suscitar mais inimigos. Gastava somas vultosas que, segundo o livro contábil, chegavam perto dos setecentos mil florins, em edificações como bibliotecas, escolas e igrejas e em restaurações e obras de caridade. Tudo era realizado pela coleta de impostos. Quando perguntavam a ele o dia em que isso seria vertido aos pobres, ele dizia:

— Tende paciência e vos devolverei tudo.

Lourenço era um mecenas, poeta e filósofo. Proclamou fidelidade à constituição florentina, mas seus métodos foram mais próprios de um déspota esclarecido, dissimulado pelo esplendor artístico que soube proporcionar à cidade e pelas legendárias festas, torneios e carnavais com que se preocupou em obsequiar. Tudo isso lhe tirava aos poucos o poderio sobre a riqueza papal. Os Pazzi fizeram a campanha que faltava a Lourenço: o cuidado com os pobres.

Aparentemente, pouco o interessava os acontecimentos além-mar ou simplesmente além-fronteiras; a gradativa conquista da costa africana pelos portugueses ou a descoberta das supostas Índias ocidentais por Colombo. Interessavam-no, isto sim, a nomeação dos Pazzi como banqueiros papais. Sentiu-se derrotado e traído por seus assessores, que abriram o caderno contábil ao papa.

Roma tirou dele o poder bancário, deixando-o apenas como chefe da guarda da cidade. Assim, Lourenço e sua família continuaram no palácio pelos títulos que possuíam.

Entristecido por ver sua cidade perder a beleza, Lourenço assistia, sentado em um banco do jardim, a uma bela aia correndo de um lado para o outro, tentando dominar o pequeno João, sem o conseguir. Vez ou outra, ela olhava para ele e sorria. Então, ele levantou-se e foi até a oficina de André pegar pessoalmente a jóia que havia encomendado para presentear a babá. André havia terminado de lapidar a jóia e, ao receber Lourenço, disse-lhe:

— Dizem que Milão foi conquistada, e o novo regente da cidade, Francesco Sforza, está apoiando a indústria. Se minhas informações estiverem corretas, em menos de um ano estarei tão próspero quanto um papa. Do contrário, irei à rica Veneza, que também prospera.

— E deixarás tua cidade?

— E por que não deixaria? Além do mais, estou cansado. Não acontece nada de novo desde que o senhor deixou de governá-la. Vou-me embora de Florença.

Nesse momento, chegou Leonardo, que ouviu o final da conversa. Ele curvou-se, cumprimentou o duque e perguntou:

— De que falas, mestre?

— Devo partir, filho. Não definitivamente. Tu e os outros já não precisais de mim. No entanto, podes continuar nesta casa o quanto quiseres. Pintarás sozinho; afinal, nunca precisastes de mim.

No fundo da sala, André não percebeu que Ângela secava com o canto do bordado as silenciosas lágrimas que lhe brotavam dos olhos bondosos e apagados. Eles já esperavam que ela dissesse: "É porque Deus quis". Porém seu coração não estava preparado para separar-se do irmão querido.

— Não vá, mestre. Aqui é teu lugar.

— Bobagens o que dizes. Não há um lugar restrito para uma pessoa. Somos, como disse Platão, "cidadãos do Universo".

— Platão! — assustou-se Leonardo. — Disseste Platão? Ora, realmente algo de diferente deve estar acontecendo.

— Um homem torna-se sábio — interrompeu o duque — quando conhece suas virtudes e limitações.

— É uma verdade sábia — respondeu Leonardo.

— Vais embora também, Leonardo? — perguntou o duque.

— Talvez. Se não há espaço para meu mestre, não haverá para mim.

Lourenço pensou rápido e disse:

— Então faço-te uma proposta.

— Uma proposta? — quis saber Leonardo.

— Sim. Nosso amigo em comum, o senhor Botticelli, te falará amanhã. Se ainda não falou, é porque não teve tempo. Que achas de abrirmos uma taberna? Não é necessário que te preocupes com o dinheiro. Será esta a minha parcela, pois nada entendo de cozinha.

— Estupenda oferta! Quando poderemos começar?

— Quando quiseres.

Leonardo voltou-se para André e, sem querer ser alheio à sua tristeza, falou:

— Se meu mestre me permitir.

— É claro, filho. Ficarei mais feliz em saber que meu pupilo-mor está bem acompanhado enquanto viajo a negócios. É um alívio.

— Se é assim, também fico aliviado. Amanhã mesmo estarei com Sandro.

CAPÍTULO 11

# A Marca da Fé

EM ALGUMAS SEMANAS, Leonardo Da Vinci, Sandro Botticelli e Lourenço Médici abriram a taberna: A Marca das Três Rãs. Os pratos vendidos rendiam um bom dinheiro, que era dividido entre os três.

Piero e Elisa planejaram casar-se. O casal, apesar das grandes diferenças físicas, fazia um par promissor. Piero era forte, robusto, de bochechas salientes; Elisa, frágil e delicada.

Ricos presentes chegaram de toda a cidade. Piero ensinava à amada as mais sublimes lições de desenho e pintura. A jovem aprendia rápido. Enquanto isso, ela lhe ensinava quanto era importante cultivar a calma, a serenidade e a tranqüilidade.

Piero se modificava visivelmente; estava mais alegre, menos rude —, diria que se tornava um verdadeiro cavalheiro.

A tentativa de levar a taberna adiante durou pouco tempo. Uma das razões do fracasso foi o fato de os clientes não conseguirem entender o cardápio, que tinha os desenhos de Botticelli e a caligrafia invertida de Da Vinci.

Enquanto isso, Filipe, invejoso, tentava enamorar-se da sobrinha do advogado de Lourenço, Marcela Maquiavel. Em um jantar que o tio oferecera à corporação dos médicos, lá estava o jovem acompanhando seu pai e aproveitando para cortejá-la.

Após algumas semanas, Filipe conseguiu a façanha de fazer a moça apaixonar-se, enquanto ele se fazia a gentileza em pessoa. Seus amigos chegaram a pensar que ele realmente havia mudado, como acontecera com Piero.

Como toda moça de boa família, Marcela estava sempre acompanhada por uma dama de companhia. Esta, conhecida de Ângela, comentou com ela sobre a última conversa que o jovem casal tivera e que levou a menina Marcela a começar a desgostar-se do moço:

— Imagine, Ângela, aquela candura de moça casando-se com um rapaz como aquele. A meu ver, ele esconde-se por detrás de uma postura de cavalheiro, mas no fundo é um falso.

Ângela apaziguava dizendo:

— A jovem Marcela terá de ter paciência. Ele ainda é muito moço. Quem sabe se tornará tão bom quanto o pai?

— Há! Pensas que o pai é algum santo? — ironizou a criada. — Tome cuidado! A senhora Constância, lembra-te que ela era uma excelente parteira? Pois bem, já não mais ajuda as pobres mulheres por causa das perseguições do doutor. Ele ameaçou entregá-la sob acusação de bruxaria, caso ela não parasse de fazer partos. Ela teve medo de ser queimada e perder a alma. Mas deixe-me contar-te a conversa. A menina Marcela chegou a confessar seu amor a Filipe dizendo "eu te amo", ao que ele respondeu: "Eu também". Ela então perguntou: "Eu também o quê?". Ele teve o descaramento de dizer: "Eu também... me amo". Pode?

Ambas riram. Ângela falou compreensiva:

— É um garoto que precisa de uma lição.

— Se fosse meu filho — intercalou a criada —, já teria dado uma boa surra com chicote, isso sim.

Ângela, com expressão bondosa, falou:

— Deus já o está castigando com uma enfermidade incurável. Não vê, aquela tosse não é comum.

— Realmente, minha senhora já advertiu que não faz gosto no casamento, porque acha que ele vai passar a tosse para a menina.

— Isso é bem possível.

— Já vou indo. Não posso me ausentar por muito tempo. Prometes que evitarás fazer partos, pelo menos por enquanto?

Ângela demorou para responder, mas, por fim, falou num sorriso:

— Está bem, evitarei. Obrigada pela preocupação.

Foi com imensa alegria que Piero contou a todos que seria pai em alguns meses. Filipe, no entanto, escondia que já havia rompido o namoro com Marcela, pois ela lhe inventara uma desculpa dizendo que o pai a prometera ao filho de um conde.

Haviam-se passado nove meses desde que Piero visitara Leonardo. Ele pintava vertiginosamente na intenção de fornecer todo o necessário ao filho que haveria de chegar. Seria sua alegria, já que não tivera uma boa convivência com os pais.

Enquanto isso, Leonardo estava muito envolvido com suas pinturas e vez ou outra se encontrava com Leda, que esperava por ele enquanto buscava por pelo pai.

Decidido a pintar o quadro "Sant'Ana, a virgem e o menino", Leonardo descrevia uma das mais belas expressões de amor materno. Às vezes, chorava diante do quadro e compreendia bem a razão. Fez vários esboços, a fim de encontrar as figuras e expressões ideais para a pintura. Duas longas semanas foram para ele apenas momentos breves. Profundamente concentrado, procurava descobrir uma forma de pintar conforme sua mente tinha imaginado muitas vezes. Precisaria pintar sem qualquer traço de grosseria, nem que para isso precisasse utilizar uma lente. Numa tarde, vendo Ângela bordar alguns motivos delicadíssimos em um vestido de seda, começou a imaginar se a pintura também não deveria ser como um bordado: ponto por ponto.

Leonardo levaria, no mínimo, um ano para terminar toda a pintura. Isso somente seria possível graças ao uso de tinta viscosa, pois um afresco jamais permitiria sucessões em longos intervalos de tempo. As agulhas, no entanto, eram difíceis de ser manuseadas. Ele mesmo trabalhou em longas agulhas de prata, com pontas de diferentes espessuras, as quais permitiriam fazer pontos menores e maiores. Com essa técnica, conseguiria pintar com tinta de verdade o quadro que retratava Leda sob o véu de água, sem precisar fazer riscos. Porém, o desenho tinha desaparecido.

Naquela noite, Leonardo fora dormir cedo; seus olhos estavam cansados. Na madrugada, chovia muito. Ângela acordou assustada. Alguém batia à porta com força brutal. Era Piero, desesperado, dizendo:

— Senhora, venha depressa, pelo amor de Deus!

— Imagino que chegou a hora de tua mulher?

— Sim, ela não consegue... A bolsa já rompeu e a criança não consegue... Vem comigo, rápido! Não encontrei nenhum médico na cidade e está chovendo tanto que não consegui pensar em outra pessoa que não a senhora!

— Vamos agora mesmo vê-la! — disse Ângela, cobrindo-se com um xale de tricô bordado nas pontas.

Leonardo acordou e correu com eles para a casa de Piero. Ao chegarem, viram que toda a casa estava em alvoroço. Elisa contorcia-se na cama e gritava. Estava pálida e banhada em suor. As criadas traziam água quente e alguns panos, mas nada podiam fazer.

— O bebê deve estar sentado ou atravessado — disse Ângela.

Piero segurou-a pelos ombros e gritou:

— Pelo amor de Deus, salva minha mulher! Morrerei se ela morrer!

— Acalma-te, senhor — disse Ângela, aproximando-se de Elisa. — Rezar neste momento é o melhor que o senhor poderá fazer. Peça a Nossa Senhora do Bom Parto para que a abençoe.

Elisa, entre ranger de dentes, falou:

— Se eu me for, cuida de meu filho!

Ângela meneou a cabeça e ralhou com carinho:

— Tu mesmo cuidarás dele, filha, tenha fé.

— Sei que vou morrer... Ai, pelo amor de Deus, me ajudem! Eu não suporto mais!

— Acalma-te, vou tentar virar a criança. Vamos, levanta-te um pouco. Agora, te deita e repita esse movimento. Veremos se assim... Oh, meu Deus! — gritou Ângela, ao ver a poça de sangue no lençol. — Estás perdendo muito sangue!

Nesse instante, Leonardo entrou no quarto.

— O que estás fazendo aqui? — perguntou Ângela nervosamente, como Leonardo nunca a viu.

— Quero ajudar, sei que posso ajudar! Se a cortarmos um pouco a criança poderá sair sem que ela morra.

— Ficaste louco! — gritou Ângela. — Ela não suportará a dor. Podes matá-la!

— Morrerá de qualquer jeito se eu não tentar. A senhora — dirigiu-se à criada —, trazei duas colheres bem grandes e uma faca bem afiada.

— O que vais fazer? O que conheces de tais procedimentos? És médico? — gritou a mulher.

— Não, mas pelos meus estudos acredito que poderemos retirar o bebê à força. Vá depressa!

— Não faça isso! — falou Ângela.

— Deus do céu — gemeu mais uma vez Elisa, se contorcendo —, façam qualquer coisa, mas salvem pelo menos o meu filho, pelo amor de Deus!

O ambiente estava extremamente tenso, com todos muito nervosos e temerosos pela vida de mãe e filho.

— Pronto, senhor — chegou a criada tremendo, mas entregando as duas colheres e a faca.

— Veja bem o que vais fazer, rapaz.

— Todos os dias uma mulher morre no parto. Não suporto mais isso! Preciso fazer algo. Não suportaria ver Piero tornar-se um homem amargo e revoltado... Que saiam todos! Fique apenas a senhora Ângela. — Por um momento, ele olhou para Elisa e disse: — Sejas forte, vou tentar salvar teu filho. Reze também.

— Faça o que for preciso — ela disse corajosamente.

Leonerdo respirou fundo, passou as colheres na chama da lamparina e disse-lhe:

— Senhora, será com todo respeito que devo ao teu marido.

Leonardo tomou de seus instrumentos improvisados e, tal qual um artista, usou as duas grandes colheres para puxar o bebê pelos quadris, pois a criança estava sentada. Usou também as mãos, mas não conseguiu retirar a criança.

— É um bebê muito grande! — explicou Leonardo. — Terei que fazer um pequeno corte na senhora ou ambos poderão morrer se não agirmos rápido.

— Eu suporto — disse Elisa sem temor.

Então, Leonardo fez um corte estratégico, que levou a mulher a dar um grito que apavorou Ângela e também as criadas que estavam do outro lado da porta, bem como Piero, que estava na sala.

O sangue jorrou e junto saiu o bebê, que Leonardo pegou. Ângela cortou o cordão, limpou-o e disse:

— É uma menina!

O choro do bebê fez Piero entrar correndo quarto adentro. Elisa desmaiou de dor, enquanto Leonardo estancava-lhe a hemorragia com lençóis.

— O que houve com ela? O que fizestes? — assustou-se Piero ao ver Elisa desacordada.

As criadas entraram e começaram a chorar e a rezar, pensando que Elisa tivesse morrido.

Leonardo aproximou-se e viu que ela respirava.

— Está apenas desmaiada. Tragam incenso e ela despertará.

Assim fizeram, e Elisa despertou, muito fraca.

— Meu bebê, onde está meu bebê? — foram suas primeiras palavras.

Piero aproximou-se carinhoso e disse-lhe:

— Graças a Deus, minha querida, estás viva! É uma menina e está bem. É forte e robusta. Agora descanse, meu amor — disse Piero, aos prantos, beijando-a e olhando estranhamente para Leonardo, que saía do quarto assustado com o que ele mesmo havia feito.

Piero seguiu-o e, abraçando-o, disse:

— Seja lá o que for que fizeste, muito obrigado! Que Deus o abençoe!

A notícia espalhou-se por intermédio das criadas, que não sabiam contar direito o que tinha acontecido. Às vezes, até distorciam os fatos.

Apesar dos esforços de todos, duas semanas depois Elisa faleceu, vítima de uma febre irredutível que a fez delirar durante três dias. Leonardo recomendou que fosse chamado um dos médicos da cidade, pois as ervas de Ângela não mais faziam efeito. Nenhum médico quis tratá-la, revoltados com o fato de Piero não tê-los chamado no momento do parto. Em reuniões e assembléias, tramavam contra as mulheres que se diziam parteiras, mas que para eles poderiam ser bruxas, pois muitas mulheres morriam durante o parto.

Leonardo passava noites inteiras em claro, misturando todo tipo de raiz, caule e folhas de incontáveis ervas, a fim de encontrar alguma solução para a febre de Elisa. Porém, não teve sucesso.

Revoltado, após a morte de Elisa, Piero rejeitou a filha, tanto que tinha a intenção de entregá-la a alguma família. No entanto, quando Leonardo soube do acontecido, foi ter com ele, profundamente consternado, encontrando-o ainda mais derrotado e desanimado. Então falou:

— Quem tu pensas que és para negar à tua filha o direito de viver com o verdadeiro pai?

— Não ouses cobrar-me! — disse Piero, despertando de sua depressão. — Não sabes o que é amar profundamente uma mulher e fazer dela o motivo de sua vida e morte!

— Talvez estejas certo, meu amigo. Não obstante, tivestes ao lado de Elisa os dias mais felizes de tua vida. Talvez os terás para sempre ao lado de tua filha, que precisa de ti.

— É em vão o que me dizes. Foste tu o responsável pela morte de minha amada! Se soubesse que Ângela usava de bruxarias, não a teria chamado naquela noite. Por isso Deus me castigou. Pobre Elisa! Foi tudo minha culpa. Agora, onde ela estará? No céu... Ou nas profundezas do... — Piero foi interrompido pelo mar de lágrimas que inundavam seu rosto e sufocavam sua garganta.

O jovem Da Vinci não esperava um julgamento mais cruel. Tudo fizera para salvar a vida de mãe e filha e ouviu justamente o contrário do amigo. Leonardo calou-se por um instante e disse abatido:

— Realmente estás certo. Foi um erro ter aumentado os sofrimentos da nobre Elisa. Quisera tê-la deixado morrer naquela hora, durante o parto. Mas não tive vontade própria. Uma força estranha impelia-me a fazer o que fiz. Ângela é uma santa mulher e tudo faz em nome de Deus. Não desonrei tua casa, apenas fiz o que qualquer amigo de verdade faria.

Piero observou-o, suspirando; estava confuso.

— Ah, perdoa-me, já não sei o que digo! Parece que enlouqueço a cada dia. Vem comigo. Acompanhe-me até a sala em que está o quadro que pintaste naquela noite no palácio.

Ambos desceram até a sala. Leonardo admirou-se ao ver Elisa numa pose serena, quase angelical. Então falou:

— Vê. Não parece estar viva? Para mim não há céu nem inferno. Ela deu sua vida para salvar a da filha e está em paz onde estiver. Só não estaria se visse sua única filha e seu único amor sofrendo, abandonados.

Piero olhou para o quadro durante alguns minutos e falou com emoção:

— Eu te juro, minha amada Elisa: vou cuidar de nossa filha, para que seja tão nobre quanto a mãe e para que tua alma descanse em paz!

Leonardo, depois desse episódio, procurou estudar mais profundamente a anatomia. No castelo abandonado, um misterioso "amigo da ciência" fornecia cadáveres para Filipe, que os levava para que fossem estudados. Eles chegaram a testar, em alguns ratos, uma química que cerceava a hemorragia e os fazia voltar do transe após a morte.

Mais seguro de suas técnicas, Leonardo testou em seu ratinho Arte um anestésico à base de uma substância retirada das ventosas de sanguessugas. No entanto, tal procedimento o fez morrer.

Desanimado, Leonardo abandonou tais práticas, preferindo envolver-se com a arquitetura. Vez ou outra rebuscava o baú deixado por seu avô e ficava intrigado com os desenhos de rodas giratórias. À noite, antes de dormir, ficou um longo tempo pensando em tais rodas e após pensar muito conseguiu dormir. Pela manhã, levantou-se, fez seus próprios desenhos e planejou colocá-los em prática. Em alguns dias e com muita persistência, conseguiu, finalmente, com o uso de madeira, ferro e outros metais, elaborar uma engenhoca que, de acordo com suas suposições, seria útil para ganhar velocidade no solo ou mesmo para voar. O que no desenho serviria para carregar muitos homens, Leonardo construiu para carregar um só. O mais interessante é que não precisaria de cavalos para puxá-lo. Quando se moviam os pedais, uma espécie de parafuso no topo e mais dois nos lados diminuíam a pressão da atmosfera, deixando o objeto muito leve. Para comprar o material necessário, Leonardo ofereceu aos monges de São Donato Scopeto, perto de Florença, um projeto da pintura "Adoração dos reis magos". No entanto, recebera o dinheiro e prometera entregar a obra, mas o utilizara para comprar o material, fabricando, assim, o estranho objeto que mais parecia uma bicicleta voadora.[4]

Leonardo esforçou-se para começar a pintura, mas sua atenção era logo desviada. Tão logo resolvia o problema de uma composição ou experimentava uma técnica, geralmente perdia o interesse pela obra e procurava novo desafio.

Os monges cuidaram de envolver seu nome em má fama, por não entregar as encomendas. Assim, embora lhe reconhecessem o talento, os ricos senhores de Florença pareciam temer contratar seu trabalho. Outra vez, Leonardo estava sem dinheiro e sem trabalho.

Desanimado, foi procurar Leda, mas encontrou a porta do porão trancada. Então, deu a volta pelo jardim e afastou a moita que cobria a entrada. Leda assustou-se quando ele saltou da passagem e disse preocupada:

— Alguém mais sabe que estou aqui. Ontem, quando cheguei, encontrei a porta do porão apenas encostada, e na escada estava esta caixa

[4] A bicicleta foi reinventada muito tempo depois, baseada em estudos feitos do protótipo desenhado por Da Vinci.

contendo uma carta e um frasco. Não sei como me viram entrar aqui. Não posso confiar em mais ninguém. Preciso sair daqui hoje mesmo!

— Espere! — disse Leonardo, tentando acalmá-la. — Tem calma. O que diz a carta?

Leda entregou-a:

— Leia tu mesmo, é anônima.

— Vejamos o que diz — falou Leonardo.

*Aqueles que são filhos do pecado devem saber que são a escória da humanidade. Não merecem usufruir dos mesmos direitos de filhos da boa moral. Não podem andar pelos mesmos caminhos nem beber da mesma fonte que os puros. Em nome da limpeza da sociedade, deves dar fim de tua própria vida. Para tanto, quero ajudar-te, para que não morras em vergonha. Recebe como sinal de minha misericórdia este frasco letal. Se o beberes, terás teu tormento diminuído. Do contrário, terei de fazer eu mesmo esse serviço sujo de limpar o mundo dos germes da luxúria, para que a ira de Deus não caia sobre nossas cabeças.*

Leonardo terminou de ler a carta e procurou por uma assinatura, mas não a encontrou. Leda andou nervosamente de um lado para o outro e, pegando o frasco de veneno, falou:

— Ele está cada dia mais próximo. Talvez eu devesse mesmo fazer o que ele quer.

Leonardo ficou indignado com aquelas palavras e discordou:

— Concordas com tais sandices? Vejo pela primeira vez o medo em teus olhos. A culpa é minha, que fiquei tanto tempo longe de ti.

Aproximando-se de Leda, Leonardo pegou-lhe o frasco que tinha nas mãos, lançou-o no chão, quebrando-o em mil pedaços, e, tomando-a nos braços, beijou-a apaixonadamente, dizendo-lhe num sussurro:

— Se me amas, quererás viver.

— Eu te amo e quero viver — ela disse —, mas é que, quando se trata de nossa pessoa, achamos que é mais grave.

— Ouça-me — disse Leonardo —, tenho uma idéia! Podemos fazer uma armadilha, pois assim descobriremos quem é o assassino. Executaremos um plano infalível, e ele cairá como um inseto cai em uma teia de aranha. Certamente ele tem informantes ou ajudantes.

— Também pode ser que aja sozinho.

— Supondo que aja sozinho, teremos mais chances de agarrá-lo, porque o teremos, em pessoa, averiguando se usastes ou não o veneno. Fingirás que tomastes o veneno. Para tanto, te darei uma dose de anestésico. É papoula cozida; uma dose apenas não vai matar-te, mas é o bastante para fazê-lo pensar que estás morta. — Enquanto Leda começava a imaginar a cena, Leonardo estalou os dedos no ar e disse: — Mas espere! Como ele ou ela sabe que estás escondida aqui? Deve ser alguém de nosso convívio; temos que ter muito cuidado! O assassino pode ter parado de matar por ter descoberto que estava sendo procurado.

— Pode ser uma mulher que sabe escrever?

— Será Graccielli? — inquiriu Leonardo.

— Acho que não. É louca, mas não é má.

— O duque?

— Não sei.

— Filipe? Será?

— Pode ser qualquer um. O importante é que já temos um plano. Quando ele vier verificar-te, o pegaremos. Não poderemos chamar ninguém, pois quem será de confiança para nos ajudar? Ficarei de vigilante. Até deixarei um cavalo selado, por medida de segurança.

Leda aproximou-se e, disfarçando o medo que lhe brotava da alma sofrida, falou:

— Perdoa-me por envolver-te com meus problemas.

Leonardo abraçou-a com carinho e depois de beijar-lhe novamente os lábios falou:

— Assim que resolvermos este problema, poderemos nos casar.

— Não me abandonarás por teus projetos?

— Deves compreender que tenho uma missão, e tu farás parte dela se me compreenderes.

Naquela noite, Leonardo ficou à espreita. Leda tomou uma dose segura do líquido preparado por ele e deitou-se no chão, passando-se por morta, tendo nas mãos um frasco semelhante ao do veneno que havia recebido com a carta.

# CAPÍTULO 12

# *A Descoberta*

Já era alta madrugada quando o vulto entrou pela mesma abertura na parede que Leda usava para ter acesso ao porão. Estava encapuzado, por isso seu rosto não podia ser visto.

O sinistro ser abaixou-se, pegou a jovem desacordada nos braços, jogou-a no ombro esquerdo e carregou-a, tendo-a por morta, saindo pela porta do porão. Leonardo saiu de seu esconderijo e seguiu-o até o cavalo que o aguardava do outro lado da rua. Ele colocou-a na sela e, montando o animal, distanciou-se da casa. Leonardo correu, mas percebeu que não poderia alcançá-lo. Procurou pelo cavalo, mas não o encontrou. O inimigo havia percebido a cilada.

Leonardo lembrou-se de sua engenhoca e achou que seria a hora de usá-la. As carretilhas se encaixavam e faziam as rodas deslizarem com rapidez, girando os pedais com força, fazendo os parafusos girarem e elevá-lo ao ar.

Leonardo viu de longe o vulto e percebeu que ele tomava o caminho do castelo abandonado, em que ele estudava anatomia. Ele conhecia bem o caminho, mas não conseguia parar a engenhoca, tendo, para isso, que se bater contra a copa de uma árvore. Por sorte não se feriu gravemente.

Ao adentrar o castelo, o encapuzado deitou Leda em uma mesa. Leonardo desceu rapidamente da árvore e subiu pelo telhado, como um gato. Logo, percebeu que as tábuas estavam podres e que cairia fatalmente se subisse mais um andar. Com a ajuda da luz da lua e em silêncio, ele pôde ver que o vulto retirou o capuz. Para seu espanto, tratava-se de Donatto, o marquês. "Hipócrita", pensou Leonardo, "um lobo vestido de ovelha. Por detrás de um gentil cavalheiro, um bárbaro sanguinário, capaz das piores investidas para dar vazão aos seus instintos assassinos. Ó sociedade perversa, que não percebes tais figuras misturadas em teu meio e aclamas por digno o homem bem-vestido, sem perscrutares o que se passa em tua alma. Infelizes, pois valorizas as palavras belas mais que as palavras bondosas".

Leonardo procurou um local seguro para se esconder e pensar num plano para salvar Leda e ao mesmo tempo aprisionar o terrível assassino. De repente, a tábua em que subiu se rompeu, jogando-o no chão aos pés do inimigo.

— Ora — disse Donatto com sarcasmo —, mas que surpresa!

Leonardo levantou-se depressa e disse-lhe:

— Eu é que estou surpreso! Então és tu! Um assassino com discurso de falsa moral!

— Infelizmente terei que te matar — ele disse com rispidez, levando a mão à espada. — É uma pena, um jovem de talento desperdiçado.

— Ninguém jamais imaginaria que o senhor pudesse fazer isso!

— Sou um enviado de Deus, o anjo da morte que veio para limpar a Terra dos pecados.

— Tu és um louco!

— Se sou, não devo prestar-te contas. Não terei o trabalho de armar-te um suicídio. Será brilhante! Dois amantes se matam! Já visualizo os comentários. Será por ciúme? Ou será que não suportaram o fato de ambos serem... bastardos!

Leonardo insistiu:

— Não há mal nenhum em ser bastardo. Isto não determina...

— Já chega! — disse Donatto, lançando-lhe um golpe de espada, do qual Leonardo conseguiu se desviar por pouco.

Enquanto isso, Leda despertava do efeito do anestésico. Ainda meio tonta, o marquês viu-a levantar-se e, possesso de raiva, vociferou:

— Mas quê? Como pode ser? Estás viva?

— Sim — disse Leonardo —, nós te preparamos uma armadilha e caíste. Serás preso e julgado.

Diante da surpresa, o assassino não soube o que pensar. Imaginando que outros estavam a sua espreita, largou a espada e fugiu noite adentro.

Leonardo verificou se Leda estava bem. Assim que saíram dali, foram ao palácio. No caminho, ela lhe disse:

— Antes de morrer, gostaria pelo menos de encontrar meu pai.

— Isso não tardará a acontecer — disse Leonardo.

O dia começava a raiar quando Leonardo e Leda chegaram aos portões dos fundos do palácio. Entrariam secretamente até falarem com Lourenço. Tão logo tomaram os corredores, um oficial estava preparado, pois tinha ordens de Donatto para prendê-los.

O casal fora jogado como ratos no calabouço. Momentos depois, ambos receberam a visita de Donatto, com ares de vitória triunfante.

— Que satisfação rever-vos? Formais um belo casal! Pena morrereis tão cedo!

— Insano! — avançou Leonardo, sendo violentamente impelido pelo carcereiro.

— Controla-te ou terei de reduzir-te a pó antes mesmo de receberes tua sentença por ter assassinado aqueles pobres cozinheiros para tomar-lhes o lugar na taberna. Lembra-te?

— Patife! — saltou Leonardo. — Vais condenar-me por um crime que tu cometeste? Agora compreendo. Tudo fizeste com sombrias intenções. Quem mais tu mataste?

— Resta apenas tu e tua donzela, para que eu possa concluir minha tarefa. — Donatto deu as costas, tomando os corredores.

— Mata-me, mas deixa-a livre. É inocente! — gritou Leonardo, numa última tentativa.

Donatto parou, virou-se, retornou dois passos e, olhando a jovem, aproximou-se, tocou-lhe o queixo, mas ela respondeu cuspindo-lhe a face imóvel. Ele retirou um lenço branco do bolso, limpou-se lentamente e ordenou:

— Carcereiro, vigia-os bem!

— Cão imundo! — falou Leonardo num salto em direção ao algoz. Nesse gesto, os guardas o seguraram, e um deles desferiu-lhe um soco no estômago.

Frio e decidido, Donatto ordenou:

— Aliás, quero-os amarrados e sem direito a água. — Saiu triunfante. Porém, tão logo subiu aos corredores do palácio, sua feição tornou-se preocupada. Precisava a qualquer custo encontrar seu diário, havia dias desaparecido, pois era a única prova que poderia ser usada contra ele, já que ali estava registrado tudo que fazia.

Enquanto isso, naquela mesma manhã, a praça central se enchia de populares. Um monge eloqüente saiu do mosteiro para pregar em alta voz. Ele subira em uma laje transformada em púlpito. Emocionado, não se importava com o germe de ódio que eclodia no clero em relação a si.

Num discurso inflamado, o monge gesticulava e apontava para o alto:

— Meus irmãos, não sou um pregador, tampouco um reformador moral! No entanto, tenho mensagens divinas e importantes para vós, povo de Florença. Estas terras serão assoladas, quando invadidas por Carlos, que vem do Leste. Não penseis que o papa é infalível. Não, ele não é. Só Deus é infalível. Colocai vossas casas, mulheres e filhos sob a segurança de um homem de carne e osso. Guardai bem minhas palavras, papistas: se continuardes a frutificar em pecado, a depositardes nas mesas de jogo, na bebida e nos vícios da imoralidade, sereis assolados e não tereis o que comer. É preciso que haja uma reforma profunda. Vossas mulheres fazem o que querem, vossos filhos fazem o que querem, vós, homens, fazem o que quereis e o que vos passam pela cabeça, mas não estais certos. Deveis fazer o que Deus quer, não o que quereis; do contrário, a morte vos baterá à porta. Estou ciente da inveja de meus superiores eclesiásticos, mas tenho a convicção de que o Senhor está comigo, para promover uma ampla reforma em "Sua" casa. Não penseis que a reforma de que vos falo é nas paredes das igrejas nem no teto, muito menos no piso, mas é uma reforma moral, nos costumes. Estai junto a mim e destruamos tudo o que seja imoral, sejam livros, quadros, casas de jogos e prostituição, tudo o que demonstre degeneração e imoralidade. Eis que vos lanço uma semente.

Oh, filhos de Deus, perdidos na luxúria, na vaidade e no amor ao pecado... Arrependei-vos...!

Sandro o ouvia atentamente e percebeu que a multidão entrava em sintonia com o monge, o que não achava de todo errado, pois concordava com muito do que ele dissera. Saindo dali, fora procurar Leonardo, a fim de que ele fosse escutá-lo. Não o encontrando em lugar algum, foi à sua casa.

— Leonardo não passou a noite em casa — disse Ângela. — Igualmente me preocupo, pois o tenho como filho. Em seu quarto, sua cama nem sequer foi desfeita.

No palácio, um dos guardas comentou com uma criada sobre o estranho fato de ter visto o pintor preso nas masmorras. A notícia correu, e logo toda a criadagem espalhava a mentira criada por Donatto, de que Leonardo havia matado os cozinheiros para tomar-lhes o lugar.

No palácio, Graccielli, despreocupada, demorava-se em um banho morno e perfumado.

— Senhora — disse a criada para Graccielli, enquanto esfregava suas costas —, não sabes da novidade?

— Que novidade? Fales logo!

— O jovem pintor, o senhor Leonardo, foi o assassino dos cozinheiros e estimam que tenha sido ele também o responsável por todas as mortes misteriosas.

Graccielli levantou-se assustada e perguntou:

— Quem te disse estas tolices?

— Preparei água extra para ser levada à masmorra, pois um grupo de guardas foi chamado para vigiar perigosos assassinos. O guarda disse-me que lá estavam presos o senhor Da Vinci e uma jovem. Parece que eles vão morrer...

Graccielli saltou da banheira e disse trêmula:

— Vista-me imediatamente! Rápido, terei de sair.

Tão logo estava pronta, Graccielli abriu um pequeno baú repleto de colares de ouro e, voltando-se para a serva, deu-lhe de presente uma jóia caríssima:

— Sempre foste tão prestativa e fiel. Sei que não fui digna nestes últimos anos. Se algum dia puder, perdoa-me?

A criada, com os olhos cheios d'água, falou:

— Deus lhe pague, senhora. Desde o dia em que comecei a servir-te, soube que um dia te tornarias uma grande dama. Serás melhor quando amares verdadeiramente.

— É, talvez eu esteja amando. Agora preciso agir rápido — disse a jovem, andando de um lado para outro. Graccielli viu-se numa situação embaraçosa. Ia até os corredores e voltava. Não sabia o que fazer. Sua mente estava enlouquecida. Foi até suas gavetas e bem ao fundo pegou um livrete bem amarrado com uma tira de couro. Abriu-o, como o fizera outras vezes, e lá estavam escritos detalhadamente todos os assassinatos: dia, mês, ano, local, planos de ação e motivos. Todas as vítimas estavam enumeradas como "Bastardo um; Bastardo dois", e assim sucessivamente, num total de vinte e cinco vítimas cruelmente envenenadas.

A jovem decidiu que já era hora de parar. Correu até o calabouço e pagou bem aos carcereiros para que a deixassem entrar. Quando viu a donzela ao lado de Leonardo, mudou o semblante. Um lapso de ciúme entorpeceu-a, e ela falou:

— Quem ousou colocar-te aqui?

— Teu irmão, ele é um assassino! — respondeu Leonardo tão logo a viu. — Precisas fazer algo. Tire-nos daqui!

— Sim, meu amor — disse Graccielli com olhar apaixonado —, sei que ele pretende incriminar-te, mas não tenho autoridade para libertar-te.

— Como sabes disso? — perguntou Leonardo.

— Ele tem um diário — respondeu a jovem.

— Um diário?

— Sim — respondeu a moça —, em que meu irmão relata tudo que fez.

Leonardo pensou por alguns instantes e disse-lhe:

— Entrega o diário a Lourenço. Sem perder tempo, peça que ele tome providências. Se ele não acreditar em ti, peça que venha à masmorra e falarei tudo.

Graccielli segurou a mão de Leonardo e saiu correndo até Lourenço. Tão logo o encontrou, entregou-lhe o diário, rogando-lhe uma ação imediata. No entanto, ele não acreditou em suas palavras, pois não lhe dava créditos pelo comportamento anterior. Além disso, Donatto, prevendo a traição da irmã, tomou-a por louca diante de seus superiores. Ela insistiu:

— Eu imploro: fique com este diário e o leia com cuidado. Vá também à masmorra e verás que falo a verdade.

Lourenço tinha muitas ocupações para dar atenção aos caprichos de Graccielli.

Enquanto isso, os informantes de Donatto delataram sobre a visita de sua irmã a Lourenço. Antes mesmo que Graccielli pudesse conseguir estragar seus planos, Donatto agiu rápido, pois percebeu que seu plano poderia não dar certo, caso Lourenço acreditasse em sua irmã. Tiraria os dois da cela. Nesse instante, foi surpreendido por Graccielli.

— Que pensas que vais fazer, meu irmão? Estás louco?

— Saia do meu caminho, menina! Será melhor para ti.

Graccielli afirmou com veemência:

— Meu irmão, já te denunciei às autoridades. Lourenço ainda é respeitado pelos guardas. Aliás — disse empurrando Donatto e dizendo aos guardas —, sois loucos! Ele não tem poderes para prender as pessoas. Sereis julgados por negligência!

Os guardas ficaram confusos, mas Donatto agiu rápido quando retirou moedas de ouro do bolso e distribuiu-as entre eles, obtendo, assim, a cooperação necessária.

— É difícil manter a ordem com assassinos e mulheres loucas! — Preocupado, ele esbofeteou a irmã, sem compaixão, e jogou-a dentro da cela: — Víbora traidora! Devia ter-me livrado de ti há muito tempo!

Leda e Leonardo quiseram ajudar, mas estavam bem amarrados. Por fim, Donatto colocou os três em uma carruagem e os levou mais uma vez para o palácio assombrado. No entanto, eles não esperavam que houvesse abaixo do piso um alçapão que apenas Donatto conhecia e que dava entrada para outro pavilhão, no subsolo, escuro e malcheiroso.

Donatto obrigou-os a descer as escadas, forçando-os com uma espada à mão direita e uma faca à esquerda.

Tão logo desceram, Donatto acendeu algumas velas dispostas em uma mesa. À ação da luz, viram que era um cômodo sem janelas, onde estavam amontoados em franco estado de putrefação dois cadáveres humanos.

Graccielli não pôde conter a histeria e, diante da cena aterrorizante e dos miasmas que lhe envolviam as narinas acostumadas ao luxo perfumado do palácio, perdeu os sentidos, caindo desmaiada. Leda estava empalidecida e tentava disfarçar o mau cheiro que quase lhe sufocava, enquanto sacudia a jovem, tentando acordá-la.

Donatto saiu e fechou o alçapão.

Nadando em suor, naquele cubículo abafadiço, Leonardo mantinha a razão e analisava todas as paredes, a fim de encontrar alguma passagem que os libertasse daquele lugar de terríveis vibrações.

Longe dali, Lourenço não resistiu à curiosidade e começou a ler o diário deixado por Graccielli. Ficou estupefato diante da frieza com que o assassino contava sobre as mortes de suas vítimas. Os detalhes o fez vomitar.

Graccielli não conseguia se controlar, então apoiou a cabeça no ombro de Leonardo e começou a chorar. Leda sentiu pena, mas precisava manter o equilíbrio, então ralhou:

— Pára de chorar, não vai adiantar nada!

Graccielli procurou controlar-se e disse:

— Perdoai-vos. Aliás, é o que mais tenho falado nos últimos meses. Meu irmão é louco! Ele é o responsável por todas as mortes misteriosas. Também sou responsável, pois deveria tê-lo impedido antes que tantas vítimas sofressem por seu delírio. Sou sua cúmplice e mereço o mesmo castigo.

— Não chores — disse Leonardo —, não és culpada. Aproveito para desculpar-me por ter-te banhado de tinta naquela tarde.

— Não precisas te desculpar. Por incrível que pareça, agradeço todos os dias por aquele incidente. O tempo que levei para tirar a tinta de meu cabelo serviu-me para refletir sobre minha vida. Aliás, de que era feita aquela gosma vermelha e grudenta?

Leonardo respondeu-lhe:

— É uma mistura de banha de porco derretida, corante de madeira e secreção de polvo, nada mais.

Um longo silêncio se fez entre eles. Graccielli começou a explicar:

— Quando éramos crianças, Donatto sempre foi muito disciplinado e educado. Conseguia a admiração de todos por seus modos recatados. Mas, às vezes, se tornava estranho; maltratava os animais, esmagando-os com os pés. Sempre fui a mais rebelde, mas não era louca como ele. — E continuou: — Por detrás daquela imagem de homem justo, fino e recatado, sempre se escondeu um ser frio, perverso e sem escrúpulos. Aos vinte anos, ele conseguiu de papai a permissão para partir em uma aventura com navegadores espanhóis. Mamãe ficou furiosa, mas não pôde impedi-lo. Anos depois, Donatto retornou doente, muito magro e com um aspecto de face inexplicável. Mais tarde, soubemos que os navegantes tinham descoberto uma terra habitada por homens que se devoravam. Já ouvistes falar em canibais?

— Sim — respondeu Leonardo —, acontece entre algumas espécies, como no caso de ratos que comem os próprios filhotes quando lhes falta comida.

— É verdade! — disse Graccielli. — A princípio, ele ficou apavorado, pois ele e os marinheiros foram presos por estes homens. Alguns conseguiram fugir e retornaram às caravelas em um pequeno barco. Entre eles, meu irmão. Mas não havia nada o que comer no caminho de volta, pois suas caravelas foram assaltadas pelos tribais. Sem comida, à medida que iam morrendo os mais fracos, estes serviam de alimento para os que ainda resistiam. Me contaram que meu irmão passou por este terrível acontecimento que o destino lhe reservou e se acostumou a comer carne humana...

Graccielli interrompeu-se, pois a forte emoção embargava-lhe a voz.

— Se não quiseres, não precisas te torturar com tão atrozes lembranças — disse Leonardo com um ricto de pavor.

— Há algo ainda pior que devo revelar-vos — disse a jovem, restabelecendo-se. — Quando finalmente meu irmão retornou para casa, mamãe rendeu graças a Deus, mas logo se arrependeria, pois ele se tornara tão desequilibrado, atacando os criados, que tivemos de prendê-lo, o que o levou a comer os próprios dedos. Por isso lhe faltam dois dedos da mão esquerda. Já o notastes?

— É uma história terrível! — interrompeu Leda. — No entanto, não sei quais ligações existem entre estes fatos e a perseguição aos bastardos.

— Alguns anos se passaram — continuou Graccielli —, e com o apoio da família, da Igreja e de Deus meu irmão conseguiu superar as terríveis lembranças da viagem que fizera. Ele casou-se e vivia bem com a esposa, até o dia em que desconfiou de que ela o estava traindo. Ela era filha bastarda de um amigo de papai. Ele ficou profundamente revoltado ao saber que o outro homem, pelo qual sua amada esposa se apaixonara, era um meio-irmão seu, um filho que meu pai tivera em uma de suas aventuras enquanto minha mãe estava viva. Enlouquecido, Donatto matou ambos, mas ninguém jamais encontrou os corpos para incriminá-lo. A partir de então, ele passou a perseguir todos os filhos bastardos, considerando-os a escória da humanidade e os responsáveis por todos os pecados. Segundo ele, são o verdadeiro fruto do pecado. Por castigo divino, nossa fortuna foi-se acabando rapidamente. Quando meus pais morreram, Donatto cuidou de mim, é verdade, talvez por isso eu nunca o tenha afrontado. Ele começou a estudar e, tornando-se conselheiro real, não demorou a tornar-se um erudito rico, conseguindo o título de conde. Em uma de suas viagens a Veneza, os Médici conheceram meu irmão, e este lhes ofereceu seus serviços como professor de seus filhos, respaldado na boa fama que conseguira com seu falso rigor cristão, ignorando que filhos legítimos e bastardos são todos filhos de um mesmo Deus.

Leonardo ouviu estupefato, então disse-lhe:

— Isto é um absurdo!

Distante dali, Sandro ainda procurava encontrar notícias sobre Leonardo.

CAPÍTULO 13

# *As Labaredas da Ignorância*

Havia dias Ângela sentia-se incomodada por visões e sonhos terríveis. Via Leonardo preso e sendo queimado em uma imensa fogueira. Sem saber direito o que fazer, começou a procurá-lo por todos os lugares, na casa dos amigos e de todos os conhecidos. Quando estava saindo da cidade, foi cercada por populares, os quais a amarraram e a levaram ao novo arcebispo.

— Não podeis prender-me! — ela disse, debatendo-se. — Nenhum crime cometi!

— Sabereis em breve — disse um estranho, que a arrastou sem piedade pelas cordas que prendiam suas mãos.

— Queimem a bruxa! — gritou um, enquanto outros a olhavam com angústia. Porém, os lacaios, os camponeses e os agitadores se aproveitavam para ter um espetáculo de graça.

Ao chegar à praça, Ângela foi recebida pelo arcebispo, tendo a seu lado dois médicos e um droguista. Logo, eles a encaminharam ao juiz. Atrás deles, Filipe observava tudo com ares de vitória.

— Queimem a bruxa! — gritou um guarda.

O juiz aproximou-se e disse-lhe em voz alta:

— Mulher, fostes acusada de bruxaria por usares métodos ocultos, proibidos pela Igreja e pelas leis divinas. O que tens a dizer em tua defesa?

Ângela estava profundamente assustada. Com a voz trêmula, disse:

— A Virgem Santíssima é testemunha de que nada fiz contra as leis divinas.

— Então não confessas o teu erro?

— Que erro?

O juiz insistiu:

— Se não confessares e não pedires perdão por teus crimes, serás condenada.

— Sou inocente! — gritou Ângela.

Diante de tal resposta, o juiz olhou para o sacerdote e disse-lhe:

— Raspe-lhe a cabeça.

— Queimem logo a bruxa! — bradou outra vez um colono.

Nesse momento, rasparam-lhe a cabeça e a prenderam com as mãos para cima em um poste, rodeado por toras de madeira, lascas, gravetos e palhas. Do alto, ela pôde ver a expressão de vitória estampada no rosto sinistro de Filipe, que com um lenço à boca tentava sufocar a tosse insistente. No entanto, sua expressão logo mudou ao olhar para o lenço e ver que a cada dia expelia mais gotas de sangue.

— Que Deus tenha misericórdia de tua alma! — disse o arcebispo, recebendo de um monge uma lança contendo na ponta uma cruz de ferro incandescente.

Indiferente e frio, o arcebispo aproximou a cruz avermelhada e apertou-a na testa da inocente mulher. Nesse momento, Ângela soltou um grito longo e desesperado. Ao retirá-la, ele deixou a marca enegrecida do poder dos homens.

— Tua alma será redimida pelo fogo purificador — disse o sacerdote.

Enquanto a fogueira era acesa e Ângela desmaiava, sufocada pela fumaça, sem despender um gemido sequer, um médico se reunia a alguns agitadores para pagar-lhes pelo serviço prestado.

Depois de o fogo ter-se apagado e de Ângela estar morta, algumas mulheres retiravam do madeiro o que sobrara da santa mulher. Elas escondiam seu pranto de gratidão e oravam por sua alma bondosa.

Temendo o mesmo destino, uma delas comentou discretamente:

— Não compreendo como alguém pode ser julgada e condenada sem provas. Tantos antros de embriaguez e devassidão, jogos de cartas e dados, e preferem condenar esta pobre mulher que só fez o bem. Justiça estúpida essa dos homens!

— Ah, minha senhora — disse a outra —, curar a loucura dos homens é trabalho para quem entende, pois do contrário acabaria demente também!

Outras mulheres menos sensíveis começaram a apontar o poste repleto de cinzas e olhavam para suas filhas dizendo-lhes:

— Vê, era uma bruxa malvada que tinha poderes malignos! Mas foi purificada pelo fogo santo!

Filipe, que a tudo assistia friamente, distanciou-se e deparou com o guarda que atiçara a multidão, o qual estava abrindo a bolsa e contando os cinqüenta florins de ouro. Ele pegou uma das moedas, um exemplar com a efígie de São João Batista, e apertou-a contra os dentes, tendo a certeza de que era realmente de ouro.

Donatto, chegando à praça, percebeu que sua próxima vítima, com cuja visão poderia denunciá-lo, já não representava nenhum perigo; estava morta.

Após alguns instantes, Donatto retornou ao velho castelo, desta vez trazendo ao cinto duas espadas e uma faca, com uma expressão tenebrosa de prazer. Disse a Leonardo:

— Então, estás feliz? Não querias compreender a natureza humana? Eis o teu banquete!

— Estás cometendo um erro injustificável — disse Leonardo, ainda tentando se desamarrar. — O que fizestes com o homem culto que havia em ti, cheio de conhecimentos profundos, de sabedoria e moral irrefutáveis, que inspirava confiança à família Médici, a ponto de confiar-te seus filhos?

— Aquele homem não mais existe — disse Donatto constrangido, confuso e perturbado diante de tal questionamento —, pois o tormento por que passei ninguém jamais o sofreu. O mundo somente aceita quem reluz a polidez de uma educação esmerada, vinda da fartura e da opulência; são os detentores das riquezas e os homens de muitas posses que são respeitados. Os adúlteros recebem as honras do mundo, e os fiéis são chamados tolos. Tentei ser bom e honesto como educador; entretanto, o mundo não reconhece aquele que tenta vencer, mas apenas o vencedor. Onde está o valor do sábio, do fiel, do legítimo e do pobre, que sabem pela experiência?

— À primeira vista é assim — disse Leonardo na intenção de desanimá-lo —, mas vejo, sem nenhuma sombra de dúvida, que um homem justo e verdadeiramente sábio paira sob os néscios. Se os homens não o reconhecem, é certo que há um ser supremo que a tudo perscruta, desde as mais íntimas reflexões, e faz seu julgamento sobre pobres e ricos, cultos e ignorantes.

— Oh, estás enganado! Devo banir, solapar para sempre todos os filhos do pecado, a fim de que o mundo não conheça a fome, a miséria moral e a orfandade!

— Matar é teu método de fazer viver? É preciso edificar para abolir os erros, não destruir! És na verdade um destruidor inveterado, e tua loucura terminará por destruir tua alma imunda.

— Cala-te! — disse Donatto, esbofeteando-o e espumando de raiva. — Não ouses proferir mais nenhuma palavra! Sou um homem disciplinado e já decidi o momento certo para matar-te!

— Assim ages porque estou amarrado — disse Leonardo, tentando-o e limpando com o ombro o sangue que lhe escorria do lábio cortado. — És um covarde e não tens a capacidade física nem moral de travar comigo um duelo justo, de homem para homem, na espada!

— Há! Há! — gargalhou Donatto. — Tu não passas de um garoto de cozinha! Nunca tocastes em uma espada e não tens vigor para tal desafio!

— Não abrevies tua desdita — disse Graccielli para Leonardo. — Duelarás com quem ensinou esgrima aos filhos dos Médici! Oh, meu irmão — disse, voltando-se para Donatto —, exigirás virilidade hercúlea de um homem debilitado pela alimentação e alquebrado pela delicadeza proposital de quem sempre valorizou a sensibilidade artística?!

— Ele o pediu — disse Donatto, retirando da bainha uma faca afiada e cortando as cordas que prendiam Leonardo. Em seguida, jogou-lhe uma de suas espadas.

Leonardo se viu diante da imagem de seu pai, que um dia o obrigara a duelar. Porém, desta vez, ele tinha optado por essa decisão. Tomou coragem, pois a vida ensinara-lhe a não retrogradar diante dos novos desafios. Então, levantou-se, tomou da espada e, saindo do cubículo, se posicionou. Desta vez, não na defensiva, mas começou pelo ataque.

Donatto desviou-se e, admirando-o, disse com desdém:

— Ora, ora, pensei que preferias a pena; no entanto, vejo que me proporcionarás uma interessante diversão. Ataque-me!

Ora afastando-se, ora tomando a dianteira, os dois se debelavam num duelo de vida e morte. Leonardo realmente não sabia nem ao menos segurar corretamente a espada, mas sua vontade de viver dera-lhe inspiração, e pensava que, afinal, não era difícil espetar alguém com um objeto tão afiado. Se quisesse apenas paralisá-lo sem matá-lo, sabia que bastava um rasgão nos nervos das coxas e lhe cercearia os movimentos dos membros inferiores. No entanto, se quisesse matá-lo, sabia bem onde havia uma artéria vital, de fácil acesso no pescoço, e para isso bastaria um golpe. Sua intenção era a primeira.

Graccielli estava assustada. Leda, porém, pensava numa forma de livrar Leonardo daquela situação. Aprendera com o tempo a ter coragem para reagir. Olhou para Graccielli e viu que ela trazia no cabelo uma presilha afiada. Então, pegou-a com a boca e, com movimentos rápidos, soltou-se das cordas que a amarravam. Lançou um olhar significativo para Graccielli, que se aproximou para soltá-la. Ambas esperaram o momento ideal para agir.

Enquanto Donatto e Leonardo lutavam, Graccielli e Leda subiram as escadas. Porém, logo foram vistas.

Leonardo aproveitou o desvio do olhar do inimigo e, deixando de lado a espada, derrubou-o no chão, tentando imobilizá-lo. No entanto, ele se livrou e esmurrou Leonardo, partindo, em seguida, em direção a Leda.

Graccielli tomou de uma tábua abandonada e, com força, bateu na cabeça do irmão, que caiu desacordado. Assustada, Graccielli disse com pesar:

— Deus do Céu! Será que o matei? Ah, meu pobre irmão, perdoa-me! Se tivesses te casado com a doce Isabela, serias mais feliz. Mas preferistes o dinheiro de Paula.

— Quem? — questionou Leda.

— Isabela — respondeu Graccielli — era o nome da jovem por quem Donatto se enamorou. Era uma donzela de olhos azuis e fala suave que se entregou a ele. Porém, ele a desprezou em busca da fortuna de Paula.

— Minha mãe se chamava Isabela — disse Leda, temendo as coincidências.

— Oh, Virgem Santíssima! Que idade tens?

— Dezoito.

— Sim! Pareces muito com ela, e tua idade coincide com... Santo Deus! — disse cruzando as mãos sobre o peito. — És a filha de meu irmão! Mas ele nunca soube...

Nesse instante, enquanto estavam distraídas, Donatto recobrou a consciência e, retirando um punhal que tinha prendido dentro da bota, avançou sobre Leonardo. Leda, num gesto rápido, colocou-se à sua frente, vindo a receber a fatal punhalada na altura do estômago.

— Não! — gritou Leonardo ao ver o sangue da amada jorrar pelo chão. — Não morra! Ela era tua filha! Que morras tu, infeliz!

Graccielli estava certa de que o irmão perdera totalmente a razão; estava completamente desorientado. Com os olhos arregalados, ela fixava o irmão, sem forças para reagir. Enquanto Leonardo chorava, tendo a jovem nos braços, Donatto falou friamente:

— Tu és um ingrato! Poderia ter-te tornado um homem rico, mas não foste disciplinado o bastante para concluir teus projetos! Sei que fiz um imenso favor à ciência, fornecendo cadáveres para teus estudos e o de teus amigos! Deverias agradecer-me! Sem minha ajuda...

Leonardo, contendo o pranto, falou:

— Agora compreendo. Oh, quantas surpresas! Tu eras o "amigo da ciência" que fornecia cadáveres seguros para estudarmos! — disse Leonardo, retirando a própria camisa para estancar o sangue de Leda. — Mas a que preço fizeste tais ações? A morte de inocentes?

— Ora, tudo em nome da ciência! — falou Donato com ironia. — Viste tu mesmo que não há nada além de carnes e ossos. Isso é o ser humano, não há alma. Isso é uma ilusão! Ela não existe! Morrendo o corpo, tudo se acaba...

— Toda vida emana de Deus e merece nosso respeito — disse Graccielli.

Sua fala fora interrompida pelo tropel de cavalos, do lado de fora do castelo. Donatto foi até a porta e viu que se tratava dos soldados de Lourenço. Em desespero, agarrou Graccielli pelo pescoço e saiu arrastando-a escada acima:

— Estou coagido, mas não derrotado! Enquanto estiver com uma refém, nada me farão.

— Deixa-a, não poderás fugir para sempre! — disse Leonardo.

— Cala-te, insolente!

Nesse momento, um grupo bem armado derrubou a porta com a ajuda de uma tora de madeira.

Donatto fugiu, arrastando com ele a irmã Graccielli, que não teve forças para resistir. Com rapidez, subiu até a parte superior do castelo, onde havia muitas tábuas, pois era inacabado. De repente parou, pois ouviu uma voz:

— Ordeno que pare e solte-a imediatamente! — disse Lourenço, empunhando uma espada, tendo ao lado um grupo de vinte homens valentes. — Tenho provas irrefutáveis contra ti, louco assassino!

Donatto continuou subindo as tábuas de madeira, enquanto Graccielli entoava uma fervorosa oração. Por um instante, ele parou, olhou para os lados e, arregalando os olhos, começou a tremer e a gritar, atraindo mais a atenção dos que estavam lá embaixo, gritando para que ele descesse e libertasse a jovem.

Aterrorizado, Donatto via um grupo de espíritos rodeando-o, esvoaçando de um lado para o outro. Assustado, começou a gritar:

— Parem! Isto não é real, mas ilusões de meus sentidos!

— Meu irmão, devem ser — disse Graccielli — os espíritos daqueles que matastes e clamam por justiça.

Enquanto Graccielli falava, Donatto subia mais ainda. Num gesto para tentar espantar os espectros que o confundiam, atravessando-o de um lado para o outro, Donatto desequilibrou-se e despencou de cima, levando consigo a irmã, que gritou desesperada.

Numa queda vertiginosa, tábuas e mais tábuas foram-se quebrando, até que ele e a irmã caíram, num impacto brusco, o qual matou Donatto instantaneamente.

Leonardo correu em direção a Graccielli, na esperança de que, tendo ela caído sobre o irmão, não tivesse falecido tão tragicamente. Vendo que ela ainda respirava, ele falou-lhe:

— Serás salva. Não te movas, ainda não é tua hora.

Ela ainda podia falar:

— Não me importo de morrer. Finalmente terei um pouco de paz. Minha mãe fez-me jurar jamais me distanciar de Donatto, a fim de que ele não fizesse nenhuma loucura. Falhei, não pude evitar. Mesmo sendo mais jovem que ele, eu deveria tê-lo impedido. A morte não me assusta...

Ela tentou falar, mas sua voz foi embargada por um jato de sangue que rompeu de seu tórax ferido internamente. Pendendo a cabeça nas mãos de Leonardo, a jovem desfaleceu.

Do outro lado, Leonardo ouviu um gemido. Leda ainda estava viva.

Ao ver Sandro chegar, Leonardo rogou-lhe um favor:

— Meu amigo, graças a Deus! Sabes tu onde estão meus instrumentos de alquimia. Vá com a velocidade do vento e os tragam para mim.

— Irei imediatamente.

Lourenço aproximou-se pasmo diante dos últimos acontecimentos e disse:

— Os crimes estão solucionados. Felizmente, papai não está vivo para ver que seus filhos foram confiados a um assassino. — Voltando-se para os soldados, falou: — Homens, tirem os corpos daqui e depois interditem este lugar!

Lourenço caminhou pelo local e viu que estava repleto de caixotes. Abriu-os e revirou um incontável número de desenhos de estudos anatômicos, então perguntou:

— O que é isso?

Leonardo não respondeu, pois percebeu que Leda já estava encharcada de sangue; então, pediu a camisa de Lourenço, que imediatamente a cedeu. Leda estava pálida, mas ainda vivia. Lourenço continuava vendo os desenhos, pasmo e curioso. Um tanto aterrorizado, não gostou do cheiro de carne humana apodrecida que exalava das caixas e disse:

— Ela precisa de um médico?

— Não, obrigado, senhor. Eu mesmo cuidarei dela.

— Comunicarei aos juízes o que aconteceu neste lugar. Não há mais o que investigar. Isto não é nada magnífico. É estranho que este senhor Donatto tenha sido tão dedicado professor, no entanto possuía uma mente tão cruel e fria. Para meus filhos, cuidarei de encontrar alguém de confiança. Talvez um dos nossos advogados. Conheces senhor Bernardo Maquiavel?

— Não, mas conheço seu filho, o jovem Nicolau. É um estudioso dos clássicos latinos — disse Leonardo, incomodado pela falta de sensibilidade do duque.

— Bem, a hora não é oportuna para tal assunto, devo ir. Amanhã alguns homens virão aqui para interditar e limpar este lugar. Teu nome não será envolvido se não tornares a estudar cadáveres humanos.

— Agradeço, nobre Lourenço, mas já não me importo.

Instantes após a saída de Lourenço, Sandro chegou com a caixa de madeira repleta de frascos escuros tapados com rolhas. A expressão de seu rosto denunciava o que tinha visto na cidade. Com dificuldade, ele falou:

— Meu amigo, as notícias que trago não são boas.

Sem ouvi-lo, Leonardo abriu a caixa e retirou um frasco marrom, do qual derramou o líquido transparente sobre a ferida aberta de Leda.

Em seguida, abriu um pacote de panos, desenrolando-os, de onde retirou uma pasta feita de madeira vermelha, impregnada de uma substância viscosa, com a qual preencheu a ferida, imediatamente enfaixando o abdômen da jovem com os panos desenrolados. Vez ou outra, enxugava uma lágrima que insistia em rolar de seus olhos. Com cuidado, ele derramou algumas gotas de um líquido amarelado, o qual a jovem engoliu com muito esforço.

— Vamos — disse Sandro, percebendo que o amigo não estava em condições de ouvir o que acontecera a Ângela —, não a deixemos neste lugar. Procuremos um lugar limpo. Bem sabes que aqui não é um lugar abençoado.

— Não sairei daqui enquanto ela não se restabelecer.

— Meu amigo, ela está morta!

— Não está! — ele gritou em desespero e com a voz embargada. — Ela apenas dorme.

— Como o sabes? — insistiu Sandro.

— Eu sei!

— Ficarei lá fora te aguardando o tempo que for preciso. Rezarei por vós.

Algum tempo se passou. Lá dentro, num acesso de fúria contra a morte, Leonardo rasgou todos os desenhos anatômicos que fizera enquanto estudava anatomia humana, animal e botânica.

Do lado de fora, Sandro estava inquieto; sua mente não permitiu que ficasse esperando sem nada fazer. Precisava dar juízo ao amigo, que talvez tivesse enlouquecido. Então, resolveu entrar.

CAPÍTULO 14

# *Da Arte pela Arte*

SANDRO VIU QUE Leonardo estava ajoelhado ao lado do corpo de Leda. Recolheu com pesar os desenhos que retratavam com fidelidade músculos, ossos, veias, nervos e vísceras.

— Meu amigo — disse compreensivo —, o que queres? Fazer milagres?

Leonardo virou-se com os olhos vermelhos de um pranto sincero e falou:

— Fui um covarde. Poderia tê-la tornado minha esposa, ter tido lindos filhos que alegrariam minha vida para sempre. Eu lhes ensinaria desde pequenos a desenhar, a pintar e a descobrir os mistérios da natureza. — Voltando-se para o corpo inerte da mulher amada, mergulhou a face em seus louros cabelos e chorou: — Oh, Leda, agora estás morta! Eu poderia ter te amado mais que a mim mesmo. Infeliz agora sou.

— Levanta-te, meu amigo — disse Sandro, emocionado. — Tu a amaste, eu sei.

— Não — respondeu Leonardo —, só pensei em mim. Sempre estive muito preocupado com minha arte, os elogios da Corte, o dinheiro dos monges e dos mecenas, minha fama e glória e minhas descobertas. Para quê? Agora, que ânimo terei para continuar se já não a tenho para me inspirar? Eu a fiz esperar demais! Fui um covarde; ela era mais corajosa que eu. Farei com que volte a viver. Sim, ela merece viver.

Sandro tentou de todas as formas consolar o amigo, dizendo-lhe:

— Pensa um pouco. Não te culpes, a vida às vezes prega-nos uma peça. Quando pensamos que estamos vivendo, estamos morrendo, e quando pensamos que morremos é quando mais vivemos. Afasta-te e deixa-a livre...

Por alguns instantes, Leda pareceu retornar à vida, movendo os olhos e respirando com dificuldade. As últimas gotas do líquido amargo tinham-lhe dado mais alguns momentos de vida, instantes estes que lhe serviriam para consolar seu amado.

Leonardo, eufórico, falou:

— Vê, Sandro! Ela está viva! Está viva! Minha querida, vou levar-te para casa, assim poderás restabelecer-te completamente.

Sandro aproximou-se, encabulado.

Num esforço sobrenatural, Leda conseguiu falar:

— Não tenho muito tempo, meu amado. Quem sabe, algum dia, encontremo-nos em um outro mundo onde não haja medo nem tristezas... Onde a perfeição da arte supere todas as nossas visões... Lá compreenderás profundamente a anatomia dos corpos e a constituição do espírito... E o meu eterno amor...

Leonardo se banhava em lágrimas quentes e desesperadas. Dizia entre um soluço e outro:

— Não morras, amada musa! Fique comigo, minha amada! Por que todas as pessoas que amo precisam ir?

— Não chores — disse Leda carinhosamente. — És sensível e deverás viver longamente para que ensines aos homens o valor da sensibilidade... Viva da arte e pela arte. Hoje compreendi que às vezes o caminho da busca é melhor que o momento do encontro. Não levo nenhuma mágoa contra meu pai, nem tu deverás carregar contigo qualquer mágoa. Vou leve, sem peso, sem rancor. Trilha teu caminho com fé, pois o mundo precisa de ti.

Leonardo enxugou as lágrimas que lhe ofuscavam a visão e insistiu:

— Não posso compreender do que falas! Por que eu? Por que nós?

Ela estendeu a mão, indicando os desenhos rasgados e espalhados pelo chão, como se quisesse pegá-los. Leonardo reuniu alguns e os levou até suas mãos ensangüentadas. Ela os pegou, os juntou às mãos trêmulas de Leonardo e os apertou contra o peito dizendo:

— Eis a tua companhia. Devota teu espírito para a tarefa nobre e bela que deverás empreender, a fim de restaurar a flexibilidade de que a humanidade precisa para evoluir. Ensina o homem a pensar, mostra-lhe a imortalidade, domina teu gênio e não desanimes, pois toda boa obra gera, num mundo atrasado, inúmeras vicissitudes. Não te importes com os inimigos da verdade; a eternidade mostrará que o triunfo pertence àqueles que perseveram em beneficiar a humanidade. Utiliza tua inteligência para construir, pois a semente que deixares será árvore frondosa, cujos frutos serão ceifados e cultivados pelos que virão depois ti. Vive a vida semeando boas obras, nunca te entregues ao pessimismo, não olha nunca para trás e não te preocupes com as glórias que obterás por teus fantásticos feitos. Caminha semeando e criando; quando chegares ao fim de teus dias na Terra, terás as mãos cheias de luz e iluminado um caminho nunca antes trilhado.

Após dizer tais palavras, as quais tocaram profundamente a alma de Leonardo, ela murmurou:

— Até logo, meu único e eterno amor — ela disse, pendendo pela última vez a cabeça.

Leonardo abraçou-a e chorou copiosamente. Mais uma vez, ele deparava com as sombras da morte. Porém, dessa vez, não se sentia tão desamparado. A beleza da face de Leda o fez lembrar o amor que sentira por seu avô. Sua mente em confusão refletia repetidamente a imagem do avô com o rosto enrugado, marcado por inúmeras experiências de vida em longos anos de existência. Aos poucos, a imagem que tinha em sua mente de um ancião se transfiguravam em um rosto jovem, sem rugas ou marcas, os cabelos sedosos, e os lábios redondos de Leda que outrora beijara com amor. Leonardo estava confuso, pois via diante de si os dois seres que mais amara no mundo indo embora. No entanto, percebeu que não era o corpo que denunciava a sabedoria, mas o espírito, pois aquelas foram as duas pessoas que mais lhe ensinaram. Já não temia a morte; para ele, já não havia nenhum mistério. A ciência seria sua companheira, a fé, seu guia, e o amor pela verdade, seu irmão mais próximo. Teria ousadia para criar um novo estilo que haveria de fazer renascer o belo, o expressivo, o espiritual. Morria o velho dentro de si, renascia o novo.

Leonardo a pegou nos braços e voltando-se para Sandro disse-lhe:

— Um dia, jurei que nunca me apegaria às pessoas nem às coisas.

— E então?

— Aprendi a não me apegar às coisas.

Sandro tocou seu ombro e disse:

— Conforta-te, não há razão para os anjos permanecerem na Terra. Vem, meu amigo. Ali perto tem uma capela; vamos levá-la para lá. Então descansarás, enquanto cuidarei de tudo. Queira guardar na lembrança apenas os momentos bons entre tu e Leda. As freiras cuidarão para que ela tenha um sepultamento digno.

Leonardo estava profundamente consternado. Não queria se separar de sua amada. Para isso, foi preciso que Sandro a entregasse às bondosas irmãs e relatasse o ocorrido.

Eles caminharam até um pequeno convento, onde o corpo de Leda foi entregue às bondosas irmãs. Sandro deixou uma boa soma em dinheiro e recomendações de extremo cuidado com o sepultamento.

— Vamos, meu amigo — disse Sandro. — Não precisas sofrer mais. Eu te levarei para casa.

Leonardo não conseguia raciocinar direito. De alma extremamente sensível, rogava à morte que o levasse.

Amparado por Sandro, chegou em casa, deitou-se e dormiu doze horas seguidas. Sandro, também muito cansado, foi para sua casa, sem conseguir contar que Ângela havia sido queimada viva, sob acusação de bruxaria.

No dia seguinte, Leonardo acordou, banhou-se e foi até a grande caixa em que guardava suas roupas e pertences. Lá estava o velho baú que o avô lhe dera. Porém, desta vez, os mesmos desenhos e as mesmas inscrições se lhes figuraram de uma forma diferente. Estavam mais claros, nítidos; já não lhe eram complicados. Ele chorou ante a idéia de extrema solidão. Mas não estaria só, pois aquelas experiências o acompanhariam por toda a vida.

Naquela tarde, Sandro retornou para ver o amigo. Junto, trouxe Piero, que veio se despedir. Estava de partida para Roma e levaria consigo a filha. Piero não imaginava que, em pouco tempo, ele se tornaria um mestre respeitado, tendo como aluno o jovem e talentoso Rafael.

Eles se despediram.

Leonardo ainda estava atormentado pelos últimos acontecimentos, mas teve forças para perguntar a Sandro:

— Procurei Ângela, mas não a encontrei. Viste-a por acaso pelas ruas?

Sandro sentou-se e falou com calma:

— Amigo, deves ter percebido que Ângela não mais está entre nós.

— O que houve com a santa mulher?

— Sinto muito dizer-te, mas ela retornou para Deus de forma cruel e desumana.

— Dize-me! — insistiu Leonardo. — Nada mais pode perturbar-me.

Sandro respirou profundamente e falou:

— Ela foi queimada sob acusação de bruxaria....

— Quê? Assassinos!

— Por favor, Leonardo, tende cuidado com o clero, pois eles não hesitam em derramar o sangue daqueles que não coadunam com suas idéias.

Leonardo sentiu as pernas perderem as forças que restavam. Sentou-se em silêncio por alguns instantes, estupefato. Parecia que seus olhos já haviam chorado todas as lágrimas. Ele tinha apenas duas opções: libertar-se da crueldade do mundo, adentrando no mundo da loucura, ou esconder-se de qualquer sentimento, fechando seu coração para o amor humano, dedicando-se à arte, apenas à arte, em seu último refúgio.

CAPÍTULO 15

# Mudança para Milão

Alguns meses depois, numa belíssima tarde, os raios delicados do sol pareciam negar-se a se despedir da paisagem, dando lugar lentamente à penumbra silenciosa, calma e acolhedora. Leonardo, sem ter noção da hora, secava seu pranto com pinceladas nostálgicas, empenhando-se em trabalhar na "Adoração dos reis magos", encomendada pelo mosteiro, e no quadro de "São Jerônimo".

Com o tempo, ele adquiriu o hábito de ficar longos momentos em silêncio, observando os detalhes de cada expressão desenhada. Esquecia-se do resto do mundo, colocando-se em total concentração. Tornou-se cada dia mais solitário, evitando sair à rua ou mesmo receber visitas. Já não aparava as pontas do cabelo, como gostava de fazer ele mesmo, com perfeição. Da mesma forma, a barba, que nunca deixara mostrar-se, crescia vertiginosamente, cobrindo-lhe a face com fios dourados, mudando-lhe em muito a expressão delicada de adolescente para a de homem amadurecido pelos reveses da vida.

Num desses momentos reflexivos, deixara-se vagar por inúmeras lembranças: do alvo sorriso e da influente coragem de Leda, dos curtos momentos agradáveis que viveram, sem imaginar o que o cruel destino lhes reservava.

Sentiu-se enlouquecer numa tempestade interior. Num ímpeto, levantou-se e preparou uma tábua nova. Sentou-se diante dela e começou a pintar com a ponta dos dedos um rosto desconhecido; logo depois, com a palma das mãos, pintou os cabelos. Insatisfeito, pegou mais tinta de variadas cores e começou a deslizar a fina massa colorida por entre os dedos, borrando toda a pintura e deixando-a uma intensa confusão, até que olhou para as próprias mãos e lambuzou o próprio rosto com as tintas que escorriam com as lágrimas que brotavam de sua face multicolorida. Num ímpeto de cólera, jogou longe a tábua desfigurada, coincidindo com sua mente confusa e aturdida. Ao perceber a loucura que acabara de cometer, chorou efusivamente até se cansar. Depois de algumas horas, ficou em total silêncio, deitado no chão, observando o caos.

O silêncio apenas exterior fora quebrado quando recebeu a visita de Sandro, que disse ironicamente e de supetão, após entrar pela porta da cozinha entreaberta:

— Está ficando magnífico! Continue.

— Santo Deus! Misericórdia! — saltou assustado, pois caindo em si percebeu que estava todo pintado. — Podes rir de mim, mas não penses que enlouqueci!

— Não rirei de ti, mas aconselho-te um banho demorado — sorriu Sandro.

— Acho que estou mesmo enlouquecendo — disse Leonardo, levantando-se e se olhando no espelho.

— Credo! — ralhou Sandro. — Que tens, amigo? Devemos estar preparados para perder de vez em quando. Não o vejo mais nas ruas? Ei, estamos vivos, a vida continua!

— Deixa-me sozinho, é o meu destino. Minha sina é viver só. Se ficares comigo, logo morrerás.

— Quê? Estranhas-me? Sou eu, teu amigo! Não penses que a chaga de um amor se fecha da noite para o dia. Não podes te entregar ao desânimo. Não há sofrimento que dure para sempre. Há tantas outras belas donzelas que dariam toda a riqueza de seus pais para tê-lo!

— Nunca outra mulher morrerá por minha culpa! — jurou em voz alta. — Não saias daqui. Vou me lavar e já volto. Foi apenas um lapso de fraqueza humana.

Leonardo deixou o amigo um tanto encabulado. Enquanto se lavava, Sandro colocou ordem no lugar. Quando retornou, ficou desconcertado e um tanto envergonhado. No entanto, Sandro cuidou de consolá-lo:

— Estás cansado. É isso.

— Talvez — disse Leonardo com voz suave. — Por isso peço que me perdoes. É que noite e dia estudo profundamente cada forma de vida e, olha, já consegui reunir mais de cem figuras entre humanas, animais e objetos, mas não creio ser o bastante; parece-me faltar algo.

— Abandonaste o "São Jerônimo"? — perguntou Sandro, referindo-se ao quadro que Leonardo começara a pintar sobre o santo.

— Não, apenas deixei-o de lado por um tempo. Para fazê-lo com perfeição, teria de voltar aos cadáveres e não quero estudar anatomia nestes dias.

— Tens razão. Compreendo-te perfeitamente.

Sandro aproximou-se do desenho da Adoração e vendo a figura de um rosto à direita perguntou:

— És tu este aí do canto?

— Pode ser. Não sei mais quem sou.

O amigo percebeu a profunda tristeza nos olhos do jovem Da Vinci, dos quais pareciam querer derramar uma torrente de lágrimas represadas, então falou:

— Irmão, compreendo tua solidão. Às vezes, tenho a sensação de que és forte o bastante para suportares as mais cruéis dores e perdas; no entanto, percebo que estás bem abatido desde que Leda se foi. Já não te alimentas com dedicação e cuidado como antes; estás tão pálido e emagrecido; precisas reagir, cortar o cabelo, a barba!

Sandro aguardou alguma resposta, mas, vendo que o amigo nada dizia, insistiu, pois não suportava vê-lo daquela forma. Aquele que sempre lhe inspirava admiração agora despertava pena e comiseração. Uma idéia, porém, lhe sobreveio à mente:

— Está indo para Milão — disse ele de repente — um grupo de artesãos em busca da prosperidade vinda da rica bolsa do duque. Acho que deves ir. Terás onde morar e minhas economias não são muitas, mas é o bastante para ajudar-te a passar um ano até que descubram teu talento.

— Vá tu, meu amigo. Depois irei. Preciso terminar a "Adoração" e "São Jerônimo"; caso contrário, continuarão dizendo que nunca termino meus trabalhos.

— Não vou — disse Sandro —, tenho encomendas aqui. Lourenço ainda é meu mecenas. Quanto ao que dizem de ti, que importa? Se tu buscas a perfeição, não deves dar ouvidos aos que pouco ou nada entendem da alma de um pintor.

— Ah, meu amigo, do pouco que me conheces já deves ter percebido que não me prendo a horários rígidos! Gosto de liberdade para agir, de enfrentar desafios. Prefiro deixar de fazer algo a fazê-lo malfeito. Sim, busco a perfeição, a máxima eficiência. O dinheiro nunca foi meu principal objetivo, bem o sabes.

— Nem o meu, mas um cadinho justo no final do mês faz bem às contas. Além do mais, estou ajudando um grande amigo, cuja doutrina secretamente avança a cada dia, cativando um sem-número de seguidores. Tal qual o Cristo, ele fala nos lugares mais ermos, para pobres e ricos, com o mesmo rigor e naturalidade. De sol a sol, caminha pregando a justiça e a volta dos hábitos puros entre os homens. Foi preciso que inventássemos uma cadeira dobrável, a fim de que ele pudesse carregá-la e sentar-se para descansar entre uma jornada e outra.

— De quem falas? — questionou Leonardo.

— Do monge Savonarola. Não declaro abertamente ser seu seguidor, mas concordo com seus pontos de vista. A luxúria em que vivem os ricos desta cidade é uma ofensa aos miseráveis que mendigam um pouco de pão noite e dia na calçadas das ricas igrejas, sendo desprezados como cães sem alma.

— Mas, Lourenço, o ele que diz?

— Seu interesse é a política, porém sua paixão está nas artes. Concordo que a visão de um belo quadro pode alimentar a alma, mas para que a alma continue no corpo é preciso nutri-lo.

— Tens razão. Acredito que tal situação tornar-se-á ainda pior.

— De que falas?

— É apenas uma sombria sensação, como a que tenho, às vezes, quando penso que Leda não está morta — falou Leonardo, prendendo para trás os cabelos que lhe incomodavam os olhos.

Sandro assustou-se:

— Credo! Acaso não a viste morrer?

— Sim, mas não a vi sendo sepultada. Tu, sim, a viste ser enterrada; eu não. Talvez por isso tenho essas terríveis sensações.

— Eu não a vi — respondeu Sandro.

— Quê? — perguntou Leonardo, assustado. — Mas...

— Na verdade, entreguei seu corpo às irmãs do convento. Eu já não podia fazer mais nada; além do mais, precisava cuidar de ti, que estava vivo, mas inconsolável! Temia que fizeste alguma loucura.

Leonardo deu um salto e, segurando a gola do amigo, falou com os olhos arregalados:

— Quero ver agora mesmo o túmulo de Leda!

— Acho bem difícil, já que as irmãs jamais aceitarão que entres no convento.

— E quem disse que pretendo pedir permissão? — disse Leonardo, decidido. — Vou agora mesmo, e tu irás comigo!

— Não posso, meu amigo, já é tarde. Preciso ir. Amanhã partirei para Veneza com Lourenço. Se eu fosse tu, não pensaria mais neste assunto; acabarás sendo preso. Adeus!

— Covarde!

— Só não pretendo mexer em túmulos. Não viste o mau agouro?

— Supersticioso!

— Está bem! Amanhã, antes do amanhecer, eu te ajudarei.

Tão logo Sandro saiu, Leonardo começou a traçar seu plano. Naquela mesma noite, escalou o muro do convento, não demorando muito a ter acesso ao cemitério no fundo do quintal. Observou todas as lápides e não viu nenhuma com o nome de Leda. Então, voltou para casa, disposto a retornar no dia seguinte e falar com as freiras.

Logo que amanheceu, Leonardo encontrou-se com Sandro e disse-lhe:

— Não quero envolver-te. Vai, o príncipe te espera.

Sandro sentiu-se aliviado e respondeu:

— Tens certeza?

— Claro! Espero que as irmãs do convento me recebam. Deseja-me sorte.

— Deus te acompanhe.

Leonardo já esperava que as irmãs não quisessem recebê-lo, por sua fama de roubar cadáveres, mas não imaginou que não pudesse nem atravessar os portões. Depois de insistir muito e explicar o que queria, foi embora desanimado. Após distanciar-se, uma freira foi a seu encontro e apenas disse-lhe:

— A Leda que procuras não mais vive. Deves rogar a Deus que sua alma tenha paz, onde quer que esteja.

Leonardo voltou para casa, mas não conseguia se livrar das amargas lembranças dos últimos dias. Nesse período, estudou com afinco os livros deixados por André. Passou alguns meses estudando cada um e, às vezes, esquecia-se de se alimentar. Sabia que não poderia comentar com ninguém que estava estudando livros que falavam profundamente sobre teologia, matemática, história, geografia, biologia e leis. Isto porque muitos deles questionavam assuntos que, para a

Igreja, seriam considerados perigosos, haja vista que o clero deixava bem claro que o conhecimento que não fosse totalmente a favor da Igreja era contra e merecia ser purificado com o fogo, bem como o detentor de tal conhecimento.

Certa noite, quando havia lido até tarde com a ajuda das velas, pois queria terminar de ler o último livro da casa, Leonardo adormeceu na sala e acordou com um barulho. De repente, despertou assustado e caminhou em direção ao ruído, vindo do porão. Desde que Leda deixara o mundo dos vivos, nunca mais fora àquele local. No entanto, se viu obrigado a verificar o que se passava. Com um castiçal na mão, desceu as escadas, a fim de verificar a razão do barulho. Lá chegando, iluminou todo o local e perguntou:

— Quem está ai? Tem alguém aí? Apareça!

Nenhuma voz se manifestou. No entanto, continuou andando pelo local, relembrando os momentos felizes que passara com Leda, desde o primeiro dia em que a vira. Notou que pisara em um pequeno crucifixo, cujo cordão de couro preto estava rompido. Pegou-o e, levando-o aos lábios, chorou copiosamente. Era o mesmo que Leda usava quando foi levada por seu algoz. Leonardo ajoelhou-se em prantos e de olhos para o alto começou a orar como havia muito não fazia ou talvez nunca tivesse feito. O artista que o visse nessa posição poderia inspirar-se para pintar a cena do Cristo no Getsêmani, ante o cálice amargo, tão dolorosas pareciam suas feições de angústia e sofrimento. Porém, acima de tudo, buscando autorização do Alto para continuar com seu calvário, rogou: "Oh, Deus Todo-Poderoso! Não sei rezar! Às vezes me esqueço de ti, mas sei que tu não te esqueces de mim. Se me ouves, rogo-te que me leves para teu seio. Já não suporto tanta solidão, incompreensão e sofrimento interior. Leva-me para estar contigo; não posso mais viver neste mundo. Livra-me de tão difícil tarefa. Não suporto mais; prefiro a morte certa à vida de ilusões. Por que eu? O que fiz para merecer esta vida?"

Assim, ora rogando, ora maldizendo, ora agradecendo, ele deitou-se e não se deu conta de que ali ficara dois dias. Em total silêncio, conseguiu por um momento equilibrar sua mente e seu corpo. Já não sentia fome, nem sede, nem sono, nem angústia. Nesse instante, sentiu apenas que uma força o impelia para continuar vivendo, lutando com suas próprias forças, pois não estava sozinho. Que deveria ter fé, esperança e coragem, esquecendo-se de si mesmo e pensando no quanto seria importante para o mundo se viesse a desenvolver seu talento para o bem de todos.

Leonardo despertou e decidiu que já era hora de modificar sua vida. O primeiro passo seria sair de Florença o mais rápido possível. Pediu: "Oh, Deus, se não me retiras do mundo, pelo menos me levas para longe daqui!".

Naquela tarde, logo após o banho e uma boa alimentação, ele recebeu a visita de Lourenço Credi, que lhe informou sua decisão:

— Venho despedir-me de ti, pois estou indo para Milão. Há novidades fora de Florença; o grande mundo não gira ao redor do pequeno Arno.

Aquelas palavras lhe calaram profundamente na alma. Então, Leonardo perguntou:

— E o que há de bom lá fora?

— Saiba que, após a morte de Francesco Sforza, contam que Ludovico usurpou o título de duque. Agora esbanja dinheiro, embelezando a cidade para cativar o povo. É aí que entrarei com minha arte. — Parou um instante e falou-lhe, olhando-o melhor: — O que tens? Estás abatido. Ficaste doente? Sandro me disse que estavas sofrendo, mas ando tão ocupado que não pude ver-te antes. Não te recuperaste ainda do que aconteceu no castelo abandonado?

Leonardo respondeu firmemente:

— Agora estou bem melhor, meu amigo. Quanto ao novo duque, não me importo o que o homem faz com seu destino; a Deus pertence tal julgamento — disse, sem usar subterfúgios nem meias palavras. — Admiro teu gesto e não demorarei a fazer o mesmo. Somente buscando novos desafios minha mente se encherá de entusiasmo. Preciso de um desafio e de novas realizações para viver.

— Ora, ora! — brincou Lourenço Credi. — Vejo que o tempo tem te tornado um homem impaciente, não gostando de esperar se não estiver pensando em novas metas.

— Sim. Talvez não seja mais o mesmo. Não há nada para mim aqui em Florença. A arte é minha vida; sem ela morrerei, mas com ela estarei completamente feliz. Não preciso de nada mais além de criar e recriar.

— Nem para mim. Vamos, não para aventuras. O ducado de Milão com certeza nos dará novas perspectivas profissionais. Vamos almoçar em minha casa, tu precisas comer; acho-te muito fraco.

Leonardo voltou a sorrir e a alimentar-se normalmente. Aos trinta anos, já era um homem forte, corpulento e dotado de uma expressão concentrada, com frases diretas, competitivas. Estava decidido a oferecer seus serviços a Ludovico Sforza, o duque Mouro, e seguir para Milão.

Segundo informações de Lourenço Credi, que já havia ido à frente e estava trabalhando como pintor, o duque milanês, cuja idade não ultrapassava a casa dos trinta anos, planejava erigir um monumento em memória do pai. Leonardo aproveitou a oportunidade para também se candidatar à execução da escultura. Idéias não lhe faltavam. Então, cuidou de escrever uma carta bastante convincente ao Mouro, oferecendo seus serviços de pintor, escultor, arquiteto ou mesmo de engenheiro militar. A carta dizia:

*Em paz, creio que posso dar-te tanta satisfação quanto qualquer outro na construção de edifícios públicos e privados. Posso executar esculturas em mármore, bronze ou argila, e em pintura posso fazer tanto quanto qualquer um, seja quem for. E mais: eu me encarregaria da encomenda do cavalo de bronze que preservará com glória imortal e honra eterna a auspiciosa memória de teu pai e a ilustre casa dos Sforza.*

Ludovico gostou da ousadia e mandou chamá-lo imediatamente.

CAPÍTULO 16

# O Duque Mouro

Ao chegar a Milão, Leonardo viu que sua Florença, apesar de menor, superava muito aquele lugar, tanto em beleza quanto em limpeza. No mesmo instante em que se inteirava da nova moradia, aproveitou para procurar Lourenço Credi. No entanto, o amigo havia deixado um recado para ele dizendo que recebera uma encomenda em Roma e para lá partira sem demora. Mais uma vez Leonardo estava só, numa cidade estranha, sem amigos, sem parentes, mas acompanhado de muitas esperanças.

No palácio, o duque havia muito já exercia seu poder sobre os nobres da cidade. Graças às suas artimanhas políticas e muito dinheiro, conseguira comprar todos os homens corruptíveis e incorruptíveis. Sem estar ciente disso, o povo o amava, pois era cativado com ações paternalistas e belos discursos, banhados a banquetes e vinho.

Em seu palácio, que se assemelhava mais a uma imensa fortaleza, Ludovico estava radiante, pois firmaria uma poderosa aliança quando se casasse com a filha do rico duque de Ferrari.

Ludovico, cuja pele morena e cabelos negros tornaram-no conhecido ainda na infância como o Mouro, deixava sua segurança a cargo de Hipólito, fiel como um cão, arrogante como um leão, amigo pessoal e chefe de sua guarda.

Sentado em uma cadeira lapidada em mármore branco, Ludovico tinha pose de rei e como tal falava também a outros, que o bajulavam.

— Minha política de alianças assegurou a supremacia de Milão entre os Estados. Ora, o povo está cansado de guerras. Ao contrário, teremos festa em meu casamento. Quero que seja um banquete inesquecível, invejável e digno de um rei. Não poupe gastos nem esforços; será o casamento mais belo que Milão já viu!

Hipólito respondeu:

— Tens bom gosto, meu senhor. É realmente bela e culta esta tal Beatrice d'Este.

— É também rica! — disse padre Eufrásio, um homem alto, robusto, de expressões severas e olhos fundos, que, até o momento, apenas observava. — Uma bênção dos céus merece ser recompensada com fundos para a Igreja, bem sabes. A capela do palácio está em ruínas.

— Terás tua parcela, padre — disse Ludovico —, mas reze para que tudo venha a contento.

— Rezarei, meu duque. A beleza feminina contagia o homem e o torna menos bruto. No entanto, como pretende o senhor tornar Milão tão bela e imponente como Florença?

Ludovico não titubeou e respondeu olhando para todos:

— Com muito dinheiro, é claro! Não posso negar que um bom casamento rende frutos econômicos. Se necessário, também aumentaremos os impostos.

— Mas, meu senhor — disse Hipólito com falsa bondade —, e o povo não sofrerá?

— Meu caro, se é para o povo que trabalhamos! O povo precisa ver obras. Este foi o erro de meu irmão: pensar que bailes na Corte lhe assegurariam o ducado.

— Soberba concepção, príncipe! — bajulou Hipólito.

Ludovico continuou, desta vez caminhando entre os ouvintes:

— Construiremos canais e fortificações. Milão será a Corte mais esplêndida que se conheceu! Que venham para o seio de Milão os melhores artesãos, pintores, poetas ou músicos! Bem sei que alguns deles já estão na cidade, a meu dispor.

Hipólito olhou-o com ares de admiração. Ambos eram igualmente ambiciosos. Então Ludovico concluiu:

— Teremos esplêndidas cerimônias! Mas onde está Jerônimo? Quero vê-lo imediatamente, a fim de ordenar os preparativos. Chame-o, Hipólito.

— Sim, meu senhor! Com sua licença.

Sem sair do salão, o chefe da guarda fez um sinal a um servo, que saiu em disparada para chamar Jerônimo. Não demorou muito e surgiu, diante do duque, aquele conhecido por todos como "o feio", uma mistura de conselheiro e servo fiel, muito ligado ao duque desde a infância. Apesar da aparência desagradável, sua gentileza fazia as pessoas se esquecerem de sua fealdade e logo se simpatizarem com ele. Curvando-se mais ainda, falou solícito:

— Aqui estou, meu senhor! Aceita minhas desculpas por não estar constantemente em tua presença, magnânimo, mas estava ocupado contratando nova criadagem.

Ludovico disse com autoridade, mas sem ser rude:

— Chamem meu conselheiro e mestre-de-cerimônias. A data de meu casamento está marcada para daqui a um mês. Tenho pressa. No entanto, quero que seja uma grande festa. Providencie a reforma da capela do palácio e mande fazer convites para a Corte. Que nada falte.

Jerônimo elevou o semblante preocupado e falou:

— Perdoa-me, senhor, mas um mês é muito pouco para tais preparativos à altura de vossa magnificência.

— Ora, não poupe gastos para que saia tudo a tempo. Contrata quantos cozinheiros e artesãos forem necessários. Agora vá.

Jerônimo saiu curvando-se mais uma vez, levando na consciência o peso de tamanha responsabilidade. Porém, já estava acostumado aos desmandos de Ludovico e sempre conseguia surpreendê-lo para melhor.

No dia seguinte, Leonardo vestiu-se elegantemente e, antes de se apresentar ao duque, foi recebido pelo porteiro, que o levou até Jerônimo. Da Vinci ficou admirado diante das feições daquele homem. Sua testa era muito larga, com pouco cabelo em cima e longos fios dos lados, empurrados para trás das orelhas; tinha o nariz grande e adunco, as faces sulcadas, e o queixo enorme. Todo esse conjunto era sustentado por um corpo esguio e muito magro, aliado a movimentos rápidos e perfeitos. No entanto, este homem de feições monstruosas era dotado de uma extrema bondade, fidelidade e rigor para com seu senhor, o duque.

Leonardo, encontrando-o extremamente atarefado, temeu interrompê-lo. Porém, vendo que discutia com o cozinheiro, um homem obeso e pouco asseado, sobre um prato que não ficara ao gosto do duque, sentiu que poderia ajudá-lo:

— Vejo, mesmo sem experimentá-la, que a massa desta torta foi feita com banha de porco, por isso ficou com este aspecto e gosto desagradável.

Os dois homens pararam e olharam-no, então falaram ao mesmo tempo:

— Quem és tu?

Ele anunciou-se em voz alta, retirando o chapéu enfeitado por uma pena colorida:

— Sou Leonardo Da Vinci, o artesão, desenhista, pintor, mecânico, mas também cozinheiro e, acima de tudo — curvou-se a meio corpo —, um teu criado.

— Bem, senhor Da Vinci — disse Jerônimo com extrema educação —, sê bem-vindo a Milão. O duque o aguarda. Antes, como achas que esta torta deveria ser feita?

Leonardo respondeu com propriedade:

— Com azeite, senhor. Ela ficará mais macia e com um gosto delicado. Além disso, pode ser decorada com pêssegos, figos e o recheio com uvas secas. Se acrescentares ave desfiada por mãos pacientes, ficará ainda mais deliciosa. Pode-se também trançar fios de massa, fazendo desenhos do tipo corda ao seu redor, para que pareça maior e agrade aos olhos de quem a deguste.

Todos da cozinha haviam parado o serviço para ouvi-lo. O chefe da cozinha, no entanto, invejoso, num gesto impaciente, pegou a torta e jogou-a pela janela, onde cães famintos se ajuntaram a devorá-la, e gritou:

— Todos ao trabalho! Ih, gente lerda, não podeis ver um estranho?

— Pois bem — interrompeu Jerônimo —, falaremos sobre culinária mais tarde. Agora, te levarei ao duque. Acompanhe-me, por gentileza.

Ambos deixaram a cozinha sob os comentários velados dos servos, admirados pela forma inteligente e totalmente nova que o rapaz falava. No entanto, o cozinheiro não gostou dos comentários e sentiu-se humilhado perante seus ajudantes. Temeu perder seu lugar e começou a pensar em alguma forma de destruí-lo.

Enquanto caminhavam pelos longos corredores do palácio que levavam ao gabinete do duque, Jerônimo dizia para Leonardo:

— Deves saber que o duque adora ser admirado. É cheio de vitalidade, confiante, ousado e altivo. É extrovertido, orgulhoso e sabe falar como ninguém. Ama o poder e sabe dar ordens, e quem não as cumpre paga com a própria vida. É precavido com relação a gastos, embora não dispense o luxo, as diversões e os prazeres. É um administrador excelente e líder por natureza. Um homem criativo, trabalhador e extremamente dedicado ao que faz. O povo o ama. Saiba ouvi-lo e terás a prosperidade neste palácio. — Leonardo ouvia-o atentamente e de certa forma admirado. — Chegamos! — disse gentil, abrindo a porta devagar e se certificando de que aquele era o momento propício. Tão logo entraram, Jerônimo anunciou: — Meu senhor, permita-me apresentar-te o artesão Leonardo Da Vinci.

Ludovico terminava de despachar com um funcionário, que já estava de saída. Então, acenou com a mão para que Leonardo se aproximasse. Leonardo curvou-se, retirou novamente o chapéu e disse-lhe:

— Vida longa, meu senhor!

O Mouro recebeu-o sorridente, falando como os atores do teatro grego:

— Sê bem-vindo como são bem-vindos todos os artistas que vieram fazer de Milão a mais bela cidade da Península. Esteja à vontade, Leonardo Da Vinci. Ouvi falar de teu talento.

— Um teu criado, senhor duque — curvou-se novamente Leonardo.

Ludovico aconselhou com um ar de superioridade e condescendência:

— Li tua carta e me pareceste ser bastante eficiente. Passa alguns meses conhecendo a cidade e visitando as igrejas. Fica à vontade. Logo tereis trabalho suficiente para os dias e as noites.

— Sim, senhor! Assim espero. Também procurarei, com minhas economias, comprar uma pequena moradia.

— Oh, não! É meu desejo que tu venhas morar no palácio, pelo menos enquanto estiveres a meu serviço. Não me considero um mecenas, mas pago bem pelos serviços de qualidade que me prestam.

A princípio, Leonardo relutou, receando que o Mouro tivesse as mesmas sandices que Lourenço. Por fim, aceitou:

— Isto me facilitaria muito a vida. Que Deus te recompenses por tamanha bondade.

Ludovico delineou um leve sorriso nos lábios e acenou com a mão para que ele se retirasse. À saída de Leonardo, Jerônimo retornou e disse ao duque:

— Meu senhor, este homem também sabe muito sobre cozinha. Poderemos aproveitá-lo.

— É todo teu, Jerônimo — disse secamente.

— Obrigado, meu senhor. Não te decepcionarei.

Leonardo saiu do palácio, contente por ter sido bem recebido. Andou pelas ruas da cidade e certificou-se do quanto estava distante da limpeza de Florença. Mesmo nas ruas mais ricas, viu o esgoto a céu aberto e restos de comida estragada sendo disputada por ratos, cães e gatos. Nas partes baixas e pobres, as famílias amontoavam-se em casebres de um único aposento, onde pais e filhos dormiam em uma só cama, na maioria das vezes disputando lugar com ratos infestados por pulgas.

Leonardo voltou ao palácio, preocupado com a situação da cidade. No entanto, outra preocupação desviou-lhe a atenção. Ao visitar a Igreja de São Francisco, ofereceu-se como pintor, e, ao falar de seu projeto para um belo altar para a Virgem Santíssima, logo os padres o contrataram. Foi seu primeiro contrato em Milão. Prometeu que entregaria a pintura até dezembro do mesmo ano.

Sua concepção inicial foi uma visualização da Virgem Santíssima com o Menino Jesus em um ambiente singelo e ao mesmo tempo imponente. Assim, após alguns estudos de perspectiva e cores, concebeu primeiro um desenho que nomeou de "A virgem dos rochedos".

Tal obra, ele começou com entusiasmo e emoção. No entanto, o contrato fazia inúmeras exigências, as quais Leonardo não pretendia seguir.

Percebendo que ele não seguiria as recomendações, os padres contrataram um pintor chamado De Predis para vigiá-lo.

— Senhor Da Vinci — dizia De Predis, com preocupação —, deves usar cores leves, com tecidos que cubram todas as partes, a fim de que as figuras não sejam tão humanas. Evite ao máximo o vermelho. Se não seguires o contrato, teremos de desfazê-lo, e o senhor pagará uma pesada multa.

— Isto é um absurdo! — disse Leonardo.

De Predis insistiu:

— Sorrisos, nem pensar. Gestos voluptuosos são terminantemente proibidos. As mulheres devem ser pintadas sempre com a boca fechada, os olhos preferencialmente voltados para cima.

Leonardo nada disse ou retrucou. Abandonou a obra e começou a trabalhar sozinho em uma versão pessoal, conforme ditava seu gosto apurado.

Andando pelas ruas de Milão, parou diante da feira do mercado e, vendo uma tenda repleta de gaiolas com pássaros e animais presos, teve uma idéia: em vez de libertá-los bruscamente como fazia em Florença, abriu a bolsa de dinheiro e comprou todas as gaiolas. Pagou um carroceiro para levá-lo até o extremo da cidade. Lá abriu as portinholas das gaiolas, soltou todas as aves e animais, depois as destruiu e olhou, com ar satisfeito, os pássaros voando e os animais saltitando pela floresta.

Retornando à cidade, encontrou um homem vendendo cavalos.

Tão logo os viu, quis comprá-los, mas suas economias não bastavam. O estranho ensinou-lhe tudo sobre estes animais fantásticos e úteis ao homem há dezenas de séculos.

Leonardo começava a se apaixonar pelos eqüinos que via em Milão, especialmente por aqueles que vinham do Oriente, que tinham uma postura ereta, imponente, individual. Apaixonado, decidiu pagar uma fortuna por um casal de potros puros-sangues, que acabou trocando por um alazão negro que o cativou. Em seu lombo, costumava fazer curtos passeios ao final da tarde. Depois, quando encontrava um local tranqüilo, apeava e sentava-se na relva para desenhá-lo.

Certo dia, Leonardo havia terminado uma bela figura, quando de repente ouviu um grito desesperado:

— Socorro! Alguém me ajude! Socorro!

Tão logo olhou para o lado, viu que uma égua, conduzida por uma menina, galopava em disparada rumo ao riacho, que corria ao fundo de um desfiladeiro, o qual fazia uma curva de correntezas.

Ela gritava sem parar, tentando, sem sucesso, controlar o animal:

— Pára! Socorro! Alguém me ajude!

Imediatamente, Leonardo montou em seu cavalo e saiu com rapidez em direção à garota, a fim de salvá-la.

Não demorou muito e ele estava galopando lado a lado com a égua, conseguindo segurar-lhe as rédeas, fazendo-a parar antes que caísse fatalmente no desfiladeiro. A menina, com pouco mais de dez anos, mal respirava, enquanto tentava ajeitar os cachos castanhos de cabelos emaranhados pelo vento a lhe cobrir o belo rosto. No perfil rosado, os olhos redondos, inundados por copiosas lágrimas, expressavam medo. As narinas delicadas moviam-se numa respiração ofegante.

— Ô! Ô! Quieta! — gritou Leonardo, dominando o animal. — Pronto! Senhorita, estás bem? Sabes que galopavas para a morte?

A garota estava apavorada e mal conseguia respirar. Moveu a boca pequena e disse:

— Muito obrigada, senhor. Estava cavalgando quando precisei acelerar o tropel.

Leonardo quis saber:

— Posso ajudar-te? Uma mocinha não deve andar sozinha pela floresta, é perigoso! Corres risco de vida?

Apesar da angústia estampada no rosto, ela conseguiu ser gentil, dizendo-lhe:

— Já me ajudaste muito salvando-me a vida. Senhor...

— Leonardo Da Vinci é o meu nome. E o teu?

Antes que respondesse, ela olhou para o lado, quando surgiu um homem empinando as patas dianteiras do cavalo em que montava. Trajava uma roupa marrom, com um capuz que lhe encobria o rosto. Sem que Leonardo pudesse compreender o que acontecia, a garota deu um grito, chicoteou o animal e pôs-se novamente a galopar em disparada, desta vez na direção oposta.

— Ei, espere! O que está acontecendo? — quis saber Leonardo, enquanto jogava uma corda em meio às patas do cavalo do suposto inimigo, embaraçando-o e fazendo-o cair.

Vendo que a menina se distanciava sem dizer nenhuma palavra, o homem sinistro levantou-se, livrou o próprio cavalo das cordas, lançou um olhar fulminante para Leonardo e retornou rumo à cidade. Já não podia alcançar a garota nem se revelar.

Da Vinci, intrigado com aquela figura estranha, não conseguiu se concentrar nos desenhos. Então, recolheu seu material e voltou para casa. No caminho, uma idéia brilhante lhe surgiu à mente: para agradar aquele que o recebera com tanta alegria e fartura, imaginou que, se começasse imediatamente o monumento a seu pai, Francesco Sforza, deixaria o duque contente. Então, foi ter com ele após fazer inúmeros desenhos eqüestres:

— Meu senhor, tenho muitas idéias, porém esta me parece mais original.

— E qual é? — perguntou o duque.

— Em lugar da usual escultura eqüestre empertigada e estática, pretendo elaborar um cavalo empinando-se, com o cavaleiro altivo em seu dorso. O monumento poderá ter quatro metros de altura e ser totalmente fundido em bronze. Vê o projeto.

Ludovico olhou e perguntou-lhe:

— Um alazão empinado? E como o fará parar nesta posição se até os cavalos vivos têm dificuldade?

— Bem, sei que não será uma tarefa fácil, mas tenho alguns recursos para chegar a tal feito. Para isso, já estou estudando matemática, a fim de encontrar o ângulo de sustentação.

— Matemática?

— Sim. Nada existe sem ela.

— É blasfêmia! Nada existe sem Deus, isso sim! — interrompeu padre Eufrásio, que acabava de chegar e ouviu apenas o final da conversa.

Sua voz grave deixou Leonardo encabulado, que lhes explicou:

— Perdoa-me. É evidente que nada existe sem Deus, mas é a matemática quem explica o que Deus cria.

— Que seja feito conforme planejastes — interrompeu Ludovico. — Não poupe gastos.

— Tudo para a honra de teu nobre pai. Que Deus o tenha — reverenciou Leonardo, deixando-os.

Enquanto isso, na parte baixa da cidade, um comerciante agonizava. Tinha sentido formigamento nos membros, mal-estar e febre aguda, até que bubões surgiram em seu pescoço, e ele viu o próprio corpo tornar-se enegrecido, malcheiroso. Em desespero, veio a sucumbir. Alguns dias depois, sua mulher e filhos começaram a ter os mesmos sintomas.

A notícia logo se espalhou. Todos temiam que a peste negra estivesse prestes a arrasar a cidade. Um médico foi enviado para colher depoimentos do povo. Tão logo retornou com as reais notícias, o duque reuniu seus conselheiros, entre eles Leonardo, padre Eufrásio e Hipólito.

Padre Eufrásio, visivelmente angustiado com a ameaça da peste, falou com voz sinistra:

— Dizem que a peste negra acabou com povoados inteiros em poucos dias e não havia quem enterrasse os mortos espalhados pelas ruas. Cães devoraram os corpos, desenterrando-os de sepulturas rasas, desonrando famílias inteiras. Ninguém sabia quem morreria e quem sobreviveria. Ninguém jamais soube como interromper esta terrível praga. Apenas Deus conhece os segredos da vida e da morte.

O médico que veio trazer a notícia falou:

— O povo diz que a praga veio para castigar o usurpador do ducado.

— Como ousas ofender o duque? — disse Hipólito, bajulador, intercedendo em favor do duque.

— Continue, padre — disse Ludovico, ignorando-o, pois estava mais preocupado com a peste.

O padre continuou:

— Que é um castigo de Deus, todos sabem. Porém, todo o mundo foi contaminado por esta terrível doença. Dizem que os invasores de Veneza usaram catapultas e lançaram seus cadáveres cheios de peste para dentro da cidade num ataque macabro. Gênova foi quase totalmente destruída, e foram poucos os que sobraram. Pensaram que o Juízo Final havia chegado. — Nesse momento, o padre estendeu os braços e exclamou quase histérico. — O apocalipse agora bate à porta de Milão! Acreditai-me, não é coisa deste mundo!

— Ah, não exageres, padre! — ralhou Hipólito.

— É verdade — interrompeu Leonardo. — Meu avô contou-me que Florença perdeu metade da população. Mas a peste matava uns, outros não. Por quê?

— Ora, Deus não dá explicações quando quer castigar um povo — continuou Eufrásio. — Tantos mortos ao mesmo tempo começou a gerar pânico na população. Mais que à morte, temiam que suas almas fossem para o inferno, pois não havia tempo para dar a extrema-unção a todos que morriam. Os ratos se multiplicavam pela cidade em busca de corpos sem sepulcro. Garanto que foi pior que as pragas de Moisés ao faraó do Egito!

— Mas não tentaram nenhuma cura? — quis saber Leonardo.

— Sim — respondeu o padre —, tentaram muitas. Os médicos faziam sangria, o que parecia espalhar ainda mais a terrível doença. Usaram cebola quente nas feridas e até pássaros para sugar as secreções, mas nada adiantou. Muitos médicos, padres e freiras morreram tentando ajudar. Uns achavam que era o mau cheiro que espalhava a doença, por isso usavam perfume. Os médicos passaram a usar roupas protetoras. Outros mais temerosos achavam que somente olhando para um doente já eram contaminados. Alguns acreditavam que era o olhar maligno das cobras que causava a terrível doença. Não há nada que possa ser feito senão tentar eliminar todas as serpentes, símbolo do mal entre os homens. Ou, então, apenas esperar, rezar e pedir clemência para que não morramos. A serpente vencerá outra vez, e estaremos imersos em cadáveres e ratos!

— Disseste ser culpa das cobras? — questionou Leonardo.

— Não sei ao certo — respondeu o padre. — No entanto, que podemos esperar de tão excomungado animal?

— Tolices! — completou Leonardo. — Muito raramente um animal sozinho é o culpado por doenças humanas. Talvez seja exatamente por isso que a peste tenha-se alastrado em tantas cidades. As cobras são as principais inimigas dos ratos; devemos preservá-las. Os gatos, sozinhos, não são capazes de controlar o número de ratos, pois estes se reproduzem mais rapidamente.

— Quê? — interrompeu Hipólito. — Haveremos de ter em nossas casas serpentes em vez de gatos? Francamente! Isso é um absurdo!

Ludovico interrompeu-os, irritado:

— Parem de discutir! Não quero a peste em Milão justamente na véspera de meu casamento! Façam alguma coisa, e rápido!

— Senhores — disse Leonardo —, não usaremos nenhuma das técnicas já utilizadas.

— E o que farás? — perguntou Ludovico.

— Se não sabemos a causa da peste — disse Leonardo, com segurança —, devemos impedir que ela se alastre. Há quantos casos na cidade?

— Por enquanto — respondeu o médico —, sabemos apenas de uma família. O local é mais ou menos aqui — disse, apontando para o mapa da cidade que estava sobre a mesa.

Leonardo tomou da pena e começou a riscar o mapa, fazendo um círculo ao redor do lugar onde o guarda apontou, e disse:

— Então toda esta área deve ser isolada. Dali não deverá sair nem chegar ninguém, seja pessoa ou animal.

— Ora, isso não é possível!? — disse Hipólito.

— É possível, sim — respondeu Leonardo. — A casa, os corpos e as roupas deverão ser queimados. Nem mesmo os ratos deverão escapar. E que ninguém mate as cobras.

— Quem diria! — ironizou o padre. — Um defensor dos pássaros engaiolados não gosta de ratos, mas quer criar serpentes!

— Gosto dos ratos, pois até eles são úteis — disse Leonardo. — Porém, se ratos, cães e gatos transmitem doenças, devem ser sacrificados, sob pena de prejudicar a espécie humana. Se bem que os pobres animais não são os culpados pela ignorância humana que causou desequilíbrio exterminando as cobras, simplesmente por serem vítimas de má fama. Além disso — falou olhando para o duque —, o esgoto também é um grande transmissor de doenças. Se me deres liberdade, poderei separar a cidade em duas. Uma, a da superfície, onde ficarão as pessoas; outra, a subterrânea, onde passará o esgoto. Todos devem colocar tubos em suas casas para que o esgoto não seja jogado nas ruas.

— Tens toda a liberdade e dinheiro — disse o duque.

— Não adianta nenhum destes ardilosos artifícios. Quando Deus quer castigar uma cidade, nada o impede — disse o padre, saindo e benzendo-se.

O grupo desfez-se, e, conforme a determinação de Leonardo, a casa onde aconteceu a peste foi queimada com seus mortos. Milão foi a única cidade que não foi avassalada pela peste.

Passaram-se alguns dias até que Leonardo deixasse pronto o projeto para o esgoto da cidade. Numa noite, foi chamado por Jerônimo.

— Senhor Da Vinci, acorde, sou eu, Jerônimo — disse, batendo na porta do quarto de Leonardo.

Leonardo abriu a porta.

— Entre, por gentileza. Podes chamar-me de Leonardo apenas.

— Sim — disse Jerônimo, simpático —, como o quiseres. Estou muito atarefado com a organização do casamento do duque e, como já percebeste, meus servos, apesar de terem boa vontade, não conseguem dar o melhor de si. Além disso, o chefe da cozinha não gostou das comparações de outrora e abandonou o serviço. Em que poderias colaborar?

— Em mais do que imaginas — disse Leonardo num sorriso. — Dê-me servos e liberdade para agir, e o duque terá o mais fantástico casamento que já se viu.

— Está feito! Terás tudo do que precisares. Se tu não me decepcionares, serás bem recompensado pelo duque, que sabe valorizar um talento.

No dia seguinte, antes que o sol raiasse, Leonardo estava na cozinha. Ajeitando a carapuça de seda azul que trazia à cabeça e colocando para dentro os cabelos à moda das mulheres — o que causou risos nas cozinheiras —, deu um passo à frente e perguntou a Jerônimo, que já o aguardava:

— Quando posso começar?

— Agora mesmo! Temos poucos dias para o casamento — disse, saindo apressado.

O jovem Da Vinci agora tinha o que queria: um grande desafio pela frente. Reuniu-se com as cinco auxiliares de cozinha, identificando o que cada uma poderia fazer melhor. Uma ficaria responsável pelas saladas; outra, pelas carnes; uma, pelos cereais; outra, pelas massas, e a última, pela sobremesa. Ele determinou que quem cozinhasse não limparia o chão nem sairia para moer grãos. Para tanto, solicitou novos servos para o serviço. Durante todo o dia, Leonardo organizou a cozinha; à noite, passou escrevendo receitas. No dia seguinte, ao servir o almoço, o duque notou a diferença. Foram tantos os elogios que Leonardo foi chamado para cear com o duque.

— Tu serás o cozinheiro do palácio.

Leonardo aceitou. As servas comemoraram, pois estariam livres da incompetência e da tirania do antigo cozinheiro, e Jerônimo lançou-lhe um olhar de satisfação.

À medida que a data do casamento do duque se aproximava, Leonardo tomava outras providências. A primeira delas foi reformular toda a cozinha, substituindo os instrumentos antigos por mais novos. Desenhou o convite de casamento com motivos delicados, ornando os brasões das duas famílias, que foram reproduzidos por desenhistas da cidade, para serem distribuídos à Corte e aos nobres. Tal procedimento passou a ser imitado por outros noivos. Leonardo criou e recriou vários instrumentos, que passaram a ser adotados, como o guardanapo, que tinha criado em Florença e foi aperfeiçoado; a garra, que facilitava apanhar os alimentos; o moedor de batatas à manivela; a máquina de fazer espaguete; o espremedor de alho; o quebrador de nozes; o cortador de ovos e outros tantos que lhe facilitaram a nova vida e se tornaram instrumentos que diferenciavam a cozinha milanesa.

Havia na cozinha um jovem responsável por descascar as batatas. Era Antônio, o qual falava para Leonardo sobre os doces que sabia fazer:

— Chama-se "baba-de-velha". Um doce maravilhoso e delicioso, tão macio e suculento que se torna irresistível a qualquer gosto.

— O nome é estranho — riu Leonardo. — A experiência que tive com baba de vaca não foi nada agradável. Dize-me, como é feito? Ensina-me e te ensinarei a fazer centenas de outros diferentes.

— É fácil. Tal guloseima é feita com trigo mastigado.

— Mastigado?

— Sim. Se mastigado por mulher jovem, não fica tão bom, porque elas são impacientes. Porém, se moído por dentes de uma velha, torna-se uma perfeição digna de príncipes!

Leonardo expressava no rosto um ricto de nojo e pavor, pois, se não tinha nojo de baba de vaca, que só se alimentava de capim, não pensava o mesmo sobre baba de gente, o que levou o rapaz a dizer num sorriso:

— Ih, és nojento! Não serves para fazer liga de trigo.

— Responda-me — desconfiou Leonardo. — O bolo que comemos ontem foi feito com trigo mastigado?

— Sim — disse Antônio, sorrindo.

— Oh, meu Deus, que nojo! Acho que vou... — disse Leonardo, correndo da cozinha, com ânsia de vômito.

Naquela mesma tarde, Leonardo projetou um pequeno moedor de grãos, o qual poderia ser manipulado por uma só pessoa, em que uma manivela girava duas rodas dentadas. Ninguém mais precisaria fazer liga de trigo, mastigando-a.

Às vezes, ele não participava das festas, pois não suportava a Corte licenciosa e barulhenta. Preferia ficar na cozinha, orientando a entrada e a saída dos pratos.

Chegado o dia do casamento, Leonardo surpreendeu a todos. Com a ajuda de alguns servos, pintou os bancos rústicos da capela e desenhou sozinho os motivos sagrados nas paredes. Tais figuras, apesar de belas, pareciam incompletas, pois o tempo era curto. Ele organizou ramalhetes de flores multicoloridas, presas nos bancos da capela por longas fazendas de seda cor de marfim, que terminavam em um laço de formas perfeitas. Fechada aos visitantes, a capela foi aberta apenas no momento do casamento, gerando expectativa e admiração nos convidados, que ficaram maravilhados diante de tanta beleza.

Ludovico gostaria que o próprio papa viesse celebrar seu casamento, mas as relações entre eles não estavam muito amistosas. Então, o bispo da cidade foi chamado para tal celebração.

Os convidados já haviam chegado de todas as regiões próximas e distantes. Ludovico fez questão de que Leonardo preparasse duas festas: uma para a nobreza, no palácio; outra na praça central, para que o povo se alegrasse com sua alegria e comesse à vontade.

Iniciada a cerimônia, a bela noiva chegou, encantando todos os convidados, especialmente o noivo, muito ansioso.

O povo esperava do lado de fora, com ansiedade, o sinal para começar a usufruir do banquete.

Ao som de flautas e cantores, o bispo celebrou o casamento, e o duque apresentou a nova duquesa ao povo, que comemorou gritando:

— Viva! Viva!

O banquete já tinha sido servido com muito vinho, e todos estavam tranqüilos, pois tudo caminhava bem. No entanto, tantos pratos salgados aguçaram o paladar dos comensais, levando-os a abusar da sobremesa, que logo acabou. Leonardo não sabia o que fazer. Antônio ofereceu-se para fazer um pão utilizando o resto de frutas cristalizadas que sobrou da mesa. Leonardo o proibiu, temendo que fosse mais uma de suas loucuras. Porém, ele instou dizendo:

— Prometo que farei com todo cuidado. Deixe-me tentar, por favor. O senhor poderá ficar olhando.

Sem outra opção, Leonardo finalmente cedeu e disse:

— Pois bem. Não invente nada nojento. Só de lembrar...

— Obrigado, muito obrigado — disse Antônio, sorridente. — Farei agora mesmo um excelente pão!

Então, Antônio pegou as frutas cristalizadas que restaram da mesa e fez um pão doce. Após alguns momentos, o pão estava pronto, corado e bem assado. Leonardo foi o primeiro a experimentar. Um silêncio preocupante se fez na cozinha, até que Leonardo mudou o semblante de sério para um largo sorriso e disse:

— Bravo! Magnífico! É delicioso, Toni! Vamos servi-lo no salão.

Momentos após o pão ter sido servido, o duque mandou chamar Leonardo. Todos da cozinha tremeram de medo. Então, o duque perguntou-lhe, com o cenho franzido:

— Que pão é este?

Leonardo explicou:

— Perdoa-me, senhor, é um pão que fiz para complementar a sobremesa. Vou retirá-lo imediatamente se não foi do teu agrado.

— Quê? — respondeu Ludovico. — Não o retire, foi um sucesso! Os convidados adoraram, e eu também! Quero felicitar-te!

Aliviado, Leonardo explicou:

— Na verdade, senhor, não fui eu quem fiz este delicioso pão doce, recheado com pedaços pequeninos de frutas cristalizadas, mas Antônio.

— Quer dizer o menino Toni, da cozinha? — perguntou o duque.

— Sim, senhor — respondeu Leonardo. — Vou chamá-lo.

Tão logo Antônio compareceu tímido ao salão, o duque falou em voz alta:

— Meu jovem, que pão delicioso!

As mulheres da cozinha comemoraram. Um convidado brindou:

— Viva o pão de Toni![5]

— Viva! — todos responderam.

— Viva também ao duque e à duquesa! — disse o chefe da guarda.

— Viva! — todos completaram.

O banquete foi até tarde da noite. Ao final da festa, Ludovico teceu elogios a Leonardo:

— Tu serás também meu mestre de festividades. A Corte milanesa agradecerá.

— Com prazer, meu senhor — respondeu Leonardo. — Em paz, creio que poderei satisfazer-te.

— Jerônimo! — chamou o duque, vendo-o logo surgir à sua frente, sempre reverente. — Providencie para que o senhor Leonardo trabalhe "em paz".

— Sim, meu senhor.

Ludovico continuou o diálogo com Leonardo:

---

[5] Acabava de ser inventado o Panetone, um pão doce consumido mundialmente no Natal.

— Que me dizes sobre o monumento a meu pai?

Leonardo explicou-lhe:

— Ainda me preocupo em buscar pela forma como o cavalo se sustentará. No entanto, posso criar maquinaria teatral e brinquedos mecânicos. Enquanto isso...

— Sim, sim, eu sei — disse o duque, um tanto irritado —, tenho muitas preocupações; no entanto, desejo que tanto a Corte quanto o povo se alegrem com minha administração.

Ao amanhecer, quando todos tinham ido embora e a duquesa havia-se recolhido aos novos aposentos, Ludovico permaneceu sozinho no salão. Sentado, segurando uma garrafa de vinho, tornou-se pensativo.

Vendo aquela imagem, Leonardo perguntou a Jerônimo:

— O que tanto aflige o duque? Por que não está com a noiva? É o ex-duque ou o rei de França que o preocupa?

Jerônimo aconselhou:

— Oh, não te arvores em discussões políticas, mas adianto-te que não há nenhum ex-duque. Meu senhor Ludovico ainda não possui oficialmente o título de duque, e isto é o que mais o preocupa, pois tem um irmão mais velho que jamais se importou com títulos, mas sempre tenta contra sua vida para lhe herdar as riquezas. Porém, tua preocupação agora não deve ser com tais assuntos. Meu senhor já determinou que teu trabalho seja "em paz", por isso a cada semana receberás uma boa soma em ouro pelo que fizeres. Então, cuida para que teus planos sejam concluídos e do agrado de meu senhor.

— Há quem possa substituir-me na cozinha? — perguntou Leonardo. — A partir de hoje, cuidarei apenas dos estudos de arquitetura e matemática.

— Eis uma difícil tarefa — disse Jerônimo.

Leonardo opinou:

— Toni poderá ser o cozinheiro, já que o último cozinheiro desapareceu. Deixe que ele tente.

Enquanto isso, em Florença, Sandro trabalhava para Savonarola, ajudando-o discretamente a divulgar sua doutrina contra o clero local. Ele levava informações sobre as estratégias eclesiásticas contra o monge. Tais informações foram importantes para que Savonarola não fosse capturado enquanto não chegasse sua hora. Nesse meiotempo, discretamente, um jovem chamado Michelângelo começava a se destacar na pintura e na escultura.

# CAPÍTULO 17

# Invenções Fantásticas

Após os tumultuosos acontecimentos do casamento do duque, Leonardo teve paz para dedicar-se aos estudos matemáticos e arquitetônicos.

No palácio, comentava-se que tinha sido melhor Ludovico ter ficado no lugar do irmão Gian, pois o verdadeiro duque era homem mesquinho, violento e extremamente ambicioso. Com tais atributos, Gian seria um duque tirano e traria infelicidade ao povo, além de atrair mais guerras com as cidades vizinhas. Dessa forma, todos rendiam graças a Deus por Ludovico ter usurpado o título. No entanto, tal título não era transferível; o próprio Ludovico teria de consegui-lo, isto é, comprá-lo dos nobres, que aguardavam seu pedido e principalmente seu dinheiro. Entretanto, os comerciantes, ricos e pobres, dividiam as opiniões. Os adeptos de Gian comentavam entre os defensores do Mouro:

— Que pretende este louco? Não o vejo com sucesso — dizia um, enquanto vendia lã.

— Pois acredite, ele o manterá com grande habilidade com os estrangeiros — respondeu o outro, segurando as rédeas do cavalo que estava à venda.

— E poucos escrúpulos, se me permites completar teu raciocínio! — insistiu o tecelão.

— Não sejas injusto! Ele financia o embelezamento das construções da cidade e é mecenas pródigo de inúmeros artistas.

— Sim, é claro, impondo impostos abusivos ao povo — interpelou outro.

No entanto, apesar dos comentários, os rumores de que a qualquer momento Milão poderia ser invadida pelo rei da França, bem como o ducado poderia ser reclamado por Gian, fizeram Leonardo procurar uma forma de tranqüilizar seu protetor, devolvendo-lhe a paz que este lhe proporcionava. Por isso, trabalhou com afinco durante várias semanas, dedicando-se a planejar e a construir uma engenhoca que poucos conseguiam distinguir se era um moinho de trigo ou uma arma terrível.

Ao término da invenção, Leonardo chamou alguns soldados para testá-la primeiro, antes de mostrá-la ao duque, para não decepcioná-lo. Ao ver que funcionava, foi ter com ele, bastante animado:

— Meu senhor, se me permites, gostaria de demonstrar como um débil exército pode tornar-se o mais invencível de todos, que nem mesmo o próprio Átila, se estivesse vivo, seria capaz de derrotar.

— Se é para vencer meus inimigos, então dize-me logo — disse Ludovico.

— Bem, é do conhecimento de todos que a besta é uma atiradeira eficiente. Pois, vê, é apenas um desenho — disse Lernardo, mostrando um desenho repleto de belos rabiscos e inscrições bastante compreensíveis. — Porém, se puderes acompanhar-me, verás como é eficiente.

Eles caminharam juntos até os jardins do fundo do palácio, onde alguns guardas estavam preparados para demonstrar ao duque a nova invenção. Leonardo explicou:

— Vê, senhor, um soldado será tão eficiente quanto uma centena. A besta que criei possui maior precisão que a velha conhecida. Torna-se, assim, uma poderosa arma, pois a roda de água é impulsionada por um grupo de soldados. Esta prancha de madeira protege-o do fogo inimigo. O arqueiro, que o senhor vê posicionado no meio da roda, não terá muito trabalho, pois tudo o que ele tem a fazer é aguardar até que receba uma besta já armada, apontar e atirar sucessivamente uma lâmina após a outra, num esforço mínimo. E infeliz de quem estiver à frente de tão mortífera arma.

Ludovico continuou sério, deixando Leonardo na expectativa. No entanto, o duque disse ao inventor:

— Bom trabalho! Se tivermos várias destas rodas poderemos, pelo menos, assustar os franceses.

— Que bom que o senhor gostou. No entanto, sem querer abusar de tua generosidade, gostaria de trabalhar em meus inventos sem riscos para os que aqui vivem em paz. A construção de uma oficina nos fundos do palácio ser-me-á de grande ajuda.

— Cuide para que seja construída — disse Ludovico, já saindo. Adiante, parou e, voltando-se, perguntou em voz alta: — E o monumento a meu pai? Este cavalo não ficará pronto nunca?

— Bem, senhor — explicou Leonardo —, ainda estou trabalhando nele para que encontre uma forma magnífica que combine com a imagem poderosa de um grande homem.

— Ah, sei. Continue então com tuas engenhocas. — E saiu.

Os soldados comemoraram e começaram a treinar em tal engenhoca.

Longe de ficar admirando seu feito, Leonardo começou a inventar novas formas de deixar tranqüilo seu protetor. No entanto, naquela noite, teve um terrível pesadelo. Acordou atordoado no meio da noite e não conseguiu mais dormir. Em sonho, viu inúmeras crianças sendo mortas por suas armas. Ao amanhecer, pegou novamente no sono e não deu muita atenção àquele tenebroso presságio.

Enquanto isso, Michelângelo e Rafael instalavam-se em Roma.[6] Leonardo tinha ouvido falar de ambos, mas não se incomodara com a fama deles.

No palácio, todos estavam encantados com a jovem Beatrice. A moça elegante, delicada, bem educada e prestativa em nada se assemelhava às moças fúteis da Corte. Ela tratava com igualdade nobres e plebeus, sempre tendo especial atenção para com as crianças do povo, que iam naturalmente a seu encontro nas raras vezes em que passeava pelas ruas de Milão. Já não era mais somente a filha de uma importante família que dominava a vizinha cidade-Estado de Ferrari, mas a duquesa adorada.

Os meses passaram-se, e a jovem demonstrava vívidos sinais de que esperava um herdeiro. Muitas vezes indisposta, Beatrice permanecia a maior parte do tempo em seu quarto. Enquanto isso, Ludovico ficava

[6] Leonardo formaria, com Rafael e Michelângelo, a tríade do Movimento Renascentista.

a cada dia mais poderoso e atraía a atenção das mulheres da Corte. No entanto, permanecia fiel e não via outra mulher senão a sua. Se agia de forma contrária, certamente era muito discreto.

Leonardo despertava o senso artístico dos súditos, que freqüentavam o palácio quase todas as noites em banquetes, e surpreendia os comensais como executante e professor de música. Ele deu à música, após a pintura, o lugar mais elevado entre as artes, chamando-a "a modelagem do invisível". Encantada com seu talento, a duquesa mandou chamá-lo, pois queria presentear seu pai. Leonardo logo se dispôs e disse-lhe:

— Estou certo de que o duque de Ferrari ficará lisonjeado com um novo desenho para o brasão de sua família.

A duquesa respondeu:

— Não acredito que papai esteja disposto a abrir mão do brasão que está na família há mais de duzentos anos.

— Oh, não pretendo modificá-lo, mas apenas aperfeiçoá-lo! A figura eqüestre deve ser imponente; caso contrário, demonstrará fraqueza.

— Pois bem! — falou Beatrice. — Tens liberdade para tal. Se papai gostar, serás bem recompensado!

Leonardo dispôs-se a refazer o brasão, aproveitando o desenho para o plano do imenso cavalo com as patas empinadas. O duque ficou lisonjeado e deu-lhe de presente um belo alazão. Além disso, a duquesa presenteou-o com um baú adornado com ouro e pedras preciosas.

Na primavera, Milão ficava especialmente bela. Leonardo adorava observar as flores e sentir o perfume do vento acariciando-lhe os cabelos. No entanto, as flores multicoloridas faziam-lhe lembrar-se de Leda, de seu perfume agradável, de seu sorriso e da maciez de sua pele. Para suportar a dor da solidão, preferia enfurnar-se em sua oficina.

Perito em mecânica, Leonardo investigava um meio de mecanizar os tambores. Às vezes, Toni vinha-lhe trazer algo para comer e perturbar-lhe a paz com perguntas:

— O que é isso que estás fazendo, senhor Da Vinci?

Sem levantar os olhos, ele respondia:

— É um instrumento musical. Vê, esta manivela faz com que os martelos batam no tambor num ritmo constante. Este enigma usa notas musicais para criar um jogo de palavras. "O amor só me faz lembrar; ele e só ele me põe alerta".

— Amor? — perguntou o cozinheiro. — É realmente um belo sentimento. Posso fazer-te uma pergunta?

— Não, não podes! Estou ocupado!

— Por favor, só uma! — insistiu Toni.

— Só uma, tu mesmo disseste.

— Por que gostas de estar sozinho? Nunca te vejo com mulheres? Tiveste alguma desilusão amorosa? Foste traído? Ou traíste? Não posso dizer-te que preferes os homens, pois também não os vejo contigo.

Leonardo riu:

— Chamas isto de "uma só pergunta"? Pois tenho uma só resposta: viva a solidão!

— Perdoa-me! — falou Toni. — Prometo não te perturbar mais com tais questionamentos. É que as moças da cozinha adoram-te e...

— Toni — interrompeu Leonardo —, um homem tem o direito de viver só e de ocupar-se com aquilo que mais lhe agrada. Uns se sentem felizes com o amor pelas mulheres, eu me sinto feliz com o amor pelas minhas idéias. Não significa dizer que sou um monge, se é que compreendes o que digo.

— Não compreendo — falou Toni. — Mas então falemos de tuas idéias.

— Ah, isso é ótimo! — animou-se Leonardo. — Vê que os instrumentos de sopro existentes só podem ser tão longos como a abertura da mão humana. Isso limita o som às notas relativamente altas. Por isso desenhei um conjunto de teclas, ligadas por cabos a almofadas, que fecham os orifícios dos instrumentos de sopros. Esse sistema permite ao executante expandir seu alcance e tocar notas mais graves.

Estas duas flautas não mudam o tom em intervalos fixos, como acontece na maioria dos instrumentos de sopro e na voz humana. Isso é feito movendo-se a mão para cima e para baixo, tal qual acontece numa trombeta, ainda mais na gaita. Além disso, pode-se ter uma oitava ou uma meia oitava durante o tempo que se quiser. Entendeste?

— Um pouco apenas! — falou o cozinheiro.

Leonardo continuou:

— Também estou planejando uma invenção que combina as faculdades de um teclado, para tocar várias notas ao mesmo tempo, com o tom expressivo de um instrumento de cordas.

Toni aproximou-se, tocou um fio esticado e disse:

— Mas é crina de cavalo!

— Sim, um arco de crina de cavalo gira em torno de uma manivela acionada por uma correia. Quando aperto um botão, o mecanismo faz vibrar as cordas contra o arco giratório, produzindo música. Cobraste-me amor? Pois esta viola-organista é o ponto de encontro entre o amor que sinto pela música e o amor pela mecânica. O arco move-se de acordo com o movimento do braço direito, de tonalidade em tonalidade. Assim, vão diminuindo ao mesmo tempo que as notas.

— Isso é fantástico! — disse Toni, ao ouvir o som agradável que emanava do instrumento. — Tens um espírito sublime e gracioso, és abençoado por Deus!

— Apenas me esforço, Toni. Agora, preciso trabalhar.

— Eu também tenho de ir — falou Toni —, o duque vai viajar e tenho de preparar os mantimentos.

— Às vésperas de sua esposa dar à luz?

— Ouvi dizer que ele prevê retornar antes.

Na manhã seguinte, Ludovico despediu-se da adorada esposa com um demorado beijo e saiu. Não imaginava a tragédia que estava por vir, a qual mudaria a vida de todos.

Todos no palácio cuidavam para que nada faltasse à duquesa. Nos últimos meses, ela preferia ficar em seu quarto, pois não suportava subir e descer as escadas. Às vezes, Leonardo tocava a lira e cantava para ela, com que muito se alegrava.

Beatrice disfarçava as dores que começava a sentir, mas horas depois lá estava ela gemendo no leito, sendo rodeada por cuidadosas servas. Ao lhe apalpar a barriga, uma das servas percebeu que a criança não estava posicionada para o nascimento. Enquanto acalmava a duquesa, ordenou que outra chamasse imediatamente o médico. Após alguns momentos, o velho médico da cidade chegou com a incumbência de salvar o herdeiro do duque.

Leonardo estava na oficina quando ouviu os gritos da duquesa. Entrou correndo, mas foi barrado ao pé da escada por Hipólito, que se tornara um inimigo, pois acreditava que Leonardo fora um traidor, por ter desprezado e humilhado seu irmão, o antigo chefe de cozinha, e ocupado seu lugar. Além disso, quando Leonardo deixou a cozinha, sucedeu-o Toni, o que Hipólito nunca perdoou. Vendo-se impedido em sua passagem, Leonardo exclamou, irritado:

— Que tens, homem! Deixes-me subir, posso ajudar a duquesa!

Entretanto, Leonardo encontrou em Hipólito um olhar de aço e, em suas palavras, o fel da amargura. O chefe da guarda falou com arrogância:

— Raspa-te daqui! Não percebes que és um intruso? Já há um médico com a senhora duquesa, e Jerônimo cuidará de tudo. Ele sempre cuida de tudo, não é?

— Em nome de Deus! — ralhou Leonardo fora de si. — Não tenho tempo para discutir! Deixa-me subir até o quarto da duquesa. Ela morrerá! Não percebes?

— Quem tu pensas que és? Humilhaste meu irmão e ainda roubaste o lugar dele na cozinha, te metes em tudo, agora imagino que queres tomar o lugar do médico! Mas não deixarei que atrapalhes com tua curiosidade desmedida. Fora daqui ou terei de prender-te! Guardas, levem-no!

Leonardo gritou desesperadamente por Jerônimo, mas seus gritos foram abafados pelos gritos da jovem, que do quarto lutava contra a morte.

Hipólito, percebendo que Leonardo insistiria sem cessar, cuidou de fazê-lo calar-se: com a mão em punho, socou-o de tal forma no queixo, o que o fez cair escada abaixo, desacordado.

Os guardas arrastaram-no, desacordado, até a cozinha. Instantes depois chegou Ludovico, com um mensageiro, o qual havia sido enviado por Jerônimo para localizá-lo e trazê-lo de volta. Nervosamente, o duque falou:

— Que está acontecendo? Que fazes aqui? Por que não estás em teu posto?

Hipólito pôs-se em guarda e disse rijo:

— Meu senhor, a senhora duquesa...

Antes que ele terminasse, o duque empalideceu e subiu em disparada até o aposento da esposa. Antes que entrasse, tropeçou em uma criada histérica que, aos prantos, se jogou a seus pés e disse-lhe:

— Oh, meu senhor! A duquesa! A duquesa! A criança! A criança!

Irritado com as lamentações e já temendo a tragédia, Ludovico avançou rapidamente até o quarto. Um espetáculo infeliz desenhava-se a sua frente: encontrou o médico com as mãos ensangüentadas. Em desespero, o duque gritou:

— Assassinos!

O médico jogou-se a seus pés e rogou:

— Meu senhor, misericórdia! Nós tentamos...

— Saiam da minha frente! Oh, inúteis! — disse, empurrando-os com ferocidade. — Quero as vossas cabeças se deixastes meu filho morrer!

O horror da visão o fez calar-se, pois seus olhos não acreditaram no que viram. Encontrou sua linda e adorada esposa inerte, banhada em sangue, com a criança morta no ventre. Nesse instante, seus olhos se banharam em lágrimas quentes. Ele sentiu o mundo girar e de sua garganta saiu um grito de desespero:

— Nãaaaao! Deus, por quê?

Jerônimo retornava com uma bacia de água quente, quando viu diante de si seu senhor, completamente desolado, debruçado sob o corpo da tão jovem, amada e agora morta duquesa com o filho esperado.

Leonardo, na cozinha, era desperto pelas cozinheiras e recuperava-se da queda e do soco que recebera, quando Hipólito surgiu e despejou-lhe na face uma taça de vinho.

— Acorda! — falou com ironia. — Dormindo em serviço, hein?

— Ah! Quê? — disse Leonardo despertando e subindo as escadas sem ser impedido. No último degrau, voltou-se e falou: — Tu, homem bruto e estúpido! Falarei ao duque sobre teu comportamento.

Leonardo atravessou correndo os corredores e chegou ao quarto, mas viu que era tarde demais. Jerônimo acabava de cobrir o rosto da morta.

— Senhor — disse carinhosamente ao duque, tentando retirá-lo do corpo inerte da esposa —, deves deixá-los.

Ludovico pranteou:

— Por quê? Responde-me! Por que Deus castiga-me tão cruelmente?

— Não questiono as razões de Deus — disse Leonardo —, pois todos os dias nascem e morrem tanto bons quanto maus. No entanto, chegará um dia em que as mulheres não precisarão sofrer para dar à luz.

O padre adentrou o recinto e, benzendo-se, fez uma oração, depois começou a fazer sinais-de-cruz sobre a falecida.

Jerônimo apenas comentou com Leonardo:

— Este golpe do destino fez desmoronar todos os seus sonhos de ter um herdeiro. Nesse momento, o gigante torna-se anão, o forte torna-se fraco, porque o mau quer o bem, a injustiça quer ser a justiça, porque a verdade preferia ser falsa para que as trevas se dissipassem e a luz tornasse a reinar.

No caos das paixões e dos sentimentos, alguns dias aflitos passaram-se. Ludovico, acometido por fortes dores no estômago e nas costas, recusava-se a sair de seus aposentos. Inconformado com a morte da esposa, ordenou que Hipólito sacrificasse o médico. Leonardo tentou intervir, justificando que o pobre homem salvara muitas vidas em outras ocasiões, mas o duque não se conformava com a morte da esposa e do filho. Queria respostas. Leonardo explicava-lhe sobre as condições do nascimento, que a criança era muito grande e estava numa posição inversa à do parto, que Beatrice fora forte, mas não suportara o bastante, que, quando a criança morrera em seu ventre, ela também se fora. Além disso, perdera muito sangue. O médico tentou tudo o que sabia. Ele esclareceu que os médicos precisariam estudar mais, usando cadáveres, para que mais vidas não fossem ceifadas. No entanto, Ludovico não ouvia suas esclarecedoras explicações e dizia desconsolado:

— Sim, eu sei! Deus, castiga-me!

Nos cantos do palácio e nos corredores, os criados murmuravam com todo cuidado, dizendo que ele fora castigado por ter usurpado o ducado do irmão. Assim, ensimesmado, o duque ficou enclausurado em seu próprio quarto, sem querer comer, banhar-se ou dormir. Leonardo compreendia o que se passava na mente perturbada de Ludovico.

CAPÍTULO 18

# *A Dama e o Arminho*

Dois anos se passaram, e a vida no palácio tendia à normalidade. Leonardo aprofundava seus estudos em matemática e biologia. No entanto, a mente do duque tornava-se cada dia mais doentia. Ludovico aprendera com Beatrice a verdadeira face do amor e agora tudo perdia o sentido sem ela. Propenso a sofrer febres altas e doenças súbitas, a falta de verdadeiro afeto fez com que a incrível vitalidade de Ludovico, em pouco tempo, se apagasse como uma lamparina sem óleo. Pequenas atrações não valiam a pena. Porém, o tempo passava, e como adorava estar apaixonado e ser o amante, pois era muito romântico e generoso, o duque expressava seu amor com versos e presentes caros para as belas mulheres da Corte, sem se importar se eram casadas ou não. Queria fazer das relações algo mágico, sem inibição. Permanecia o dia todo no quarto e só saía à noite, quando se encontrava com as mulheres, com quem tivera filhos bastardos, ou com os soldados, com quem fazia estratégias de guerra e proteção. Porém, havia semanas em que ele não saía do quarto e só recebia Jerônimo.

Jerônimo tentava de todas as formas animá-lo e tudo fazia para ver seu senhor voltar à atividade. Naquela manhã de primavera, encontrou o duque deitado com a cabeça enterrada nos travesseiros. Então, aproximou-se de manso, mas Ludovico percebeu sua presença e queixou-se:

— Deixa-me.

No entanto, o servo fiel, aquele que desde a infância lhe conhecia todas as nuanças da alma, não poderia vê-lo sofrendo. Então, disse-lhe, qual pai carinhoso:

— Oh, meu senhor, poupa teu frágil coração. Um passeio ao sol lhe revigorará as forças.

— Tenho dores nas costas — respondeu Ludovico, desanimado.

— Precisas de sol, meu senhor. Vem, eu ajudo.

Sem nada dizer, o duque se deixou levar, até que Jerônimo o convenceu a ir até a janela receber raios de sol. Ao chegar à janela, Ludovico viu que uma dama passeava, caminhando lentamente pela grama verde do jardim, repleto de flores. Ela segurava, com delicadeza, a ponta de uma fita presa ao pescoço de um arminho.

— Quem é aquela jovem?

Jerônimo respondeu-lhe:

— Trata-se da senhorita Cecília Gallerani, meu senhor.

— O que ela faz nos jardins do palácio?

— Oh, perdoa-me não ter avisado ao senhor! Aqui está para contratar os serviços do senhor Leonardo. Ela espera que o senhor lhe conceda o favor de autorizar o pintor, a serviço de meu senhor, para pintá-la. É uma mulher bastante admirada. Vem de boa família, fala o latim, escreve poemas e também canta magnificamente.

— E por que ela não veio pedir-me este favor?

— Ela tinha essa intenção, mas quando lhe falei do estado de meu senhor ela ficou sensibilizada e não quis incomodar-te.

— É mesmo? — disse Ludovico, animado. — Pois tem a minha autorização, desde que venha cantar para mim.

— Ah, meu senhor, isso quer dizer agora mesmo? — perguntou Jerônimo, animado.

— Claro que não! Estou pálido, abatido e descaído. Amanhã será um bom dia. Agora me traga um assado, frutas e vinho. Estou com fome.

Quase saltitando de felicidade, Jerônimo falou:

— Oh, imediatamente, senhor! Eu mesmo prepararei teu desjejum.

Tão logo Jerônimo comunicou a ordem à cozinha, as servas disseram:

— Graças a Deus, nosso senhor está reagindo!

Jerônimo desceu até o jardim e comunicou a ordem à jovem. Explicou cuidadosamente as condições emocionais do duque, ao que ela compreendeu e aceitou.

Cecília veio acompanhada por uma prima chamada Alessandra e uma serva. Cecília, por sinal, jovem delicada, prestativa, porém de caráter firme e decidida, ficou encantada com a genialidade de Da Vinci.

Alessandra, apesar de bastante educada à forma tradicional, tomou a palavra e não poupou elogios a Leonardo, pois lembrou-se de seu herói, o salvador do desfiladeiro:

— Tenho certeza, senhor Da Vinci, de que minha prima ficará imensamente feliz com a forma venturosa com que a pintarás.

Leonardo, ao ver Alessandra, percebeu que aquele rosto não lhe era estranho. Sua excelente memória não lhe falhara. Ele se lembrou da menina que encontrara no bosque, a qual havia salvado após ter perdido o controle das rédeas.

— Não é difícil retratar a realidade — disse Leonardo. — Tua prima possui traços belos e perfeitos, além de uma poderosa expressão no rosto.

— Oh, não sejas modesto! Bem sabes que as mãos de um artista podem refletir a criação divina. Ademais, já sei que tens outros dons como desenhista, escultor e inventor de tantas outras coisas para cozinha, onde és um excelente cozinheiro.

— Quem te informou é alguém muito generoso.

— Foi meu pai. Ele está escrevendo um tratado de arquitetura e por acaso vi-o comentar com o duque sobre teus dons. Acredito que ele convidará para pintar a capa de seu livro.

— E quem é teu pai?

— Luciano Vitruvius.

De imediato, Alessandra simpatizou-se com Leonardo e não demorou a obter dele sua amizade. No entanto, Leonardo estava preocupado com Ludovico e não percebia os olhares de Alessandra. Ela, por sua vez, não querendo ser insistente, procurou evitá-lo, encerrando-se numa fria discrição.

Naquela tarde, Leonardo começou a pintar Cecília. Mulher determinada, teve essa característica revelada à pintura na boca fechada, no sorriso apenas esboçado e na expressão enérgica do rosto, bem como na forma que dominava, completamente, o animal em seu colo.

O quadro ainda não estava pronto, mas já chamou a atenção de todos na Corte por sua extrema originalidade, não apenas pela pose, mas pela inclusão de um animal, cuja mansidão feroz era o contraponto ideal à ferocidade serena de Cecília.[7]

Ludovico não resistiu à curiosidade e foi ver o quadro.

— Nunca vi tal recurso — disse, observando atentamente cada detalhe.

— Na verdade — falou Leonardo —, é a primeira vez que uso a figura de um animal para conferir a alguém um defeito ou uma qualidade.

— Usarei o arminho como emblema de meu exército.

— Mas o quadro ainda não está pronto!

— Um dia ficará — respondeu, bem-humorado, o duque.

Alguns dias se passaram, até que Leonardo e Alessandra se encontraram, por acaso, nos jardins do palácio. Alessandra veio acompanhar a prima, que concordara em cantar para o duque. Acompanhada por uma criada, ela carregava um ramalhete de flores do campo. Eles trocaram um olhar significativo, e ela, sorridente, aguardou Leonardo tomar a iniciativa de falar-lhe:

— Estás bem, filha?

— Sim, obrigada.

— Por que fugias naquele dia?

— Que dia?

— Não te lembras de mim? Fui eu quem te salvei do desfiladeiro.

— Sim, eu me lembro; no entanto, preferia esquecer aquele dia. Aceita meu sincero agradecimento. O dia está lindo, não é verdade?

[7] O quadro "Dama com um arminho" (1485-1490), óleo sobre madeira, 54 cm x 39 cm, está no Museu Czartoryski, Cracóvia (Polônia).

Leonardo insistiu:

— Por que mudas de assunto? Ainda não me respondeste sobre a fuga.

Nesse momento, ela olhou para uma das janelas da capela do palácio, onde apareceu padre Eufrásio, e sua expressão mudou drasticamente. Ela ficou séria, temerosa e parecia apressada:

— Não posso dizer-te. Sinto muito, preciso ir.

— Posso ajudar-te? — disse Leonardo, segurando seu braço.

— Ninguém pode — falou nervosamente com os olhos úmidos e apressando o passo.

— Espera!

— Perdoa-me, preciso ir agora.

Assim, cada um seguiu seu caminho em direções opostas. Ela apressada, e ele tentando compreender o que se passava. Então, Leonardo disse a si mesmo: "Tal atitude não é normal. Considerando que ela demonstrou medo ao ver o padre, é mais estranho ainda".

Na semana seguinte, Leonardo envolveu-se novamente com seus estudos e falou com Jerônimo sobre sua nova invenção:

— Estou certo de que o duque se animará. Chama-o e tenho certeza de que ele não se arrependerá.

Jerônimo subiu imediatamente.

— Meu senhor — disse Jerônimo, sempre reverente —, o senhor Leonardo convida-te para o jardim dos fundos do palácio, para mostrar-te mais uma de suas invenções.

— Logo irei. Dize a ele que me aguarde.

Não demorou muito, o duque surgiu à janela. No entanto, Leonardo aguardava-o a cavalo, a fim de levá-lo a uma área espaçosa, onde pudesse experimentar seu invento com segurança. Ludovico aceitou, e ambos foram com um guarda para fora dos muros da cidade, onde um grupo os aguardava. Leonardo apeou e sugeriu que os cavalos fossem presos, para que não disparassem. Ludovico viu um aglomerado de canhões. Animado, Leonardo falou:

— Senhor, observa. Vê que esta arma possui quinze canhões na sua parte alta, que podem ser disparados ao mesmo tempo, porém há mais.

Enquanto uma bateria de canhões dispara, a que se lhe segue é carregada; assim, a terceira bateria tem tempo para esfriar. É a máquina mais mortífera que existe. Quando a bola do canhão cai, seu núcleo provoca a explosão das outras bolas, e a bola central explode e despedaça as outras, que se incendeiam com menos tempo que se leva para dizer nove e meia.

Quem não conhecesse a natureza volúvel de Ludovico diria que ele começava verdadeiramente a admirar Leonardo, tanto por sua genialidade e disposição quanto pelo espírito sempre bem-humorado.

— Poderás utilizar tal arma — completou Leonardo — para defesa própria ou mesmo vendê-la para vizinhos.

— Não — respondeu risonho o duque. — Não a venderei ou terei meu próprio quintal destruído.

Risos.

Ambos retornaram em animada palestra pelo caminho. À entrada do palácio, Ludovico parou e disse:

— Aceitas ser meu conselheiro de fortificações?

— Oh, senhor, bem sabes que sou apenas um artesão! Não mereço tamanha responsabilidade.

— Não tens escolha, Leonardo, é aceitar ou aceitar.

— Pois bem, senhor, será uma honra para mim.

Leonardo prosseguia com seus inventos. Agora, com novas responsabilidades, vez ou outra passava noites inteiras em claro. Ao fechar os olhos, pesadelos terríveis lhe atormentavam a alma. Apenas a música acalmava sua mente inquieta.

Vez ou outra, Leonardo retornava ao riacho para observar o fundo da água, onde ficava cada vez mais admirado com os diferentes movimentos dos seres marinhos.

Em Pavia, outro duque preparava sua vingança. Gian Galeazzo, o legítimo duque de Milão, ali estabelecera sua Corte, mas não se conformara um instante sequer. Nem mesmo o casamento lhe aplacou a sede de vingança.

CAPÍTULO 19

# A Guerra

Para conseguir seu intento, Gian convenceu padre Eufrásio a ser seu informante. Imensas propriedades compravam suas informações, fazendo dele um espião. Andando de um lado para outro, dizia entre dentes:

— Precisamos, a qualquer custo, ter de volta o ducado de Milão e destruir o usurpador.

O padre falou com prudência:

— És o mais abençoado dos filhos de Deus, mas foste fraco e ingênuo, não conseguindo a simpatia do povo. No entanto, Ludovico não usou de inteligência ao tomar o que não era dele.

— Sim — disse Gian com o punho cerrado —, exigirei a entrega de Milão. Ludovico terá que pagar por isso, mesmo que seja com a vida.

— Não é fácil se aproximar da cidade. Ele possui armas terríveis e invencíveis. O gênio Da Vinci está com ele.

— Não temo as armas de um pintor — disse Gian convicto. — Planejaremos um ataque a Milão, a fim de recuperar o lugar que me é de direito.

Ludovico também possuía espiões inteligentes, os quais o mantinham informado. Ele soube que o ataque seria à noite.

Naquela escuridão, todos aguardavam com ansiedade as ordens do general que discutia sobre as armas com Da Vinci.

— E se elas falharem? — falou Hipólito, que hipocritamente se unira a Leonardo, prometendo esquecer o passado em nome da paz em Milão.

— Garanto-te que, se isso acontecer, o que acho improvável, terei infindáveis meios de defesa e de ataque.

— Se falhar, eu mesmo terei o prazer de pendurar-te em uma estaca, com as tripas para fora — ameaçou Hipólito.

Leonardo lançou-lhe um olhar de desprezo.

Ao contrário do que Hipólito esperava, as bombas foram mais eficientes do que Leonardo pensara. Ao se chocarem com o chão, elas se fragmentavam, causando maiores estragos do que todos imaginavam. Por duas vezes os soldados de Gian regressaram, aterrorizados com tais armas. Porém, Gian não estava disposto a desistir. Uma trégua irreal deixava pairar no ar um silêncio perigoso.

Da Vinci trabalhava com afinco, não medindo esforços para colocar em prática todas as suas idéias inovadoras. Apesar de seus inventos terem salvado por duas vezes a cidade, nem todos agradavam ao duque usurpador. Sempre irritado pelo temor da guerra, Ludovico não dispunha de tempo nem de disposição para ouvi-lo.

Nessa época, Leonardo recebeu a visita de Luciano Vitruvius, pai de Alessandra, homem estudioso e bastante interessado em novas idéias e invenções. Após as apresentações, Luciano adiantou-se e disse a Leonardo:

— Sinto-me honrado em conhecer-te, senhor Da Vinci. Espero não incomodá-lo.

— Fica à vontade — disse-lhe Leonardo. — Em que te posso ser útil?

Luciano continuou:

— Minha família guarda um tratado de arquitetura da mais remota Antiguidade. É uma obra de grande valor e precisa ser restaurada. No entanto, apenas as mãos delicadas e ágeis de um artista de seu cabedal poderiam dar-nos a confiança para tão importante trabalho. O sangue de Marcus Vitruvius Pollio corre em minhas veias. Deves saber que ele foi um importante arquiteto romano do século I antes de Cristo, criando estruturas muito além de seu tempo. Aceitas tal trabalho?

Leonardo respondeu, emocionado:

— Oh, não posso crer que estou diante de um descendente de Vitruvius! É uma grande honra! Estudei sobre suas obras com mestre André. Certamente o farei com muito prazer e o mais extremo cuidado!

O rosto de Luciano iluminou-se. Então, ele disse-lhe:

— Procurarei a perfeição em meu trabalho e não tardarei em trazer-te os textos, para que os estudes e encontres inspiração. Se bem que não necessitas de algo que te inspires.

Após essa primeira conversa, Luciano deixou Leonardo animado com os milaneses. Alguns dias depois, Leonardo atravessava o jardim do palácio, quando encontrou Luciano conversando com padre Eufrásio.

— Temo que meus artefatos sejam usados para o mal — adiantou Leonardo, atormentado pelos pesadelos. — Por isso, inventarei máquinas que não sejam destrutivas. Vem, Luciano, eu te mostrarei uma máquina voadora.

Padre Eufrásio, que estava por perto, ofereceu-se para acompanhá-los.

— Que pretendes com tais invenções, senhor Da Vinci? — questionou Luciano.

— Apenas procuro um meio de transformar sonhos em realidade. Aproxima-te e admira o que a mente humana é capaz de conceber.

— E de que se trata essa engenhoca? — perguntou Luciano diante da máquina.

— É uma simples máquina de voar, impulsionada pela força do homem.

— Isto é tolice, meu jovem! — finalmente falou o padre.

— Nenhuma jamais levantou vôo! — disse o outro. — Ícaro já tentou, e o calor do sol derreteu a cera de suas asas, levando-o a morrer no mar.

Leonardo explicou-lhes:

— Ora, não vos falo de mitologia grega! Observai atentamente. Um pássaro é um instrumento que trabalha de acordo com uma lei matemática. Está dentro do poder do homem fazer esse instrumento com todos os movimentos. Essa limitação, contudo, é aplicável ao equilíbrio, da mesma forma que podemos dizer que àquele instrumento fabricado por mim só falta a alma humana.

O padre aproximou-se e, vendo a engenhoca, falou com severidade:

— Senhores, trata-se de uma heresia, de um disparate! Queres acaso brincar de Deus? Se Nosso Senhor não nos deu asas é porque não era do seu desejo que voássemos!

Leonardo interpelou:

— Perdoa-me, santo senhor, mas estás diante de um artefato cuja concepção nasceu de um cuidadoso estudo sobre a anatomia dos pássaros. Se Deus não quisesse que o homem pensasse, não lhe teria dado a inteligência, estou certo? — Houve um silêncio. Leonardo insistiu: — Responda-me? Estou certo?

— Bem... sim... é claro que estás, mas...

— Se estou certo, posso continuar com meu trabalho? Não posso deixar que detalhe algum seja um impedimento para que eu atinja a perfeição.

O padre saiu resmungando. Entretanto, Luciano Vitruvius, tornou-se bastante interessado nas invenções de Da Vinci, que continuou explicando:

— Estes ganchos serão os pêndulos dos pés — disse Leonardo, mostrando-lhe no desenho — que manterão a máquina estável ao atingir o solo. Quando estiveres ainda no ar, deves puxar as escadas para cima, como indicado na figura. Assim é que se deve decolar de uma planura; as escadas também servem como pés.

— E se o voador não for realmente eficiente? Cairá lá de cima?

— Oh, não. Vê este outro desenho. Uma tenda de tela com doze braços de altura. Cada lado com onze braços de largo forma uma estrutura que serve àquele que queira saltar de qualquer altura sem se machucar.

— E este outro? — disse Luciano, apontando para uma espécie de espiral de linho engomado e esticado sob uma armadura de metal.

— Creio que, se este aparelho para voar for feito de linho engomado, para fechar-lhe os poros, e girado rapidamente, com certeza se elevará no ar.

— Incrível!

— Achas incrível? — falou animado o inventor. — Então imagine se este aparelho for aperfeiçoado? O homem poderá chegar à Lua.

— ?!

Luciano estava verdadeiramente impressionado com a genialidade de Leonardo. Abismado, riu soltamente e repetiu:

— À Lua?

— Sim — riu Leonardo. — Por que não?

— É o primeiro que vejo acrescentar alguma contribuição às obras de Aristóteles e de Arquimedes — admirou-se Luciano.

— Oh, eu os admiro! Meus estudos são em parte baseados nestes grandes homens do passado.

Luciano fez um breve silêncio e falou:

— Há um assunto um tanto delicado. Se me permites, minha filha Alessandra está encantada com teus modos gentis e tua inteligência rara. Ela lê e escreve poemas. Minha esposa faleceu faz muito tempo e penso que ela poderia...

Antes que Luciano terminasse, Leonardo interrompeu-o dizendo:

— Meu senhor, quanto ao desenho da capa de teu livro, será uma honra fazer-te. No entanto, apesar de admirar tua filha, acredito que outro homem poderá fazê-la mais feliz, pois no momento tenho muitos projetos em mente. Um deles é continuar na vida de monge, para que possa concluí-los. Além disso, sou muito mais velho que ela!

— Entendo — disse Luciano com expressão desconsolada. — Não te julgo. Tens todo o direito. Perdoa-me.

Leonardo percebeu que fora muito duro. Então, tentou consertar:

— Tua filha é uma bela jovem e merece alguém melhor que eu. Estou interessado em ver tal tratado; amanhã mesmo enviarei um servo para que te busque em tua casa. Não te decepcionarei, meu amigo.

— Fico feliz em ser teu amigo.

Eles se despediram.

Na manhã seguinte, antes mesmo que o sol raiasse, Leonardo estava com seus ajudantes empenhados em construir a máquina voadora para mostrar ao duque. Com esforço, conseguiu que, depois de pronta, fosse exibida. Ludovico ouvia-o assim mesmo, com mal disfarçada indiferença, dizendo-lhe:

— Senhor Da Vinci, sei de tuas nobres intenções, mas não posso perder tempo apreciando ou investindo em artefatos malucos. É verdadeiramente necessário um aperfeiçoamento das máquinas de guerra ou de tecer, muito mais importante que estas engenhocas voadoras.

— Mas, senhor duque, és capaz de imaginar o pouco tempo que gastarias em uma viagem daqui a Florença, indo pelo ar?

Ludovico arregalou os olhos e disse-lhe:

— Jamais subirei nesta coisa. Tenho pavor de altura. Sinto que, se despencar lá de cima, morro antes mesmo de espatifar-me no chão.

Leonardo insistiu:

— Isto não acontecerá, pois terás, preso às costas, um aparador de quedas que te fará planar até o chão em segurança.

— No momento, só consigo pensar na invasão dos franceses; é o que mais me importa. No entanto, se puderes criar algo que me faça livrar-me dos meus inimigos, financiarei teu invento. Se não, volta a pintar.

Da Vinci voltou para seu quarto desanimado. Cuidou de desenhar, conforme prometera, a capa do tratado de arquitetura. Em alguns dias, descobriu o desenho ideal: o nu masculino, com braços e pernas estendidas, demonstrava claramente suas idéias. Tão logo ficou pronto, chamou Luciano e explicou-lhe em detalhes:

— Vê, o homem é a medida de tudo que existe. Palmos, braçadas, passos, pés e polegadas. Tudo pode ser medido pelo corpo do próprio homem.

— Fico imaginando — disse Luciano, admirado — em que poderás surpreender-me, caro amigo. Admiro-te e tu terás sempre o meu respeito e a minha amizade. Em que projeto pretendes trabalhar agora?

— Ainda não tenho certeza. Gostaria que o duque me sugerisse, no entanto não é fácil descobrir quando ele ficará contente.

Exatamente nesse momento, Jerônimo entrou e disse-lhes:

— Com vossa licença. Senhor Da Vinci, o duque te chama.

— Ora, que boa notícia! — disse Luciano — Quem sabe ele pretende se desculpar. Eu já estava de saída. Padre Eufrásio se convidou para almoçar em minha casa e já estou atrasado. Até logo, senhores.

Leonardo foi imediatamente ter com Ludovico. Apesar de seu temperamento forte, Leonardo ainda era incapaz de guardar ressentimentos. Sua impaciência somente vinha à tona por aquilo que ele não podia conhecer. Talvez por isso preferisse estudar formas impossíveis e torná-las possíveis. Chegava a ponto de sofrer de tédio quando dominava completamente algum projeto, por isso perdia logo o interesse. Seu perfeccionismo e o ímpeto com que se atirava ao trabalho acabaram causando-lhe um esgotamento nervoso. Precisava de longas caminhadas. Porém, o mais difícil era suportar o gênio do duque, que mudava de humor facilmente, o que o levou a ter dores na cabeça e no estômago. Não ficou pior por causa de seus hábitos alimentares, pois continuava a não comer carne. Em seu salão de reuniões, Ludovico perguntou ao ver Leonardo:

— Senhor Da Vinci, terias alguma idéia de onde meus soldados poderiam atacar por terra sem serem abatidos?

O rosto de Leonardo iluminou-se de alegria e contentamento. Animado, respondeu:

— Sim, senhor! Na verdade, tenho em mente algo fenomenal! Aguarde apenas um momento e buscarei em meus aposentos um desenho fantástico de um tanque.

— Um tanque? Mas meus homens combatem a cavalo?

— Sou ciente disso, senhor. Porém, imagine que se repetisse o ataque de Tróia, onde um imenso cavalo de madeira fosse substituído por um impenetrável cavalo de ferro fundido?

Ludovico fitou-o longamente, levantou o olhar e ficou interessado. Momentos depois, Leonardo retornou com seus projetos nas mãos, abrindo-os sobre uma mesa.

— Eis aqui. Esta máquina exigirá oito soldados para ser manobrada. Uns olham para fora, pela fenda na parte alta; outros manejam os canhões; outros ainda acionam as rodas. Imagine inúmeros veículos cobertos, seguros e inexpugnáveis, que penetrarão entre o inimigo e sua artilharia, e não existe encoste de homens armados tão grande que não possa ser vencido por eles. Por detrás deles, poderá seguir uma infantaria totalmente ilesa e desimpedida. Tais veículos substituem os elefantes.

Enquanto Leonardo falava empolgado, não percebeu que se reuniam ao seu redor todos os assessores e militares, os quais estavam distraídos em animada conversação no salão ao lado. Tão logo terminou, foi aplaudido. Desconcertado, Leonardo falou:

— É apenas um plano. Se meu senhor, o duque, quisesse, poderia dominar o mundo.

Ludovico sorriu e disse:

— Senhores, é inegável o talento e a genialidade deste homem. No entanto, aproveito para dizer-vos que amanhã partirei para a Alemanha. Estou cansado. Sim, eu me aliarei ao imperador alemão Maximiliano I e preciso de planos grandiosos para mostrar-lhe.

Os presentes começaram a falar entre si sobre aquela decisão. Então, Ludovico falou:

— Jerônimo — disse, sem arredar o pé —, prepare uma mensagem solicitando uma audiência com o imperador...

Enquanto tais acontecimentos se desenrolavam no palácio, Luciano chegou em casa, onde padre Eufrásio já estava de pé, conversando com Alessandra, visivelmente nervosa. Tão logo viu o pai, a jovem correu para abraçá-lo dizendo:

— Papai, bom que chegou!

O padre logo se apressou em dizer:

— Salve, filho! Estava falando com tua adorável filha sobre as divinas virtudes que a Virgem Santíssima deve ter tido, pois graças a essas virtudes fora escolhida para ser a mãe do Salvador.

— É mesmo, filha? — questionou Luciano, estranhando o nervosismo da moça.

— Sim, papai — ela respondeu num riso médio. — Vá te lavar. Vou mandar servir o almoço.

Luciano não era tolo; estava desconfiado de que algo estranho acontecia. Entretanto, padre Eufrásio interrompeu seus pensamentos, perguntando:

— Tua filha é tão doce quanto fora sua mãe. Não tem nenhum pretendente? Se tiver, gostaria de fazer a cerimônia. Será uma esposa exemplar para um homem de sorte.

— Não. Quero dizer, acho que não — respondeu Luciano.

Suas falas foram interrompidas pela voz da criada, que se desculpou avisando que o almoço estava servido. Enquanto se sentavam à mesa, padre Eufrásio fez uma proposta:

— Meu filho, os sinos da igreja há muito tempo não são tocados por um dos fiéis. Era tradição que, a cada domingo, um filho de Deus abençoado tocasse os grandes sinos em sinal de agradecimento a Deus pelas bênçãos recebidas. Tu tens a bênção de ter uma filha tão bela e meiga; deverias agradecer ao Senhor. Gostarias de ter o privilégio de tocar os sinos na missa do domingo de Páscoa?

— Claro! — respondeu Luciano. — Seria uma honra para mim, que sou um pecador.

Após acertarem os detalhes, os três almoçaram silenciosos. Ao começar a tarde, o padre se despediu, a pretexto de suas orações vespertinas. Alessandra foi para o quarto, desculpando-se pela indisposição, não dando chance de o pai questioná-la.

Próximo dali, no palácio, Ludovico preparava-se para partir em uma longa e difícil viagem com sua comitiva, a fim de falar com Maximiliano. Depois que chegou e descansou, o duque foi direto ao assunto, após reverenciar Maximiliano:

— Vossa Majestade, que é um homem sábio e extremamente abençoado, sabe de minhas sagradas intenções. O próprio Deus escolheu-me para ser o duque de Milão. Agora, preciso que a nobreza reconheça-me como duque, a fim de manter a paz entre os povos.

Maximiliano tinha intenção de ficar em paz com Milão, a fim de reunir forças contra outras cidades-Estado, por isso nada negou a Ludovico. Sem demora, respondeu-lhe:

— Ora, não te preocupes. Se é dinheiro de que necessitas, o terás.

Ludovico retornou triunfante e distribuiu farta soma em dinheiro aos seus nobres milaneses, comprando, assim, o título de duque, dessa forma legitimando a usurpação.

A quantia fora tamanha que bastou para contratar também a morte do irmão num plano sinistramente elaborado para parecer um acidente, evitando julgamentos. Assim, o novo duque não queria ser temido, mas amado.

Ambicioso, Ludovico foi a Paris buscar união também com o rei francês Carlos VIII. No entanto, encontrou nele um rival, interessado nas terras de Nápoles. Tão logo o duque partiu para Milão, Carlos declarou guerra aos napolitanos.

Uma guerra sangrenta arrasou a fértil região. Veneza pediu ajuda para Ludovico, e este, por sua vez, irritado com a negativa do rei francês, temeu que seu próprio quintal fosse invadido. Assim, integrou-se à aliança e lutou com os bravos guerreiros.

Juntas, as três cidades venceram a França. Ludovico tomou a frente, com suas armas inovadoras e aterrorizadoras, contra o vencido Carlos VIII, exigindo que fosse fiel a Milão. O rei francês não teve outra opção. Assim, Ludovico tornou-se ainda mais poderoso e invencível.

CAPÍTULO 20

# *Mente Fabulosa*

Após mais uma volta triunfante de Ludovico, os tempos de paz retornavam a Milão, paz esta não compartilhada por padre Eufrásio. Leonardo percebera que havia certa indisposição entre ele e o padre. Mesmo pintando "A virgem dos rochedos", que causava tanta admiração por parte de todos por detalhar com beleza e sensibilidade as expressões divinas de duas santas mulheres e o menino Jesus, não conseguia agradá-lo.

Leonardo queria demonstrar a beleza da natureza humana, mas sempre que tentava se concentrar em sua oficina para pintar vez ou outra padre Eufrásio lhe fazia uma visita inesperada. Não querendo ser grosseiro, Leonardo respondia a seus questionamentos, mas o padre insistia:

— Senhor Da Vinci, compreende-me. Tais pinturas possuem uma intenção bastante clara. É mister que a utilidade delas esteja voltada para a educação do povo rude e iletrado, tanto nos rudimentos intelectuais quanto nos morais e cristãos. A arte seria supérflua se toda a gente soubesse ler. Seguir um raciocínio abstrato é mera concessão ao povo ignorante de toda sorte. Daí a razão de querermos pinturas de santos, para que tornemos os homens comuns mais devotos e melhores.

Leonardo, entretanto, não concordava completamente. Porém, diplomático como sempre, conseguia discordar do padre sem gerar conflito:

— Padre, não estás de todo incerto. Já rezava são Tomás de Aquino quando disse que a beleza inclui três condições: perfeição, harmonia e claridade.

— Sim — insistiu o padre. — Não é necessário que me tomes por ignorante.

— Oh, não é esta minha intenção! Apenas quero relembrar-te as palavras de são Tomás para não pensares que minha pintura não é sagrada. Dizia ele da perfeição, visto que as coisas imperfeitas são, por isso mesmo, feias. Se há devida proporção ou harmonia, e, por fim, claridade, que se chamem belas as coisas que têm uma cor brilhante.

— E que tem isso com o que te disse? — questionou o padre severamente.

Leonardo ajeitou-se no assento, levantando o indicador com serenidade:

— Explicarei em linguagem comum. Se quando pinto busco a perfeição, é certo que aqueles que vêem minha pintura apurarão os sentidos e, como conseqüência, chegarão mais perto de Deus. E isso não pode ser inerente apenas ao povo ignorante, já que Nosso Senhor desejaria que todos alcançassem o Reino dos Céus. Então, não podes dizer que a arte seria desnecessária se toda a gente soubesse ler, não é verdade?

— Tua astuta inteligência deixa-me confuso, senhor Leonardo. Toma cuidado para não a utilizares a serviço do mal.

Leonardo voltou a pintar em silêncio.

— Estou incomodando, não é mesmo? — perguntou o padre.

— Não.

— Posso ficar mais um pouco e rezar?

— Claro.

Instantes depois, o padre saiu, justificando a preparação da missa de Páscoa, que seria no dia seguinte. Leonardo então pensou numa forma de angariar a simpatia da Igreja, a fim de não ser uma vítima de padre Eufrásio. Porém, um acidente levou-o a refletir mais rapidamente.

Era uma bela manhã de domingo quando os sinos da igreja dobravam, contagiando a cidade e chamando os fiéis à missa. Quando todos já estavam dentro da igreja, um terrível acidente abalou os fiéis. Padre Eufrásio começava a oração falando sobre as virtudes dos santos e fazendo referência a Luciano, que se havia disposto a tocar os sinos sagrados, quando, de repente, foi ouvido um estrondo: os sinos despencaram do alto da imensa torre. A multidão correu até lá e viu apenas um corpo sem cabeça espatifado no chão. A borda de um dos sinos caiu sobre o pescoço de quem os tocava. Padre Eufrásio abriu a multidão horrorizada e falou:

— Pobre Luciano! Que Deus tenha pena de sua alma.

Alguns guardas chegaram ao local e levantaram, com dificuldade, o imenso sino. Ao verem a cabeça, uns disseram:

— Mas não é Luciano!

Padre Eufrásio olhou novamente e falou com espanto:

— É o diácono?

Quando Luciano, que ficara em casa velando a filha acometida por uma febre súbita, ficou sabendo do terrível acidente, falou:

— Infeliz esse diácono. Era para mim esta cilada. Não pude ir à missa tocar os sinos, então pedi ao jovem diácono que o fizesse por mim, mas não dissesse nada ao padre, para que não ficasse magoado.

Porém, o povo, longe de imaginar o que se passava, começou a espalhar rumores de que o próprio Deus havia castigado a cidade pelo excesso de barulho. Decidiu-se que por quarenta dias nenhum som deveria ser ouvido, e a voz humana, contida. Até mesmo o choro das crianças foi repreendido.

No dia seguinte, Leonardo investigou as cordas e percebeu que as fricções provocadas pela oscilação dos sinos desgastavam os eixos que os suportavam. No entanto, percebera que nos últimos dias esse desgaste fora acentuado por mão humana. Mais que depressa, apresentou uma solução ao padre. Sua solução foi um sistema de suporte para os sinos, equipado a um rolamento contra fricção, em que três ou mais sinos poderiam badalar, intercalando-se, sem se tocarem. Porém, o próprio padre ficou satisfeito com os rumores do povo, atestando castigo divino. Tentando convencê-lo, Leonardo aproveitou a oportunidade em que ambos se encontraram na praça e disse-lhe:

— Padre, estava mesmo indo falar com o senhor.

— É sobre os sinos do castigo?

— Ora, padre, quando Deus quer castigar, não usa sinos da igreja para isso! Usa o vento em forma de furacão, a chuva em forma de enchente, a terra em forma de terremoto e o fogo em forma de vulcão. Mas sinos, jamais!

— Mas que ousadia! — disse padre Eufrásio, com o dedo quase em seu nariz. — Sei que o duque tem-te em grande conta, mas, meu rapaz, já te adverti que não queira jamais contestar Deus e seus desígnios. Se tu tens uma solução para os sinos, dize-me, mas não coloques a divindade no meio!

— Não falemos mais nisso. Vê! — disse Leonardo, mostrando um desenho que acabara de retirar da bolsa. — Este sistema para suspender sinos usa três rolamentos para compensar o peso e a força do movimento do sino. Assim, eles jamais romperão, pois não há fricção.

— Ótimo, filho — disse o padre, com um tom de voz mais agradável —, mas isso custará muito aos cofres da igreja.

— Oh, não há motivos para preocupações! O duque tem sido generoso para com todos nós. Eu mesmo cuidarei para que os sinos sejam restaurados.

Nesse instante, Leonardo viu que Luciano saía a cavalo em direção aos portões da cidade. Todas as tardes, ele supervisionava a construção do Mosteiro da Igreja de Santa Maria das Graças.

Padre Eufrásio, disfarçando a ansiedade que lhe brotara naquele momento, falou:

— Deus te abençoe, filho. Agora preciso ir. Tenho famílias pobres para visitar e confortar. — E saiu apressado na direção oposta à de Luciano.

Leonardo, sentindo que havia eliminado um perseguidor, foi até o estábulo, pegou seu cavalo, colocou na bolsa a tiracolo seus instrumentos e saiu ao encontro de Luciano, que ia em direção ao pequeno riacho próximo à cidade. Leonardo perguntou:

— Posso acompanhar-te até o riacho?

— Evidente! Terei uma boa companhia.

— Um estudioso não pode ficar em sua oficina o tempo todo — falou Leonardo, satisfeito com os raios do sol que lhe aqueciam a face.

— Que tens feito, meu amigo? — quis saber Luciano.

— Às vezes, venho ao encontro das águas para estudar seu movimento. Não é fácil dominar sua força, mas é possível utilizar-se dela, mesmo que para navegar.

— Oh, pode ser que tenhas um coração de explorador!

— Oh, não! Apenas tenho desenhos que sugerem métodos para percorrer lagos, rios e mares, tanto na superfície quanto debaixo deles.

— Debaixo deles?

— Sim — explicou Leonardo. — É possível explorar o mundo submarino sem maiores problemas e descobrir suas belezas. Quem sabe um dia o homem poderá viver debaixo d'água.

— Delírios, meu caro! Mas vejamos esta novidade; parece-me interessante.

— Pois bem — falou Leonardo, apeando diante do riacho e retirando da bolsa um objeto de couro. — Vê esta bolsa flutuante. Ela fica na superfície da água. Dentro dela, há dois tubos pelos quais respira o mergulhador: um tubo para inspirar, outro para expirar.

— Gostaria de experimentar. Tenho escapado da morte com facilidade. Se pesados sinos não me sucumbiram, não será uma bolsa de ar que me matará. Deixarei meu compromisso para amanhã. Foi testada?

— Obviamente, já a testei num barril cheio de água. Basta apenas que mantenhas a calma e respires pelo tubo o ar que está dentro da bolsa. Não te preocupes, não tem furo.

Momentos após um belo mergulho, Luciano retornou admirado e observando-o perguntou:

— É incrível! Jamais me imaginei passar tanto tempo dentro d'água. Quem tu és, um enviado de Deus?

— Não — respondeu, rindo, Leonardo. — Sou apenas alguém cuja mente fervilha de idéias e sente prazer em colaborar com o Criador na busca de um mundo melhor.

— Fico impressionado com tamanha inteligência! Jamais vi alguém como tu!

Da Vinci aproximou-se do riacho e, pegando a bolsa, bateu na superfície da água:

— Nossa inteligência aqui na Terra tem um limite. A água batida forma círculos ao redor do ponto de impacto, a voz no ar cria o mesmo efeito ao longo de uma distância maior, o fogo vai ainda mais longe, e ainda mais a mente no Universo, mas dado que o Universo é infinito a mente não o alcançará jamais.

Luciano pôs a mão direita no ombro do amigo e falou com verdadeira admiração:

— Além de inventor, tu és um filósofo profundamente conhecedor da natureza de todas as coisas!

— Bem, na verdade, esta invenção ajudar-me-á com os estudos do movimento dos peixes. Creio que, se descrever como se nada debaixo d'água e o movimento dos peixes, terei maior facilidade em criar um veículo que atravesse um rio debaixo d'água, assim como fiz ao descrever o vôo dos pássaros. Quero convidar-te para amanhã compareceres à minha oficina, pois te mostrarei outros cadernos repletos de planos fantásticos.

— Será uma honra, Leonardo, mas agora preciso ir para casa trocar-me, pois fiquei todo molhado. Até logo.

Eles se despediram. Da Vinci continuou testando sua bóia.

No dia seguinte, logo cedo, Luciano compareceu à oficina do palácio. Leonardo já o esperava com os cadernos sobre a mesa.

Luciano observava, estupefato, principalmente a escrita invertida. Leonardo explicava com paciência, visto que poucos compreendiam seu gênio inventor:

— O duque sempre me pede que crie máquinas práticas de uso imediato, por isso já tenho planos que utilizam rodas hidráulicas, como moinhos para moer grãos, para fabricação de pólvora e tecelagem de seda.

— E quando estarão prontos?

— Eis o problema! Ludovico fez inimigos, agora se preocupa mais com guerras do que com o crescimento de sua cidade e de seu povo.

— É verdade. Mas e este outro esboço? Parece o desenho de um barco impulsionado a remo — perguntou Luciano.

— É bem mais que um barco. Vê como o uso da roda de pás torna este barco ao mesmo tempo forte e eficiente. É também muito fácil de manobrar, porque o remador está voltado para a frente.

— E como é possível um homem apenas conseguir força para tal?

— Observa — explicou Leonardo. — Segundo Arquimedes, a água deslocada por uma embarcação tem o mesmo peso que a própria embarcação. Se, por algum acidente ou forte tempestade, o barco virar, os tripulantes terão como segurança a bolsa que testaste no riacho, que é um salvador de vidas. Quanto à força do remador, é simples: ele girará uma manivela, que estará conectada a uma roda, que, por sua vez, impulsionará outra maior, cheia de remos, à direita e à esquerda. Isto moverá o barco.

— Maravilhoso! Estudastes tão bem o solo quanto a água!

— A água é bastante interessante e percebo que sei muito pouco sobre ela. Porém, todos sabemos que ela destrói as montanhas, enche os vales e, se pudesse, reduziria o mundo a uma perfeita esfera. A água pode ser a fonte da vida e da morte.

— Há mais? Que faz esse homenzinho neste desenho?

— Aqui, vemos um conjunto que nos permite caminhar sobre as águas, pelo menos em teoria, pois é necessária muita força para equilibrar-se...

Risos.

Havia muitos anos Leonardo não encontrara motivos para se alegrar. Diante de seus geniais inventos, descobria que sentia um imenso bem-estar e tranqüilidade na alma. E Luciano compreendia profundamente tudo o que a mente inquieta de Leonardo criava. Esse sentimento o estimulava e o fazia sentir-se valorizado, e esta era a melhor recompensa que esperava: o reconhecimento.

Com o rosto brilhando, ele continuou:

— É interessante como o movimento da superfície da água se parece com o do cabelo. Já observaste?

— Sim, meu amigo, mas não com os mesmos olhos que tu.

— Pois bem, são dois movimentos: um provém do peso do cabelo e o outro das ondas e dos cachos. Da mesma forma, a água tem seus redemoinhos turbulentos, uma parte seguindo a força da correnteza principal e a outra obedecendo a um movimento paralelo.

— Muito obrigado — disse Luciano.

— Por que me agradeces?

Luciano respondeu com emoção:

— Agradeço-te por permitir-me passar estes momentos agradáveis de intenso aprendizado. Se ao menos aceitasses ser meu genro, saberia que minha filha estaria em boas mãos depois de minha morte.

Leonardo silenciou por alguns instantes, depois falou:

— Tu és generoso, Luciano, mas espero que me perdoes por essa intransigência. Não pretendo me casar. Acredito que faria qualquer mulher infeliz, pois não daria a atenção que toda alma feminina e sensível merece. Acho que sou muito egoísta para dividir meu tempo e meu espaço.

— Não te acho egoísta — falou Luciano. — Ao contrário, se o fosses, inventarias apenas para ti. No entanto, percebo que crias noite e dia para o bem da humanidade.

— O bem da humanidade? — riu Leonardo. — E quanto às armas que matam os invasores franceses?

— Este é um problema que só poderás resolver quando te tornares um francês.

Leonardo não compreendeu, mas guardou as palavras para refletir depois.

Vendo que quebrara o clima de cordialidade, Luciano voltou atrás e disse sorridente:

— Ora, compreendo, mas fico imaginando como seriam inteligentes os meus netos! Já que não posso ter-te como genro, posso negociar teus inventos? Conheço muitos homens que pagariam bem por tais objetos que não são engenhocas malucas, como diz Ludovico, mas invenções geniais. Dá-me liberdade para vendê-los e serás um homem próspero.

— Vejo que és um amigo de grande utilidade, caro Luciano.

— Quero ajudar, apenas.

— Pois bem, amanhã mostrar-te-ei outros planos.

Eles se despediram.

No dia seguinte, conforme combinado, Luciano retornaria à oficina, a fim de ver os outros planos de Leonardo, compreendê-los e talvez negociá-los.

Luciano jamais poderia imaginar que sua única filha sofria terríveis ameaças de padre Eufrásio, que obrigava a menina a freqüentar o confessionário todas as tardes. Assim que ela chegava, ele logo lhe insinuava com ares de sermão:

— Deves servir ao Senhor com tua alma e teu corpo. Não podes resistir, nasceste para servir.

Trêmula e confusa, ela lembrou-se de uma vez em que ele a abraçara e tentara beijá-la, sob a ameaça de matar seu pai. Tentando desvencilhar-se, ela rogou aos prantos:

— Deixa-me em paz, eu imploro!

Com a voz severa, ele insistiu:

— Cala-te, criança inquieta. Sabes que tenho poderes para fazer-te órfã. Mas, ouça-me, aqui na capela não é seguro, por isso ordeno que me encontres amanhã ao cair da tarde na floresta, próximo ao desfiladeiro. E não tente me enganar de novo ou nunca mais verás teu pai.

De joelhos, ela implorou:

— Oh, senhor, por favor! Não faças nada contra meu pai. Eu lá estarei, juro por Deus!

Luciano, sem suspeitar dos atrozes sofrimentos de sua filha, acompanhava Leonardo e observava com admiração um canhoto desenhar com tanta facilidade. Viu que este parou de repente e, num gesto brusco, abriu a gaveta, olhando para um objeto com números e setas móveis. Então, falou:

— Deus do Céu, já é hora da oração vespertina! Se não estiver na capela, o padre continuará a perseguir-me, pois diz que minhas inspirações são obra do... Sabes de quem falo.

Luciano nem o ouvia direito, observando curioso a peça movendo-se sozinha.

— Mas não é possível! Move-se sozinho! De que se trata, meu caro?

— Ah, esqueci-me de mostrar-te. É um marcador de tempo. Vê que marca as horas e os minutos, impulsionado por imãs. No entanto, só consigo fazê-lo funcionar na horizontal. Se o coloco na vertical, ele pára de funcionar.

— Pelo amor de Deus! Que mais podes fazer para surpreender-me?

— No momento nada, pois o tempo voa e não posso contê-lo, nenhum homem pode. Quando começo a pensar no tempo, acredito que Deus existe. Acompanha-me na oração e logo retornaremos.

Os dois foram juntos até a capela, onde o padre expressou um leve sorriso ao vê-los sob sua tutela. Alessandra os viu entrar, mas cobriu o rosto para não ser vista, desviando-se por entre as árvores do jardim.

Tão logo terminaram as orações, Leonardo e Luciano retornaram à oficina, então Luciano perguntou:

— Já ouvistes falar de Gutemberg?

— Sim, o inventor da máquina que Ludovico trouxe da Alemanha. Aliás, o duque poderia ter economizado apenas me solicitando tal máquina. Eu a faria para ele.

— Que dizes? Trata-se de uma prensa!

— Bem sei — disse Leonardo com certo desdém. — Admiro o invento do nobre alemão, no entanto é uma máquina que, para ser operada, precisa de oito homens. É grosseira! Não viste o tamanho das letras lapidadas em madeira, borradas de tinta e estupidamente forçadas contra o linho?

— E daí? — Luciano deu de ombros.

— A prensa que planejei precisa apenas de um homem para ser operada.

— Estás brincando?

— Não estou, não! Minha máquina é delicada e pode-se ter uma Bíblia pronta mais rápido que naquela engenhoca desengonçada. Bem, não posso criticar um companheiro. Afinal, ele é um inventor como eu. Mas é verdade que não é tão completo. Acaso o alemão pinta?

— Tu és mesmo impossível! — disse Luciano, rindo. — Não, ele não pinta como tu, nem é tão genial!

— Queres ver mais? — disse Leonardo.

— Há mais ainda?

— Meu caro, é realmente uma pena que o corpo humano seja tão limitado, pois, se meus braços acompanhassem minha mente, talvez o próprio mundo seria reinventado e, quem sabe, o próprio Universo.

Luciano assustou-se com tal posicionamento e temendo pela vida de ambos aconselhou:

— Ei, meu amigo, cuidado com tais palavras! Não sabes o que o clero é capaz de fazer quando alguém começa a pensar?

Leonardo puxou-o para um canto e falou com firmeza:

— Se queres saber, o objetivo básico do conhecimento são o homem e o significado da vida. É pelo homem que se devem estabelecer as questões cosmológicas.

Luciano respondeu também baixo:

— Mas a Igreja e os filósofos não permitirão que o povo teça tais idéias.

— Ora, nenhum filósofo jamais impediu alguém de conhecer toda a verdade.

— E se o paganismo voltar a imperar?

Leonardo falou-lhe ao ouvido:

— Deves saber que existe uma afinidade entre a cultura clássica pagã e o cristianismo, já que o ensinamento sobre o homem, a vida e a virtude, ministrado pelos autores clássicos como Sócrates e Platão, pode ser integrado ao cristianismo. — Luciano estava meio tonto com tantos argumentos. Leonardo cuidou de despertá-lo: — Não falemos nisso; não é essa minha tarefa. Agora, vê: este desenho é de uma ponte giratória que pode ser usada para atravessar ou mesmo para evitar que o inimigo atravesse um rio. Para os dias de guerra, tenho um tipo de ponte extremamente leve e forte, que pode ser carregada facilmente. Com ela se pode perseguir o inimigo e escapar em qualquer momento.

— E como ela funciona?

— É mais uma invenção para uso militar. Esta ponte elevadora é abaixada por uma dobradiça ligada a uma das margens do rio. Um sistema de contrapesos ajuda a equilibrar a ponte à medida que ela é abaixada. Com este canal-ponte, forma-se uma via por sobre a água. Tal qual o trevo de estradas, este desenho permite que o tráfego marítimo circule em direções diferentes. A primeira porta da ponte funciona como represa temporária, ao dificultar a circulação da água pelas pequenas aberturas; na segunda porta, o nível da água é assim elevado, permitindo que o barco se eleve, flutuando até o canal da ponte. Além disso, é um importante meio de levar água de um lugar para o outro.

— Interessante. E este outro desenho?

— Trata-se de uma grua móvel, feita para facilitar o levantamento de fardos pesados. É possível graças à roda de impulso horizontal. Mas não penses que está nessas engenhocas minha paixão.

— Há mais ainda? Que sonhos grandiosos podem ser contidos em uma mente tão brilhante?

— Oh, não é necessário que aumentes minha vaidade! Tenho ambições que não são para minha utilidade, mas para o povo. Na verdade, sempre que invento uma nova arma tenho terríveis pesadelos, e quase todos os meus estudos estão sob a mira dos padres, que me consideram um sacrílego.

— Então pára de inventar armas.

— Ah, talvez eu tenha a solução para a Igreja jamais me perseguir, pois tenho planos igualmente para ela. Um deles é a construção de catedrais abobadadas, com tetos coloridos, portais maravilhosos e entradas imponentes. Já fiz cálculos precisos para a construção das basílicas de Milão e de Pavia. Sei que isso agrada aos padres, mas não as crio para agradar, mas porque os fiéis merecem ser bem acolhidos. Há também outro plano. Talvez por este não tenhas interesse...

— Ora, tenho interesse por tudo o que fazes! Dize-me!

— Na verdade, estás ciente de que infelizmente existem casas de prostituição em Milão. Isto é um sério problema, pois não há em tais lugares nenhuma limpeza. Minha opinião é que tais lugares não existissem, mas, se existem, e a natureza dos homens ainda é incontida, que seja um lugar asseado. Aliás, é possível criar uma cidade inteira que seja perfeita, prática e bela. Onde não haja águas fétidas escorrendo pelas ruas nem estrume de cavalo perto das feiras de comércio, nem cães, gatos e ratos espalhados pelas ruas, nem locais onde os doentes sejam tratados em separado da comunidade saudável. Isto, porém, é apenas um sonho que coloco no caderno.

Luciano completou:

— Sonhos ou grandes idéias? Creio que Arquimedes se sentiria uma criança perto de ti, já que és genial em hidráulica, cosmologia, astronomia, mecânica, música e crias audaciosos planos de construção.

Leonardo sorriu e, sem se envaidecer, foi mostrar outras anotações.

— Na verdade, nem todos os meus inventos têm soluções práticas, porém a maioria deles pode ser utilizada com inúmeros benefícios para a população das cidades à beira-rio. Esta máquina escavadora, por exemplo, serve para o controle das inundações que assolam as cidades. Não é difícil transportar água de um lugar para outro. Se compreenderes, é um desenho de uma engenhoca para manutenção e limpeza de canais.

— Sim, compreendo perfeitamente, mas como funciona?

— À medida que a roda gira, se ajustam os cabos ao redor do eixo central. Os cabos impelem a draga para adiante. As alturas do eixo são ajustáveis. Puxando o eixo, as pás de drenagem atingem maior profundidade no leito do rio, com a ajuda de uma roldana de ferro, que pode ser usada também para retirar facilmente água de poço sem que se perca a corda, pois ao final da corda terá um nó que não a deixará passar se o puxador soltá-la por acidente.

— Essa roldana, com certeza, será de grande utilidade. Eu mesmo quero encomendar uma. Mas, voltando à tal draga, como é possível ajustares esses eixos? E como conseguirás prender tantas peças metálicas?

— Com os instrumentos básicos da mecânica — disse Leonardo, abrindo um baú e mostrando umas peças semelhantes a grandes pregos lapidados, de forma circular, bem como uma placa igualmente de ferro com um furo ao meio. — Eis duas peças essenciais para montar qualquer peça: uma entra na outra com movimentos giratórios e não sai nunca mais, a não ser que seja girada no sentido contrário. — Luciano riu, pegou-as, testou as duas peças e, a princípio, achou-as grandes e pesadas. — Mais tarde, se tiveres tempo, poderei lapidá-las em menor tamanho, para objetos menores, como este marcador de horas. Tenho dificuldade com esta ampulheta, pois sempre me esqueço de virá-la. Quanto ao marcador de horas solar, nem sempre há sol o bastante. — Leonardo falava do protótipo do relógio de horas e minutos que acabara de criar. — Imagina que haja três peças dentadas de igual forma e diferentes tamanhos, onde uma pequena faz girar uma maior. A pequena girará mais rápido, e a maior, devagar. Nos marcadores de hora solar, é a sombra que gira; no caso, serão setas que mostrarão as horas, e cada hora terá minutos, que é o tempo necessário que a peça menor levará para dar um giro completo.

— Esplêndido! Mas como farás para que elas girem?

— Bem, este é o problema. Mas, acredita, não me demorarei a resolver. Aliás — disse num estalo de dedos —, já tenho a solução.

— E qual é, grande gênio? — perguntou Luciano sorrindo, sem ser irônico.

— Cuidado ou logo me chamarás "Deus". Não sou um gênio, mas um discípulo da experiência — disse Leonardo.

— Que seja.

Leonardo foi até a cozinha e trouxe pequenas pás, uma maçã e uma jarra de água. Introduziu os cabos das pás na maçã e prendeu-a pelos lados, trespassados por uma vareta, fazendo uma espécie de roda de moinho. Despejou a água na primeira pá, que girou fazendo a segunda receber a água, e assim sucessivamente fez com que a maçã girasse. Então, concluiu:

— Se funciona com as pás, imagine os dentes da peça menor o que farão com a maior?

— Farão com que ela gire, movendo as setas, é isso?

— Exatamente!

— Deus do Céu! De onde tiras estas idéias, meu amigo?

— Se queres saber, vou confessar-te: nem mesmo eu sei!

— Quero comprar um marcador de horas, não importa o preço — disse Luciano.

— Quando o relógio estiver pronto, quero presentear-te — disse Leonardo, sorridente.

— Será um prazer. Mas o duque não ficará enciumado?

— O duque? Com todo respeito e consideração, pois não sou ingrato, mas acho que o duque deveria refletir melhor sobre suas ações.

— Talvez fosse prudente dar-lhe conselhos, já que ele te tem em grande estima.

— É verdade. Amanhã cedo estarei com ele.

— Agora preciso ir embora; não posso empatar-te em teu precioso tempo. Até logo, amigo. Aliás, tenho uma idéia para seu "relógio". De repente, os ponteiros estão pesados; corte as pontas e vejas se se movem.

Leonardo ouviu-o e mais que depressa agiu: tomou de uma afiada faca, cortou a ponta de cada ponteiro e experimentou colocá-lo na vertical. Para sua surpresa, os ponteiros não pararam. Abraçando o amigo, Leonardo disse:

— Bravo! Bravo! Já não me sinto só! Há outros seres pensantes neste planeta!

Luciano apenas riu e se foi.

Conforme planejado, Leonardo fora falar com Ludovico. Sem imaginar que a mente do duque estava atormentada, adentrou a sala e falou animado:

— Senhor, eis o novo plano completo para a cidade de Milão, eliminando muros, alinhando ruas, prevendo esgotos, vias de dois pavimentos, em que os pedestres andariam por cima, deixando a pista embaixo livre para os transportes. Vê, as casas seriam amplas e ventiladas, envoltas por enormes praças e jardins públicos.

— Não tenho tempo agora, Da Vinci — Ludovico respondeu secamente, segurando uma taça de vinho.

— Senhor, deixamos os planos de lado. O povo queixa-se e comenta sobre...

— Respeito teu trabalho, Da Vinci — disse grosseiro, interrompendo-o —, mas não me venhas falar do que o povo quer. O povo não sabe nada sobre política, muito menos tu. Talvez seja o único assunto que entendo mais que ti, mas entendo.

— Mas, senhor...

— Não ouses falar-me mais uma vez sobre meus negócios. Isso eu não permito! Cuida de tuas obrigações, pois até hoje não cumpristes tua promessa. Onde está o monumento que prometeste em homenagem a meu pai?

Leonardo ficou desconcertado:

— Ainda nesta semana estará pronto, eu asseguro.

— Pois, se até domingo não estiver, procurarei outro artesão para tal serviço.

— Como quiseres, senhor.

Leonardo saiu profundamente aborrecido. No entanto, um desafio lhe deixava animado, mesmo que fosse pelas humilhações do duque.

No dia seguinte, conforme combinado, Alessandra se dirigia ao local marcado, mas no caminho pensou: "Ora, se eu ficar constantemente com meu pai, não haverá como ele ser morto. Da última vez, consegui livrá-lo dos sinos, agora é só ficar mais atenta. Voltarei já para casa".

Assim, Alessandra não compareceu ao encontro, o que deixou padre Eufrásio furioso.

# CAPÍTULO 21

# *Morre um Mecenas*

APESAR DE CRIAR e recriar muitas invenções inteligentes, Leonardo demorava-se em encontrar soluções simples, como a de apoiar todo o peso da enorme escultura do cavalo sobre as duas patas traseiras. Ele deixou de lado todas as outras invenções e concentrou-se na argila. Durante toda a semana, modelou e remodelou uma dúzia de cavalos em tamanho pequeno. Mais uma vez, o tempo não lhe fora subserviente. Então, viu chegar o domingo, e a escultura não estava pronta.

Cansado de esperar, Ludovico ordenou a Jerônimo que contratasse outro escultor para o cavalo.

Naquele ano, Leonardo continuou no palácio organizando festividades, supervisionando a cozinha, estudando anatomia, física, botânica, geologia e matemática. Lecionava música aos filhos dos servos do palácio, pintava, desenhava e iniciava novas obras. Chegou mesmo a pintar o retrato de um jovem belo, que fora seu aluno de música. O interessante era o fato de tal retrato possuir detalhes ricos, cabelos caprichosamente encaracolados, dedos elegantes e de concentração intelectual.

Havia paz no ducado, e Ludovico viu-se animado e revigorado. Seu romance com Cecília tornava-se cada vez mais intenso. Ele queria um herdeiro, porém o destino lhe reservara uma mulher bela, carinhosa, determinada, mas estéril. Seu coração era generoso para com ela; quanto ao povo, tratava-o com frieza, preferindo mantê-lo a distância, evitando sair às ruas ou receber pedintes. Ele não imaginava que outros sofrimentos o aguardavam.

O tempo corria, e Jerônimo não conseguia encontrar nenhum escultor para tornar realidade o sonho do cavalo do velho Sforza. Centenas de planos tinham sido apresentados, mas todos pareciam medíocres comparados às idéias de Da Vinci. Houve casos engraçados em que o cavaleiro era três vezes maior que o cavalo. Após insistência de Jerônimo, Leonardo voltou a falar com o duque, desta vez com ares de vencedor:

— Ora, vejo que não encontraste nenhum escultor à altura.

Ludovico olhou-o desconcertado e disse-lhe sem olhá-lo:

— Pois bem, tens autorização para retornar ao monumento.

— Com prazer, senhor — respondeu Leonardo sorrindo.

Após um ano inteiro de tentativa, por fim Leonardo concluiu "O grande cavalo", com oito metros de altura. Foram necessários seis homens para arrastar o pedestal e colocá-lo no salão, a fim de ser coberto por um gigantesco tecido, para que o duque o descobrisse em uma solenidade.

O grande momento chegou. Seria uma surpresa para Ludovico. O duque, tendo a certeza de Leonardo de que o monumento estava finalmente pronto no molde de argila, convidou alguns dos seus prediletos para assistir à inauguração. No momento da solenidade, quando os nobres milaneses aguardavam ansiosos a surpresa, Ludovico discursou ante a imensa estátua coberta:

— Senhores, meu pai foi um grande cavaleiro e excelente soldado. Um guerreiro da paz. Sempre cumpriu com suas mais sagradas tarefas em nome do Senhor. Vejamos o que a alma de um grande artista pôde visualizar.

Leonardo percebeu que o duque estava muito empolgado; então, temendo decepcioná-lo, falou:

— Bem, senhor, na verdade...

— Ora, não sejas modesto.

— Tire logo o pano! — disse Cecília, ansiosa diante de um objeto tão grande e esperado.

Ludovico puxou o pano, já esperando os aplausos. Porém, estes não aconteceram. Estupefato, o duque falou com os olhos arregalados:

— Quê! Apenas um cavalo, e sem o cavaleiro? Esta é a homenagem a meu pai?

O público ficou dividido entre uns que riam e outros que ficaram admirados pela beleza e originalidade do cavalo, cujas patas dianteiras estavam empinadas com graça e leveza.

Cecília ousou opinar:

— É uma estátua eqüestre imponente. Demonstra força e equilíbrio.

Ludovico, porém, não se conformava e demonstrava sinais de irritação.

— Senhor duque — disse Leonardo —, é impossível colocar o cavaleiro. As patas traseiras não suportariam. Além disso, todos sabem que o espírito de teu pai já está com todas as honras e glórias que lhe são merecidas.

— Pelo menos está pronto? — perguntou Ludovico, mudando o semblante.

— Sim, o modelo em argila está.

— Então finalmente poderemos colocá-lo em praça pública?

— Oh, não, senhor! É preciso fundir a estátua, senão será facilmente quebrada. Isso seria um terrível desastre!

— Fundir? Não temos ouro para fundir um cavalo desse porte!

— Usaremos bronze.

— Quanto?

— Duzentas toneladas.

— Quê! Tudo isso?

— "É merecido" — disseram os participantes daquele espetáculo desconcertante.

— Jerônimo! — bradou o duque.

— Senhor! — respondeu de longe o fiel servo e um instante depois estava na presença de Ludovico.

— Jerônimo — disse o duque com voz seca —, providencie sejam oferecidos ao senhor Da Vinci os duzentos mil quilos de bronze de que precisa. Tenho certeza de que nosso escultor conseguirá colocar um cavaleiro.

— Mas como, senhor? É muito bronze!

— O povo fará sua colaboração.

— Perfeitamente, meu senhor.

O salão ficou vazio em poucos instantes. Leonardo estava feliz por ter finalmente conseguido que seu monumento fosse aprovado e muito perto de ficar para sempre concluído. Enquanto o bronze era recolhido em forma de impostos sobre o povo, Leonardo se envolvia em novas atividades. Ainda como organizador das festas promovidas pela Corte, desenhava cenários e figurinos para as representações teatrais, as competições e os torneios. Seus estudos de hidráulica sobre os canais da cidade permitiram que Milão fosse a primeira cidade a se beneficiar da proteção das próprias águas. No entanto, certa noite, Cecília foi procurar Leonardo, dizendo-lhe:

— É preciso que fales com Ludovico. Ele vive irritado, todas as noites tem pesadelos terríveis. Sinto que algo está por acontecer. Por favor, fale com o duque. Precisas acalmá-lo.

Leonardo não tardou a cumprir o desejo da duquesa. Na manhã seguinte, foi ter com Ludovico. Este lhe confessou:

— Não confio mais em meus homens. Os franceses estão a cada dia mais perto. Sinto isso.

Leonardo respondeu com calma:

— Se isso acontecer, há mil maneiras de livrar-te do inimigo, e uma delas é usar tortuosas passagens subterrâneas e caminhos construídos, sem provocar ruídos, a fim de alcançares um local previamente determinado, mesmo que seja necessário passar debaixo de uma trincheira.

No entanto, Ludovico não estava bastante confiante e disse:

— Agora que a introdução da pólvora nos campos de batalha tornou-se necessária, é preciso ter toda uma visão da ciência e da arquitetura defensiva. Não gostaria de estar perto quando o inimigo lançar mão da pólvora em nossos muros. E se tudo isso explodir?

— Não é preciso temer — disse Leonardo com segurança. — É seguro. A disposição circular construída ao redor do palácio cria uma série de fossos que poderiam ser cheios de água em caso de ataque de inimigos. As muralhas baixas e curvas desviam eficientemente o fogo inimigo. Além disso, o senhor pode defender-se caso...

— Caso o quê!? — quis saber o duque, encabulado.

— Caso sejas traído.

— E quem ousaria?

— Digo "caso sejas". Não estou afirmando. "Caso" aconteça, a torre central pode ser isolada do resto da fortaleza, permitindo ao senhor escapar pelo tubo subterrâneo. Além disso, poderás aprisionar nas tuas residências todo e qualquer membro da tua comitiva que conspire contra ti.

— Espero que não seja como o monumento a meu pai.

Aquelas palavras fizeram com que Leonardo passasse quase toda a noite estudando matemática, a fim de encontrar uma solução urgente para a sustentação do cavaleiro no cavalo.

No entanto, uma encomenda dos monges lhe chamaria a atenção, fazendo-o esquecer-se do "O grande cavalo".

Era início da manhã do Dia de São Marcos, no ano de 1494. Leonardo começava a adormecer quando ouviu que alguém lhe batia à porta com insistência. Ao abri-la, porta viu, pelo hábito marrom, que era um monge e estava acompanhado por um garoto de não mais que doze anos, que o olhava fixamente.

— Que a paz de nosso Senhor Jesus Cristo esteja contigo! — disse o monge desconhecido.

— Com o senhor também! — respondeu Leonardo. — Entra, por favor.

O monge entrou e permaneceu de pé. Então, disse-lhe:

— Sou Vicenzo, do Mosteiro da Igreja de Santa Maria das Graças. Meu prior envia-lhe um convite para que aceites pintar o prédio que está quase pronto. Se puderes ir agora mesmo, meu prior ficará satisfeito, como fica poucas vezes com poucas coisas vindas dos homens.

— Agora?! — admirou-se Leonardo, que não tinha fechado os olhos naquela noite.

— Acompanha-me, por favor.

— Está bem! Mas dá-me apenas um instante para tirar a carapuça e vestir algo adequado. Podeis, por gentileza, aguardar-me lá fora?

Após algumas horas de galope, Leonardo, o monge Vicenzo e o garoto chegaram ao Mosteiro.

— O prior Giácomo receberá o senhor — disse o monge, retirando-se.

Não demorou muito e surgiu no salão um homem muito simpático. Era obeso, de poucos cabelos e olhos redondos. Ele recebeu Leonardo com alegria e disse-lhe com voz suave:

— Senhor Da Vinci, que a paz de Cristo esteja com o senhor. Sê bem-vindo. Senta-te, por gentileza. Luciano falou-me a teu respeito.

— Sou um humilde servo, monsenhor — respondeu Leonardo, aceitando uma banqueta para sentar-se.

O prior continuou com simpatia:

— Precisamos de uma pintura sagrada para o refeitório e acreditamos que o senhor seja a pessoa ideal para tal tarefa. Talvez o retrato do momento em que Jesus transforma água em vinho fique adequado.

— Escolheste bem, senhor — disse Leonardo, olhando as enormes e nuas paredes do mosteiro —, no entanto tenho uma sugestão que, acredito, agradará todos que se assentarem à mesa durante as refeições.

— Por certo. E qual é, filho?

— Algo mais sagrado. Vejamos: qual foi a mais sagrada de todas as ceias, senão a última em que Jesus se reuniu com seus doze discípulos?

— Bravo, senhor Da Vinci! Deus seja louvado por isso! — disse Giácomo, rindo. — Presumo que conheces bem a vida de Nosso Senhor Jesus Cristo?

— Não tanto quanto o senhor — respondeu Leonardo modestamente. — Devo meus parcos conhecimentos bíblicos ao padre de minha infância. Poderemos começar quando tu quiseres.

— Serás bem recompensado, tenhas certeza. Amanhã é dia de Nossa Senhora do Bom Conselho; que ela te proteja e te inspire — disse o prior, saindo a passos lentos e derramando um olhar bondoso por onde passava.

Logo após aquelas primeiras palavras, Leonardo tomou as medidas da parede e foi para casa esboçar o projeto. Estava sonolento, mas sua imaginação criava asas. Lembrava-se das palavras de Luca a respeito dos doze signos do zodíaco. Assim, logo percebeu que não conseguiria dormir. Desenhou febrilmente até conseguir o esboço desejado, distribuindo linhas, luzes e dimensões. Cada gesto, expressão e fisionomia retratavam seu conhecimento oculto. Horas depois, estava exausto e faminto, mas satisfeito com seu primeiro esboço. Caiu na cama em sono profundo, o sono da realização. Despertou no dia seguinte revigorado e completou o projeto. Banhou-se e foi levar o desenho até o mosteiro. Apesar de ter trabalhado sem interrupção, estava com uma expressão radiante nos olhos.

O prior aprovou e autorizou a pintura imediatamente. Num largo sorriso, ele ordenou:

— Que os móveis do refeitório sejam afastados e se façam andaimes para o conforto do pintor. Que se inicie "A última ceia". Sim, meus irmãos, o momento em que Cristo anuncia a traição de um discípulo. Realmente, é um tema adequado para um refeitório monástico. Assim, todos se lembrarão de que o que comem ou bebem não deve estar separado do corpo de Nosso Senhor Jesus Cristo, e que cada refeição pode ser a última.

Leonardo logo começou a preparar as medidas. O mural ficaria imenso, obedecendo às medidas da imensa parede do refeitório. Quem visse o início dos desenhos não compreenderia aonde o pintor queria chegar.

Ao prior Giácomo, que às vezes passava por lá perguntando como estavam os trabalhos, Leonardo disse:

— Utilizarei uma técnica nova, ou seja, tinta a óleo em argamassa seca em vez do afresco, para que possa fazer retoques sem pressa e alcance a perfeição.

O prior concordou.

Em algumas semanas, a notícia de que estava sendo pintada uma cena sagrada havia-se espalhado. Uns diziam que o próprio Cristo descera à Terra para inspirar Da Vinci em sua obra. A visão do sagrado fizera com que artistas e devotos da região iniciassem verdadeiras romarias ao mosteiro, para admirar a obra ainda em andamento. Leonardo levava semanas inteiras em uma figura, procurando a melhor forma de expressar o que cada personagem sentia ou pensava no exato momento da ceia.

CAPÍTULO 22

# *A Última Ceia*

Ludovico, percebendo que tantos visitantes se dirigiam para Milão a fim de ver a obra-prima de Leonardo, presenteou-o com uma vinha não muito distante da cidade, a qual batizou de são Vitorino. Doou-a publicamente e informou ao mosteiro que não se preocupasse, pois o painel seria uma obra financiada pelo duque.

Leonardo ficou bastante satisfeito, pois a vinha tornou-se um local em que ele se retiraria para momentos de tranqüilidade, para desenhar, pintar e pesquisar.

Às vezes, passava meses na vinha. Ficava isolado, estudando plantas e animais. Era preciso que os monges fossem buscá-lo para continuar a pintura do mural. Quando retornava ao refeitório do mosteiro, a cena fervilhava de ação e movimento.

No entanto, algo de inusitado mudou sua rotina silenciosa e perfeccionista. Todos os dias, um rapazote vestido com hábito de monge observava-o em silêncio, a distância. Certo dia, tomou coragem, aproximou-se, subiu no andaime e com voz de quem admirava o trabalho perguntou:

— O senhor é um escravo da perfeição, senhor Da Vinci?

— Não sou — disse Leonardo, voltando-se para o mural. — Deixa-me, preciso de solidão para trabalhar.

— Perdoa-me, não quis interromper-te — disse o jovem, que desceu e voltou a ficar calado, observando, olhando para cima, segurando o queixo com a mão.

Leonardo, ao ver que o menino era obediente, sentiu-se um monstro mal-educado e perguntou:

— Ora, ficas sempre aí quieto; não te cansas? Aliás, não foste tu que vieste à minha casa com o monge Vicenzo?

— Sim, senhor, sou Melzi. Lembraste de mim, obrigado — disse o rapazote, sorridente e animado, voltando a subir no andaime.

Um longo silêncio se fez. Os olhos do garoto não se desviavam dos movimentos de Da Vinci.

Incomodado por ter alguém o observando tão de perto, Leonardo falou mais uma vez:

— Deves compreender que preciso de paz! Não tens obrigações?

— Sim — disse o jovem —, mas isso é mais importante que qualquer coisa no mundo inteiro. Faço toda minha obrigação antes do sol raiar para que possa estar aqui com o senhor. Não é todo dia que temos gênios por aqui.

— Por que me chamas de gênio?

— Porque és um gênio! O senhor Luciano assim se referiu ao senhor, e concordo com ele. És um mestre, o melhor que existe! — disse ele com seriedade nos lábios e riso no olhar.

Leonardo sorriu.

— Sei que sou um gênio, um mestre e o melhor que já existiu, existe e existirá! Não precisas dizer-me o que sou. Sei muito bem o que sou. Sou apenas alguém tentando fazer as coisas certas.

— Pensas que estou brincando! — ofendeu-se o garoto.

— Não, Melzi. Falas de uma forma tão natural que chego a acreditar. Luciano se refere assim a mim porque é meu amigo. Não acredite nele, pois quer que eu me case com sua filha.

— Pois acredite, és gênio!

— Então, galanteador — disse Leonardo com mais simpatia — fica aí e observa um gênio trabalhar.

— Com todo prazer... mestre.

Um novo silêncio se fez.

— Quem tu és, menino inteligente? — disse Leonardo, com certo carinho nas palavras.

— Meu nome é Francesco Melzi, senhor. Um teu criado.

— Não tenho criados — disse Leonardo.

— Então posso ser teu discípulo?

Leonardo riu novamente e meneando a cabeça voltou a pintar, sem responder.

Naquela tarde, Melzi ficou observando e admirando os gestos precisos de Da Vinci. Uma sólida amizade como a de pai e filho começou entre eles. Melzi não demonstrava nenhuma inclinação para monge e ali estava por vontade da mãe, junto a tio Vicenzo. Vez ou outra, Melzi questionava:

— Mestre, por que cada um tem um gesto diferente?

— Isto é muito profundo e complicado para um menino como tu.

— Agora há pouco me chamaste de "inteligente"! Quero saber, explica-me, eu imploro! Tenho sede de saber.

— Pois bem — disse Leonardo, rendendo-se —, hoje à noite, quando me retirar, acompanha-me até a torre e lá te explicarei a razão de tais posições dos apóstolos no mural. Aqui é perigoso falar. Os padres podem ouvir e me acusarão de bruxaria.

O rapaz saltou e disse:

— Isso é emocionante! Tudo o que pedires farei com alegria, mestre.

— No momento, peço apenas silêncio — respondeu Leonardo, voltando-se para a pintura.

À noitinha, vestidos em capas escuras, Melzi e Leonardo dirigiram-se à torre. Sob luz de velas, Leonardo começou a explicar, após abrir, em uma pequena mesa, o linho engomado sob o qual havia desenhado "A última ceia":

— Falar-te-ei de coisas que não poderás sair por aí divulgando a qualquer um. Nem todos possuem capacidade para compreender o que está além do próprio nariz. Prometes guardar silêncio e segredo?

— Prometo guardar com minha vida tudo o que disseres — disse Melzi, fazendo uma cruz com os dedos nos lábios.

— Se soltares a língua, nós dois morreremos na fogueira!

— Deus me livre!

— Pois bem — explicou Leonardo —, imagina se estivesses presente no momento em que Jesus anunciou que seria traído. O que dirias? Como reagiria cada um dos discípulos?

— Deus me livre outra vez! Tentaria descobrir o insano, a fim de impedi-lo.

— Não é bem isso que eu pensava — continuou Da Vinci. — Vê, são doze discípulos, sendo que de cada lado do Cristo há seis. Esta disposição não é por acaso. Cada um representa um dos signos, onde seis são opostos aos outros seis. Unindo os estudos dos astros e da matemática, é possível compreender a sabedoria do Universo e sua lei de harmonia entre os opostos. Se fores capaz de dizer-me o nome dos doze apóstolos, merecerás saber mais. Do contrário, saberás apenas isso.

— Sim, mestre, é claro que sei. Vejamos — disse o garoto, contando nos próprios dedos. — São eles os santos Simão Pedro, João, Judas Tadeu, Judas Escariotes, Mateus, Pedro, Felipe, André, Tiago Menor, Tiago Maior... e... deixe-me ver... Não fales, vou lembrar... Faltam quantos?

— Faltam dois.

— Dois? Ah, meu Deus, me ajude! — disse, apertando a cabeça com as duas mãos. — Já sei, Bartolomeu... e... agora só falta um... é... — Um demorado silêncio se fez, até que de repente: — Tomé! Isso mesmo! O que duvidou de que era Jesus quando ressuscitado.

— Exatamente! — confirmou Leonardo num largo sorriso.

— Mas não compreendo como é possível associar os doze discípulos com esse tal zodíaco! — quis saber Melzi.

Leonardo explicou:

— Um zodíaco é o espelho do Universo. Usando a posição do Universo e da astronomia, formaremos um círculo de forças que se cruzam na fronte de Cristo, e isso expressa a luz do mundo, a unidade e a fonte de vida circundada por doze tipos humanos, sendo que cada discípulo é um receptor das doze forças básicas originadas do centro. Essas doze formam seis linhas de forças opostas e complementares, que são a força criadora, a matéria criada, a lei de evolução, a eternidade, o amor e a sabedoria universal.

Melzi ficou admirado com aquelas palavras e então falou:

— Ainda não consigo compreender perfeitamente, mas se o senhor me explicar mais um pouco tenho certeza de que conseguirei.

— Observe o desenho, filho. Da esquerda para a direita temos: Simão simbolizando Áries; Judas Tadeu, Touro; Mateus, Gêmeos; Felipe, Câncer; Tiago Menor, Leão; e Tomé, Virgem. Do outro lado do Cristo temos na seqüência: João, Libra; Judas Escariotes, Escorpião. Inicialmente, pensei em separar Judas dos outros apóstolos, mas acabei rejeitando a idéia. Pedro simboliza Sagitário; André, Capricórnio; Tiago Maior, Aquário; e por último Bartolomeu, Peixes.

— Muito interessante e inteligente! — disse Melzi. — Mas como é possível associar animais brutos como o leão, o touro ou o peixe com almas humanas?

— Oh, mente limitada! — ralhou Leonardo. — Espero que não sejas infantil o bastante para pensar que falo de animais, mas de constelações do firmamento, isto é, os astros.

— Ah, perdão! Compreendi. É por isso que os padres não gostam de astrologia. É porque não compreendem o que significa. Mestre, qual é o teu "astro"?

— Nasci em quinze de abril; sou regido por Áries. Tu deves ser um capricorniano.

— Não sei, senhor. Nasci no início de janeiro.

— Exatamente como havia pensado. Teu signo solar é Capricórnio.

— Como o senhor sabia? — questionou Melzi, curioso.

— Gostas de estar entre pessoas importantes. Falarei sobre cada um e saberás mais — disse Leonardo, disfarçando o riso.

— Ah, continuemos! Depois de Jesus, Simão é o líder? — quis saber Melzi.

— Sim. Vê que Simão Pedro, representando Áries, impõe as duas mãos em direção a Jesus, incentivando a todos a seguir os ensinamentos do Cristo. É o cérebro, a independência e a verdade. Por isso me chamas de "gênio"; afinal, sou ariano.

Risos.

— Do outro lado — continuou Leonardo —, à direita de Jesus, quem representa Libra é João. Ele é toda harmonia, justiça, beleza e meditação. É o colaborador que inclina a cabeça para ouvir e ajudar o outro, evitando conflitos, exatamente o oposto de Áries, que impõe suas idéias, mas se aprender a ser manso pode encontrar o equilíbrio. Libra deve aprender a medir os direitos alheios para encontrar o equilíbrio e Áries deve aprender a ceder, sob o risco de ficar sozinho.

Ao dizer esta última palavra, Leonardo suspirou triste, mas continuou firme, dizendo:

— O próximo é Judas Tadeu, que representa Touro, o que executa, obedece em nome do equilíbrio, fecunda, oposto a escorpião, aqui representado por Judas Escariotes, que é toda autoridade, organização e que fecunda quimicamente. Vê que Judas Tadeu tem o rosto iluminado, o cabelo rico e o semblante atento às palavras de Simão, com sua mão elevada. É todo boa vontade e carinho, mas precisa aprender a dominar seus desejos de agradar sempre para manter-se vivo. Escorpião, ao contrário, é o signo da morte, da destruição da matéria, da vida oculta e da transmutação, por isso Judas Escariotes se mostra batendo a mão na mesa, tendo na outra um saquinho de dinheiro. Traz em si o bem e o mal. Judas queria que Jesus mostrasse seus poderes para expulsar os romanos, libertando os judeus do jugo, mas Jesus utilizou esse poder para libertar o espírito. Como Judas sentiu-se fracassado, "picou" a si mesmo. Tal destruição representou para a humanidade a transmutação em forma de ressurreição, que libertou a humanidade. Touro jamais seria capaz de tal atitude; ao contrário, preferia que fosse ele mesmo o crucificado a ver sofrer aquele a quem ama.

Melzi falou admirado:

— Mestre, isso é interessante! Aposto que o prior é de touro.

— Posso continuar? — ralhou Da Vinci.

— Claro, perdoa-me.

— Pois bem. O terceiro é Mateus, Gêmeos, que move a cabeça para ouvir Simão e indica os braços no sentido oposto a Sagitário, representado por Pedro. Gêmeos tem o dom da palavra, é comunicativo e se adapta bem. Mateus conviveu com Jesus e viu o que aconteceu, por isso quer falar a todos que sabe o que faz. A figura de Pedro, o mesmo que fez o dogma e a Lei da Igreja, é também o animal que existe no homem, mas tem seu pensamento fixo no alto, por isso aponta com o dedo indicador para Jesus ao colocar a mão sobre o ombro de João. É a fera em busca do divino. Gêmeos fornece a Sagitário a inteligência para atingir tal meta, mas precisa da força deste para não dispersar as idéias confusas entre o sagrado e o profano. Agora, representando a fé e a gratidão, vê Câncer, identificado aqui por Felipe, o que leva as duas mãos ao coração. Do outro lado, está Capricórnio, representado por André, com as mãos exatamente opostas a Felipe, isto é, com as mãos para fora. André é a razão, a confiança, o raciocínio, a segurança e a prudência, mas precisa ser menos duro e mais romântico. Já Felipe, emotivo, sente-se responsável pela união de todos, é cheio de fé e sensibilidade, mas precisa aprender a construir confiança em si mesmo. Este que abre os braços diante de Jesus é Tiago Menor, que representa Leão. É o soberano que exerce seu magnetismo sobre seus subordinados; ele é o que atrai. Do lado oposto, está Tiago Maior, Aquário, o que irradia. Assim como a água da Terra é atraída para a atmosfera, formando as nuvens que atraem os raios cósmicos, formando a tempestade, esta por sua vez irradiará, devolvendo à Terra o que foi atraído, lavando o que estiver imundo e devolvendo a vida às plantas. Com os braços abertos, Tiago Menor atinge tudo o que está ao seu redor, isto é, ninguém pode duvidar da lealdade, da liderança, do poder e da força de Leão. Extremamente oposto a Tiago Menor está Aquário, irradiando liberdade, fraternidade, querendo saber também o que o outro pensa ao colocar a mão no ombro de Pedro, enquanto Leão brilha para atrair todos para si. Aquário é pioneiro e precursor do futuro, pois não tem preconceitos, mas lhe falta a certeza, o que sobra em Leão, que, se quiser ser rei amado, deve descer do trono e aproximar-se do povo para servi-lo. Basta que um aprenda com o outro para que ambos encontrem o equilíbrio. O duque é leonino — concluiu, com certa impaciência na voz. — Continuemos — disse Leonardo, retomando o ânimo. — O sexto discípulo ao lado de Jesus é Tomé, que é virginiano, oposto a Bartolomeu, que está no fim da mesa ocupando a posição de Peixes. Enquanto Virgem está em constante movimento, variação da forma, observação, ansiedade, inquietação e análise minuciosa dos detalhes, por isso levanta o dedo indicador para cima, Peixes é todo calma, essência, sentimento, visão ampla e afasta-se da dor de todos para se colocar na luz de sua solidão. Se Virgem aponta para cima em direção à fé, também demonstra analisar as palavras de Jesus quando este anuncia que será traído. Enquanto isso, Peixes está quase fora da mesa. Se Virgem sente prazer em criticar e mostrar erros, deve mostrar as imperfeições sempre com o amor de Peixes na intenção de edificar; não adianta forçar a evolução, deve visar às grandes causas como faz Peixes. Da mesma forma, o sonhador Bartolomeu deve aprender que não se pode fugir da realidade o tempo todo e, embora sinta um grande amor universal, deve trabalhar para que a humanidade que tanto ama alcance a paz que almeja.

— Virgem Santíssima! — admirou Melzi. — Como o senhor sabe tudo isso?

Leonardo riu, mas logo ficou sério:

— Se eu te dissesse tudo o que sei, ficarias louco. Agora vamos, já é tarde.

— E Jesus? — perguntou Melzi.

— Excelente pergunta! — respondeu Leonardo, preocupado. — Apesar de simbolizar e sintetizar todas as forças do Universo, não é fácil imaginar um rosto para Jesus. Talvez eu ainda não seja bom o bastante para estar autorizado a visualizar a face do Cristo, nem mesmo em sonho.

Quando estavam saindo, Leonardo perguntou a Melzi:

— Quando o vi pela primeira vez, te vestias como monge. Ainda queres ser um?

— Não, senhor, mas meu pai morreu e minha mãe não pode cuidar de mim, por isso deu-me a meu tio.

— Queres ser meu pupilo e protegido?

O garoto parou e com olhos e boca abertos ficou estático por alguns instantes. Então disse, cheio de empolgação e com os olhos úmidos de felicidade:

— Senhor, isso não seria uma realidade, mas um sonho! Deus seria muito bom para mim se isso acontecesse!

— Queres ou não?

— Se quero? — disse, abraçando-o. — Não mereço tanto!

— Afinal, garoto, tu queres ser o meu discípulo? Olhe que minha vida não é fácil!

Melzi abraçou-o mais forte e disse emocionado:

— Do fundo do meu coração, eu quero! Muito obrigado, não te arrependerás. Serei mais que teu filho. Serei teu escravo.

— Não quero um escravo — disse Leonardo, caminhando alguns passos.

— Pois bem — respondeu Melzi, acompanhando-o —, serei o que o senhor quiser.

— Sê apenas um filho, um belo e dedicado filho. Vou ensinar-te a ler, a escrever e a desenhar.

— Como és bom, senhor Da Vinci! — disse chorando.

Leonardo enxugou o rosto do garoto e disse-lhe num sorriso:

— Todos somos belos e bons, mas é preciso compreendermos a beleza e a bondade que trazemos e termos a certeza de que tais qualidades existem para vivermos em harmonia com os homens, com a natureza e com Deus. Amanhã falarei com teu tio. Vá dormir, que já é tarde. Vá com Deus.

O garoto saiu correndo e dando pulos de alegria. Não percebeu que dos olhos de Leonardo brotavam pérolas de lágrimas. Não havia percebido quanto se tornara carente de sentimentos sinceros.

No dia seguinte, ao falar com Vicenzo, Leonardo obteve, sem problemas, a autorização por escrito para adotar Melzi.

Da Vinci passava a metade do dia contemplando e retocando o que já havia feito. Sua mente inquieta mesclava arquitetura com desenhos de rostos.

— Qual dos apóstolos melhor se afigura a ser um discípulo do Cristo? — perguntou Melzi.

Leonardo respondeu sem titubear:

— A figura mais louvável é a que, por sua ação, melhor transmite o que se passa na alma.

Melzi tudo fazia para agradar o mestre, e este lhe ensinava importantes lições de desenho, pintura, música e engenharia. Leonardo diminuiu os trabalhos quando não encontrou uma face que combinasse com a figura de Jesus.

Quase dois anos se passaram, e Leonardo não encontrava um modelo para delinear as expressões do rosto do Cristo. Os monges já não suportavam tanta demora. Todos os dias o cheiro de tinta no refeitório era insuportável. Então, Vicenzo foi falar com o prior, que achou por bem reclamar:

— Senhor Da Vinci, admiramos teu trabalho, que é sagrado e nobre, no entanto a lentidão atrapalha nossas atividades. Além disso, os fiéis estão ansiosos por ver a pintura pronta. Sê compreensivo.

Leonardo virou-se e disse:

— Senhor, homens de gênio às vezes fazem o máximo quando trabalham o mínimo, pois estão engendrando invenções e formando na mente a idéia perfeita que depois expressarão com as mãos. Perdoa-me, estou cansado.

— Mas aonde o senhor vai? — perguntou Giácomo, vendo que Leonardo descia do andaime.

— Vou meditar e buscar inspiração para encontrar um rosto ideal para o Cristo. Nessa atmosfera tensa, não posso pensar direito.

— Mas não podes abandonar o trabalho.

— Não posso, mas devo. Não ousaria desenhar qualquer expressão. Talvez eu precise morrer para ver o rosto de Jesus e só então retornar para completar minha obra. Estou certo? — Leonardo saiu limpando as mãos, sem esperar a resposta, deixando o prior francamente irritado.

Aborrecido, Leonardo mais uma vez deixou uma obra incompleta.

Retornando ao palácio, agora com seu discípulo, Leonardo cobrou de Ludovico o bronze, pois o monumento a Francesco Sforza continuava resumido ao modelo de argila. Ludovico lhe respondeu:

— Não temas. Terás teu bronze para o monumento de meu pai. No entanto, tive que utilizar o metal para construir novos canhões, pois o rei tem atacado nossas fronteiras, bem o sabes.

— Não acredito! — disse Leonardo, furioso. — Esse monumento jamais ficará pronto!

Ludovico colocou-se de pé e vociferou:

— Não ouses desafiar-me! Bem sabes que a morte é o fim de meus inimigos. Já disse que logo que terminar esta guerra teremos tantos cavalos de bronze quantos quisermos.

Um silêncio tenso se fez. Leonardo percebeu que Ludovico estava muito tenso e poderia tirar-lhe a vida quando quisesse. Então, rompeu o silêncio dizendo-lhe:

— Os túneis já estão prontos para qualquer momento de perigo. Não deves temer. Há várias passagens secretas no palácio.

— Ótimo! — respondeu o duque, retirando-se a passos largos.

Aquela informação sobre os túneis fora providencial. Ludovico intuía que algo estava por acontecer.

Naquela noite, Milão começou a ser atacada pelos franceses liderados por Luís. Seus muros foram invadidos por todos os lados, e a cidade ficou como se fosse uma leve folha invadida por centenas de formigas. Servos, nobres e plebeus fugiram para que não fossem mortos. Muitos guardas foram assassinados, tentando proteger o duque, que insistia em permanecer no palácio.

Vendo-se vencido, Ludovico deparou, em sua própria sala, com Luís, o príncipe francês, empunhando uma lâmina afiada, que brilhou de sua mão em direção à sua garganta.

Ludovico desviou rapidamente da morte, saltando para o lado e empunhando igualmente sua espada. O sangue fervia-lhe nas veias. Mal percebeu que o inimigo lhe ferira o braço esquerdo, do qual escorria sangue pela camisa branca.

Tentando intimidá-lo, Ludovico perguntou:

— Queres meu ouro ou meu povo?

Luís avançou mais uma vez com a espada e respondeu-lhe em bom latim:

— Dizes "meu"? Vim recuperar o que foi tomado de minha família. Sou o verdadeiro herdeiro do ducado de Milão!

— Tu és um salteador estúpido! — retrucou Ludovico.

— Estás enganado. Sou herdeiro de Visconti, família que governou o ducado antes dos Sforza. Teu pai usurpou o título, assim como tu. Pensaste que matando teu irmão Gian estarias livre de inimigos?

Ludovico ficou indignado com tanta informação. Então, avançou em direção ao oponente e gritou:

— Morrerás por tua língua mentirosa e por tua astúcia — disse Ludovico, avançando a espada em direção ao estômago do rival, ao que Luís desviou com agilidade e pôs-se novamente em posição de luta.

Enquanto os poucos soldados que restaram lutavam contra os invasores, os dois líderes tentavam tomar o poder no corpo a corpo. O palco desta luta se transferia aos poucos para a sala em que estava o imenso cavalo de argila.

Leonardo assistia de longe ao combate, pensando em alguma forma de salvar o duque do ato heróico e estúpido de ficar no palácio.

Num momento bem planejado, enquanto príncipe e duque envolviam-se com o duelo, um soldado subiu pelas cortinas e tencionou jogar-se sobre o duque.

— Ah, não! — disse Leonardo. — Isso é desigual!

Então, tomou uma seta caída ao chão e lançou-a na estrutura que firmava a cortina, derrubando o inimigo. No entanto, o soldado, ao se desequilibrar com a lança, soltou-se da cortina e veio cair sobre o tão complicado cavalo de argila, que desabou no chão, desfazendo-se em pedaços. Aquele projeto, que rendera a Leonardo tantos anos de trabalho e a partir do qual chegara mesmo a escrever um tratado de anatomia eqüina, rico em gravuras, transformou-se em um amontoado de pedaços espalhados pelo chão.

De longe, Leonardo gritou:

— Oh, Deus! Misericórdia! Não é possível! Foram tantos anos para conseguir esta escultura, agora chega!

Nesse meio tempo, diante da confusão, Leonardo cortou a corda do lustre pendurado no teto e, num gesto rápido, puxou Ludovico, levando-o para uma passagem secreta projetada por ele num dos corredores do palácio. A saída dava no fundo da igreja, onde Melzi os aguardava. Por um momento, puderam esconder-se nos túneis projetados por Leonardo e colocar as idéias no lugar.

Exaustos, descansaram até que pudessem sair da cidade em segurança. Ludovico, indignado com a invasão de Milão, e Leonardo, com a destruição do cavalo.

De dentro do esconderijo os três puderam receber alimentos e água. Por alguns dias, os soldados franceses saquearam as casas, estupraram as mulheres e escravizaram os homens. No entanto, o povo milanês não se rendeu. Mesmo escondido, Ludovico traçou seu plano de retomar o palácio. Secretamente, ele e seus fiéis retomaram as forças. Em poucas semanas, o povo todo se reuniu e rebelou-se, expulsando Luís, reconduzindo ao poder o duque Ludovico.

Em 1498, a paz retornou a Milão. Leonardo teve tempo para reformar as salas e iniciar a redação dos manuscritos do Tratado de Pintura, os sistemas de freios para carroças e a fabricação da correia dentada, que faria mover qualquer objeto.

Ludovico voltou ao poder e à paz com Leonardo, prometendo nunca mais cobrar dele o cavalo. No entanto, o duque desconfiava da capacidade de seus homens em proteger Milão. Enquanto Leonardo pensava em arte para a vida, Ludovico pensava em arte para a guerra e usava o artista para este miserável fim.

Jogando com formas geométricas, Leonardo projetou várias igrejas ideais e quando tinha tempo dissecava cadáveres de homens e mulheres de todas as idades. Ele registrou minuciosamente as descobertas e até planejou um tratado de anatomia. Suas pesquisas incluíam uma análise do sistema nervoso e um estudo da posição do feto no útero, que não pôde compartilhar com os médicos, tendo em vista as intrigas fomentadas pela Igreja.

Melzi tornava-se um discípulo fiel, silencioso e eficiente. Aprendera a ler e a escrever rapidamente. Em seu aniversário, recebera do mestre um alazão puro-sangue. Ele mais parecia uma sombra, anotando tudo o que o mestre dizia e fazia.[8] Melzi raramente saía de casa, mas vez ou outra precisava buscar na feira algo de que o mestre necessitava para seus estudos e projetos. Numa dessas saídas, deparou com um homem grosseiro, que vendia um escravo de pouco mais de dezesseis anos. Em voz alta, o homem dizia:

— Vendo ou troco por um cavalo. É um rapazote forte, não tem pai nem mãe. Serve para qualquer tipo de trabalho.

Melzi aproximou-se e viu aquele jovem de traços finos, maltrapilho e de olhos tristes. Então, perguntou:

— Por que o senhor está vendendo este rapaz como escravo?

O homem respondeu-lhe com uma pergunta arrogante:

— Por que queres saber? Acaso tens com o que barganhá-lo?

— Sim, eu tenho — respondeu Melzi.

Então o homem respondeu-lhe:

— Seu pai, antes de morrer, devia-me alta quantia. Como seu filho não tem com o que me pagar, estou vendendo-o; não posso ficar prejudicado.

---

[8] Melzi reuniu desenhos e textos de seu mestre, formando um patrimônio histórico cuja herança para a humanidade são sete mil e setecentas páginas. Na década de 1960, descobriram-se, em Madri, setecentas páginas e duzentos e um desenhos sobre aviação, arquitetura e engenharia mecânica elaborados pelo artista entre 1491 e 1495.

— Pois eu o troco por um alazão, o melhor de toda Milão, que vale dez escravos — disse Melzi, condoendo-se da condição do rapaz.

— E onde está esse cavalo tão bom?

— Aguarde-me. Não vendas o rapaz para ninguém, por favor.

Melzi saiu em disparada e não demorou muito a retornar, montado em um belo cavalo negro.

O estranho homem já estava aceitando outra proposta, mas Melzi apressou-se e disse-lhe:

— Espera! Tu me prometestes! Se não o venderes a mim, terás problemas com o duque Ludovico Sforza, pois é para ele que trabalho.

— O duque! — disse o homem, preocupado.

— Sim — falou Melzi com autoridade. — Toma o cavalo e dá-me o rapaz.

Salai observava com admiração a determinação do jovem Melzi. Um largo sorriso escapou de seus lábios quando percebeu que seu vendedor cedia-lhe para o rapaz.

Os dois jovens saíram juntos e assim foram até o palácio.

— Estás livre. Se quiseres voltar para tua cidade, não o reterei; porém, se preferires uma vida melhor, vem comigo até o palácio conhecer meu mestre.

O rapaz estava assustado, mas confiante de que qualquer situação seria melhor que a anterior.

Tão logo encontrou Leonardo, Melzi explicou-lhe o acontecido. O mestre congratulou-o pela ação e, ao ouvir a história do órfão, logo se simpatizou com ele. Não demorou muito para Salai tornar-se mais um fiel discípulo de Da Vinci, que o adotou.

Os três trabalhavam com afinco tanto nas pinturas quanto nas obras de arquitetura, mecânica, hidráulica e outras invenções.

Aos quarenta e dois anos, Leonardo havia alcançado o apogeu. Apesar das experiências malogradas e dos trabalhos não concluídos, era admirado e respeitado por mecenas e artistas, tinha sua própria oficina de aprendizes e nunca esteve tão ocupado.

Em uma bela tarde de sábado e nas raras vezes em que saía, Leonardo foi, com Salai e Melzi, visitar Luciano. Em vez de encontrá-lo, deparou, ainda no jardim, com a jovem Alessandra. Leonardo tomou a dianteira e os dois jovens ficaram alguns passos atrás conversando, pois um fazia companhia para o outro e viviam como irmãos. Salai, logo que viu a jovem, comentou com Melzi:

— Por Deus, é a moça mais bonita que já vi em toda minha vida!

— Não acho — disse Melzi. — Além disso, ela é mais velha que tu.

— Pois para mim se assemelha a um anjo. Acreditas em amor à primeira vista?

— Eu não! Ei, sê discreto e pára de olhá-la como um tolo! Não percebes que estás de boca aberta e de olhos arregalados?

Caindo em si, Salai riu e disfarçou a admiração, mas seu coração batia acelerado.

Alessandra e Leonardo cumprimentaram-se e começaram a conversar.

Enquanto alimentava os pequenos pássaros que à sua mão acorriam, ela falou:

— Meu pai não está em casa. Quando ele está ausente, sinto-me completamente só. Ele tem sido também minha mãe, mas às vezes sinto falta dela.

Leonardo, recolhendo para si um dos pássaros, falou:

— Não és a única. Perdi minha mãe muito cedo. Fui morar com meu avô, até que meu pai se casou com Albiera Amadori. O tempo passou, e eles não tiveram filhos. Então, a contragosto de meu pai, ela levou-me para morar com eles. Apeguei-me à senhora Albiera, que me batizou. Mas na semana em que eu faria treze anos ela morreu. Agora já faz muito tempo. Ouvi dizer que meu pai se casou várias vezes, mas foi infeliz todas elas. Acho que tenho todos os motivos para não me casar jamais.

Ao ouvir tais palavras, uma sombra de tristeza envolveu o olhar de Alessandra, que perguntou:

— Por que estás me dizendo isso? Já sei, meu pai falou demais.

— Cada um tem o direito de escolher seu destino — disse Leonardo —, e eu escolhi o meu.

— Apesar de não seres um monge, ages como um deles, não é verdade? — disse Alessandra, forçando um sorriso.

— Em parte é verdade — respondeu Leonardo, fazendo um sinal para que os jovens se aproximassem. Então, ele disse-lhe: — Estes são meus filhos adotivos: Melzi e Salai.

— Encantada — ela disse, flexionando levemente os joelhos.

— Encantadíssimo! — respondeu Salai, estendendo a mão, mas logo sendo beliscado por Melzi, que apenas fez um gesto com a cabeça.

— Agora precisamos ir — disse Leonardo. — Diga a teu pai que amanhã mesmo terminarei o tratado. Andei muito ocupado, mas não o decepcionarei.

A noite chegou, e eles retornaram ao palácio. Salai não conseguiu dormir, pensando em Alessandra. Na manhã seguinte, tomou coragem e foi até a casa dela, com a desculpa de perguntar se a jovem precisava de algo. Antes que chegasse, ele a viu saindo apressada em direção ao bosque. Então, resolveu segui-la.

Após alguns instantes de caminhada, Salai a viu se encontrar com um homem encapuzado. Ele pôde perceber a expressão de angústia nos olhos de Alessandra.

Tão logo ela se aproximou, o homem desceu do cavalo e a puxou para si. A pobre moça tentava, em vão, resistir. Salai não compreendeu, mas também não aceitou. Saindo do esconderijo em que estava, Salai tomou de uma pedra e acertou a cabeça do homem. Tão logo ele caiu, o capuz mostrou seu rosto.

— Padre Eufrásio! — assustou-se Salai.

— Oh, meu Deus do Céu! — pranteou Alessandra. — E agora, o que vou fazer? Não devias ter feito isso!

— Quê? Salvo tua vida e é assim que me agradeces?

— Não compreendes! — disse a jovem aos prantos.

Eufrásio voltou a si. Levantando-se rapidamente, tomou de seu cavalo, limpou o sangue que lhe escorria da cabeça e ameaçou:

— Ah, traidora, tens um amante! Verás que cumpro minhas promessas, mas não saberás o dia nem a hora!

— Não! — implorou Alessandra aos prantos. — Por favor!

Ele se distanciou, deixando a jovem banhada em lágrimas. Salai abraçou-a e disse:

— Não compreendo o que está acontecendo, mas vou ajudar-te.

— Não poderás fazer nada. Ele é muito poderoso; foi indicado pelo próprio papa — disse Alessandra, voltando para casa.

— Eu te acompanho. Não deixarei que nada de mal te aconteça.

Ao chegar em casa, após despedir-se de Salai, Alessandra aguardou o pai chegar e convenceu-o a não sair de casa naqueles dias. Luciano estranhava o comportamento de Alessandra, mas sempre pensava que era fruto da falta da mãe. Às vezes, até pensava em se casar novamente para suprir esta falta ou talvez enviá-la para morar com a prima Cecília. No entanto, achava a vida no palácio um tanto tumultuada. Assim, os dias iam passando.

Era uma manhã de domingo. Leonardo ainda não havia dormido, pois tivera a determinação de terminar o Tratado de Arquitetura, conforme prometera a Luciano.

Já era tarde da noite quando Salai foi até seu quarto e perguntou carinhosamente:

— Mestre, ainda estás acordado? Precisas de algo? Um chá, talvez?

— Não, filho, obrigado.

— Então posso pedir-te um favor?

— Ah, filho, agora não! — Leonardo respondeu.

— Mas é muito sério. Precisas falar com o duque sobre padre Eufrásio.

— O padre é um homem doente. Ademais, estou apressado para entregar este livro ao meu grande amigo, que me foi tão importante nos momentos mais difíceis. Luciano é realmente uma daquelas poucas pessoas que conseguem compreender imediatamente o que uma mente hábil concebe. Na verdade, está quase pronto. Mais um pouco e terminarei. Queres acompanhar-me à casa de Luciano?

— É claro! Não deixarei o senhor ir sozinho. É perigoso andar por aí.

— Não temo os que matam o corpo — disse Leonardo num sorriso.

Tão logo saíram, Leonardo e Salai caminharam rápido e chegaram à rua onde morava Luciano. De longe, viram que um grupo de pessoas se reunia em frente à casa. Salai sentiu um fio de gelo no estômago, pois temia uma tragédia com Alessandra. Leonardo correu e, tentando romper o muro de pessoas, perguntou:

— O que houve? O que aconteceu?

Por fim, conseguiu entrar e pôde ver Alessandra debruçada sobre o corpo inerte do pai. Uma serva contava aos guardas o que havia acontecido:

— Precisavam ver — dizia ela entre soluços. — Meu senhor se debateu com o ladrão, mas não teve jeito. O monstro era mais forte e matou meu senhor. E agora, que será de nós?

Leonardo falou a Salai:

— Luciano era um homem de bravura moral, mas não estava habituado às lutas físicas. Por isso, terminou por ser ferido gravemente.

— Oh, Deus do Céu — rompia novamente a serva em prantos. — Que tragédia!

Profundamente consternado, Leonardo falou para todos:

— Eis um bom homem que não merecia ter morrido assim. Que o Senhor reserve um bom lugar para ele.

Aproximando-se de Alessandra, ele imaginou que talvez pudesse ajudá-la de alguma forma. Poderia até mesmo levá-la para morar consigo. Seria mais uma de seus filhos, tal qual alguém da família, tamanho respeito e amizade que tinha para com Luciano.

Salai conseguiu aproximar-se. Quando Leonardo tocou a jovem no ombro, ela se levantou com os olhos inundados de lágrimas e disse-lhe:

— Não tenhas pena de mim, não estarei desamparada. Já era meu desejo dirigir-me para um convento de moças, dedicadas à vida de clausura e servidão, tal qual uma noiva de Cristo.

Aquelas palavras lhe calaram profundamente. Leonardo afastou-se e disse:

— É uma decisão sábia e lúcida.

— Não farás isso! — interrompeu Salai. — Poderás morar conosco! Ora estamos na vinha, ora no palácio. Nunca estarás só! Ou se quiseres... ser... minha... noiva?

Leonardo assustou-se com a ousadia do rapaz, mas achou uma boa idéia:

— Ora, ora, estou certo de que farão um belo par. Falarei com o duque para que venhas morar no palácio até que se casem.

Alessandra permaneceu emudecida. No entanto, a serva aproximou-se e cochichou-lhe ao ouvido:

— Aceita, filha. Que será de ti sem teu pai?

Novo silêncio se fez. Salai ajoelhou-se, beijou as trêmulas mãos da jovem e rogou:

— Por favor, aceita.

Então, ela falou:

— Aceito morar convosco.

Alessandra estava confusa e sentia-se desamparada. Salai beijou-lhe fervorosamente as mãos e enxugou-lhe as lágrimas, levando-a ao palácio. Leonardo ainda ficou mais algumas horas, até que tudo se esclarecesse. Salai não conseguia tirar os olhos de Alessandra, uma jovem desprotegida e ao mesmo tempo tão forte.

Alessandra e sua serva foram recebidas e acomodadas. Salai, exultante de felicidade, disfarçava a alegria em ter sua amada por perto, a fim de ser caridoso com ela, que sofria a dor da perda do pai e único parente. Porém, algo mais a preocupava: sentia-se presa fácil de Eufrásio e jurava um dia vingar a morte do pai. Entretanto, Salai tomou para si suas dores.

— Juro — disse Salai a Alessandra — que vingarei a morte de teu pai. Prepararei uma cilada para o padre. Ele terá que pagar pelo que fez.

— Ele é muito astuto — falou Alessandra. — Não mereço a morte de mais ninguém.

— És muito preciosa para mim — disse, apaixonado, o jovem Salai.

Alessandra estava confusa. Ainda assim, conseguiu ser grata dizendo-lhe:

— Tende cuidado. Se ele matar a ti, não terei a quem recorrer.

— Isso não acontecerá, meu amor. Agora descansa. Aqui estás segura. Amanhã nos falaremos.

Os jovens despediram-se. Enquanto Salai controlava sua alegria ao relatar os acontecimentos a Melzi, Alessandra, com o coração apertado de medo, revolta e tristeza, inundava de lágrimas o travesseiro.

Em seus aposentos, Leonardo tentava restaurar as idéias, organizando mentalmente os últimos acontecimentos. Na manhã seguinte, recebeu uma correspondência.

— Senhor Da Vinci, chegou uma carta de Florença — disse do outro lado da porta o mensageiro.

Leonardo abriu a porta e pegou a carta com o selo da família de Sandro:

*Querido amigo, sinto escrever-te em tão triste ocasião. É do conhecimento de todos que tu andas extremamente ocupado. Conforme previsão dos médicos, o nosso magnífico duque, Lourenço Médici, está prestes a ser chamado por Deus. Entre as pessoas que ele preza, uma delas, bem sabes, és tu. E um dos seus pedidos em leito de morte nada mais é que a tua presença. Não demores. Tão bondosa alma merece ter seus mais sublimes desejos satisfeitos. Sei que para ti é difícil retornar a Florença. No entanto, faze um esforço em nome dos tempos de juventude. Aguardamos tua presença. Um abraço do irmão em Cristo que muito te preza,*

*Sandro.*

Leonardo fechou o envelope e refletiu bastante se valeria à pena ou não retornar a Florença. Porém, seu coração falou mais alto e sua gratidão por Lourenço coincidia com a vontade de rever os amigos, principalmente Sandro.

Naquele mesmo dia, Da Vinci partiu em viagem, acompanhado por Melzi. Salai, dizendo-se indisposto, preferiu ficar em Milão para consolar Alessandra.

Leonardo foi ver Lourenço e abraçou-o em seu leito de morte, onde o duque deu seu último suspiro em seus braços. Lourenço morria e parecia que o esplendor da cidade morria com ele. Já não tinha mais o encanto e o magnetismo artístico, científico e filosófico de antes. A cidade estava sem vida, assim como o duque.

Leonardo abraçou Sandro e outros amigos e cumprimentou uma multidão, que o recebeu como celebridade. Isso foi para ele uma surpresa, pois não imaginava que sua fama de pintor havia crescido com a de inventor e arquiteto, tornando-o uma figura admirada por todos. Ainda assim, com todo o carinho recebido, Leonardo ficou apenas uma semana em Florença. No entanto, teve tempo de abrir a casa e ver como estava, além de avisar Melzi de que, se algum dia precisasse viver em Florença, bastava apenas pedir a desocupação da casa e que a considerasse sua; apesar de não tê-la oficialmente, André o tinha por filho e assim ele se sentia.

Sandro acompanhou Leonardo, contando as poucas novidades. Uma delas é que havia se casado e tinha filhos.

Leonardo felicitou-o, enquanto adentrava os cômodos empoeirados e via que tudo estava em seu devido lugar. Ao entrar no porão, algo lhe atraiu a atenção: apesar de muito empoeirado, estava arrumado de forma diferente. Havia flores secas pelo chão. Então, imaginou que alguém pudesse estar usando-o como esconderijo.

Vendo que a casa poderia ser mais útil abrigando alguém, ele falou para Sandro:

— Meu amigo, vê quem precisa de moradia e sabe cuidar bem de uma casa. Alugue-a o mais breve possível. A renda será tua. Compre boas roupas para teus filhos e bonitos vestidos para tua mulher.

Sandro abraçou o amigo e falou:

— És o velho e generoso Da Vinci!

Leonardo não se demorou em Florença. Tão logo retornou a Milão, padre Eufrásio ficara impedido de perseguir Alessandra, já que ela estava morando no palácio, rodeada pela atenção de Salai.

Distante dali, os espanhóis uniam seus reinos religiosamente ao expulsar os judeus e os muçulmanos; economicamente, ao financiar novas expedições em direção ao Novo Mundo. Enquanto isso, o papa consentia em dividir o globo em duas partes, espanhola e portuguesa, no Tratado de Tordesilhas.

Leonardo estava a par desses acontecimentos além-fronteiras. Porém, utilizava seu tempo planejando grandiosas obras de arquitetura, urbanismo e engenharia civil. No entanto, a pintura "A virgem dos rochedos"[9] era o que lhe atraía mais a atenção. Por isso trabalhava nela o dia inteiro, esquecido de tudo. Sem dar atenção ao tempo, vivia como um monge, trabalhando em projetos e pinturas.

Cansados de esperar, os padres abriram um processo contra Leonardo, pois este não lhes entregava a obra. Porém, sob a proteção do duque, nada podiam contra ele.

Em sua vinha, Leonardo passava horas desenhando. Nessa atmosfera de paz, emergiu uma maravilhosa inspiração. A princípio, apenas um esboço. No entanto, as figuras pareciam ter vida própria.

Seus filhos adotivos, procuravam conduzir seus destinos com paciência. Melzi, organizado, encontrava tempo para o que gostava de fazer: escrever sobre seu mestre. Criativo, talentoso, solitário, afetuoso, sincero e verdadeiro intuitivo, tornara-se um fiel guardião de Leonardo. Pensativo, sensível e amante da natureza, era bondoso, leal, cordial e perfeccionista. O jovem tinha consciência da própria força, mas a guardava para os momentos importantes; falava pouco e nada exigia, pois seu grande magnetismo e sua fisionomia serena impunham respeito.

Salai, igualmente grato ao mestre, desenvolvia uma grande força de vontade, inteligência aguda e fidelidade à boa memória. Sua capacidade de liderança fazia com que soubesse aproveitar bem a vida. Cultivando muitos amigos, era decidido, idealista, alegre, bem-disposto e prático. Extremamente simpático e gentil, tornara-se um trabalhador incansá-

[9] "A virgem dos rochedos" é a versão pintada, em particular, que está no Museu do Louvre.

vel, ajudando Da Vinci em muitas atividades. Planejador, estudioso, detalhista, franco, responsável e, principalmente, um ótimo observador, era dotado de uma poderosa imaginação. Amoroso, acompanhava todos os passos de Alessandra, protegendo-a de qualquer ameaça.

Leonardo sempre chamava para mais perto de si seus dois discípulos quando estava por concluir uma obra. Em determinado momento, ele disse-lhes emocionado, contendo um pranto de inspiração profunda:

— Vêde, meus diletos, as figuras perdem os contornos rígidos para respirarem livremente, irradiando uma luz interna, nascida do íntimo, como se viesse mesmo da própria vida contida em cada uma.

Por um momento, os olhos dos discípulos encheram-se de lágrimas quentes e verdadeiras ao verem o mestre se emocionar diante de sua obra. A sensibilidade do artista mais uma vez surpreendia seus pupilos, que olhavam admirados a criação.

Salai estava duplamente sensibilizado, pois, ao contrário de Melzi, estava apaixonado. Alessandra sentia-se segura a seu lado, mas ainda não conseguia ter o mesmo sentimento por ele.

Leonardo, às vezes, passava vários dias sem pegar no pincel, desenhando e redesenhando as figuras da ceia que ainda tinha por incompleta. Fez uma enorme série de estudos não só do conjunto como de cada um dos apóstolos, inclusive despidos — para melhor estudar o movimento e a atitude de cada um. Cristo, inacabado por falta de modelo, merecia um longo estudo e uma incansável busca por um modelo digno. Da mesma forma, encontrou dificuldade para desenhar o rosto de Judas.

Certa vez, um dos padres foi cobrar-lhe o término da obra, então Leonardo pediu-lhe que servisse de modelo e pousasse, a fim de desenhá-lo. Quando o padre ficou sabendo que seria Judas, imediatamente rejeitou a idéia, excomungando-o ferozmente.

CAPÍTULO 23

# O Monge Savonarola

Em Florença, Sandro passava pela praça central quando viu a multidão se reunir ao redor de um homem, que havia subido no pedestal de uma das estátuas e se apoiava nela.

O monge Savonarola falava em alta voz, em praça pública, aos que iam se ajuntando. Rompendo as fronteiras entre a sabedoria e coragem humana, ele ousava profetizar:

— Filhos de Deus, ouçam pela última vez. Cada experiência é um presságio profético. Eu vos afirmo e reafirmo: o Senhor Deus, Todo-Poderoso, devassará esta terra como o fez nos dias de nossos pais. Sim, meus irmãos! Não demorará muito e a "peste negra" baterá outra vez às vossas portas, exigindo sua paga. Mais uma vez a punição divina não cessará, como não cessou no dilúvio. A praga de Deus foi embora, mas poderá retornar a qualquer momento se não fordes submissos aos desígnios do Alto. Ouçam as palavras e conheçam a verdade por este que vos fala. Convertei-vos enquanto é tempo! Lembrai-vos de que as cidades perderam metade de sua população. Em cada família, alguém morreu. Em cada casa, o apocalipse bateu à porta e levou um filho, um pai, uma mãe, um irmão.

Nesse instante, sua voz foi calada por uma ordem de prisão:

— Prendam este homem em nome da Santíssima Igreja, por ordem do papa...

Um alvoroço se fez na praça. Sandro começou a gritar para as pessoas:

— Não fujam, devemos protegê-lo! Ele fala para o nosso bem.

Um estranho acertou-o na cabeça e ralhou:

— Cala-te ou serás preso com ele!

Alguns corriam dos inúmeros guardas, armados com lanças pontiagudas; outros faziam corpo duro, a fim de impedir a passagem da tropa, e eram violentamente empurrados. Sandro, cuja fronte sangrava, tentava inutilmente segurar alguns guardas; no entanto, fora esmurrado e chutado, sendo lançado para o lado como um animal.

— Jamais me calarei! — gritou Savonarola.

Um grupo de quatro guardas truculentos aproximou-se do monge e, arrastando-o pelos braços, levou-o até a chamada "roda dos insubordinados".

Savonarola foi esbofeteado e amarrado.

Um padre aproximou-se e perguntou:

— Se pedires perdão à Santa Igreja e a Deus por todos os pecados que cometestes, estarás livre da morte.

— Nunca! — bradou Savonarola. — A Igreja é quem deve perdão ao povo e a Deus por seus crimes e por lavar com sangue inocente a sujeira que ela própria criou em nome do cordeiro imolado. Mas sois adeptos da idéia de que o impuro que purifica outro impuro torna-se puro, não é verdade?

— Tens a última chance — falou o padre. — Se a negares, terás somente a pena de prisão perpétua. Pedirás o perdão?

O povo dividia-se entre gritos de liberdade e brados de ódio.

Savonarola insistiu:

— Morro uma vez, mas choro por vós, terríveis algozes, que morrerão mil vezes ainda, pois carregas o fardo da hipocrisia, da luxúria...

Nesse momento, um guarda esbofeteou-o, fazendo jorrar sangue de sua boca.

Ao sinal de um membro do clero, Savonarola foi chicoteado. Enquanto isso, um oficial lia sua sentença:

*Aos vinte e três de maio de 1498, o Pontífice Conselho deferiu sua sentença: este homem, Girolamo Savonarola, pecou contra a Santa Igreja, foi julgado e condenado a sofrer quarenta chibatadas na Roda.*[10] *Por se negar a pedir perdão por seus pecados, ele será queimado na fogueira santa, a fim de que sua alma seja expiada.*

De longe, Sandro se preparava para morrer com o monge, mas uma força maior fez com que ele observasse longamente a fisionomia de Savonarola e conseguisse acalmar-se. O monge Savonarola não se debatia nem tomava o aspecto agonizante. Apenas lançava um último olhar para o povo, que o assistia, como se quisesse, tal qual Jesus na cruz, num ato de misericórdia e condescendência, lhes alertar uma última vez.

Aqueles que antes o ouviam entusiasmados agora se reuniam na praça, em círculo, assistindo passivos o chacal chicotear cruelmente o corpo nu do monge, que se calava para sempre. Rendido e inerte, fora levado ainda vivo até um poste rodeado por galhos secos. Após ser novamente amarrado, desta vez seu corpo estava riscado por sangue, e sua cabeça pendia de um lado para o outro. Vencido pelas dores, Savonarola viu um guarda segurar uma tocha, olhar para ele e acender a fogueira.

A fumaça penetrou ferozmente em suas narinas e não demorou muito a desacordá-lo. Nenhum gemido saiu de sua boca. A multidão observava em silêncio, confusa, mas amedrontada, coagida pelo poder da Igreja.

Horas depois, um a um foram saindo os populares, e do corpo do monge não restaram senão cinzas.

Talvez Savonarola não imaginasse que, distante dali, na Alemanha, suas profecias se cumpririam em pouco tempo não com o retorno da peste, mas com a Reforma, iniciada por outro monge, o jovem Martinho Lutero, que começaria seu grande movimento de protesto.

---

[10] A Roda era um instrumento de tortura e morte muito usado pela Inquisição. Colocada horizontalmente em um palanque em praça pública, servia para amarrar o réu com os braços e as pernas abertos. Enquanto um carrasco a girava, outro chicoteava o infeliz, utilizando uma chibata de três cordas, intercaladas por pequenos ganchos de metal. O número de chibatadas seguia a determinação do juiz.

Após algum tempo, a cidade tornou-se novamente calma e silenciosa. O temor do povo diante de qualquer manifestação de opinião contrária fazia com que as mães reprimissem até mesmo o choro das crianças.

Sandro, profundamente consternado, enclausurou-se em casa com a família. A partir da morte de Savonarola, evitou falar com as pessoas, concentrando-se em pintar até os últimos dias de sua vida.

Em Milão, não se dava o mesmo, pois o período não era de paz. O povo já não suportava os pesados impostos requeridos por Ludovico para manter seu exército em combate. Um grupo de manifestantes se reuniu diante do palácio, a fim de reivindicar novas atitudes do duque, para que este livrasse o povo da opressão. No entanto, Ludovico, revoltado com tais queixas, negava-se a dar qualquer satisfação. O povo queria que ele negociasse de forma pacífica, abrindo mão de certas regalias, evitando, assim, mais guerras.

Lentamente, padre Eufrásio voltava a aproximar-se de Alessandra, mas não era fácil, pois a jovem estava sempre acompanhada por uma serva, por Salai e até por Melzi. A jovem, mais confiante, tomou a iniciativa de contar a Cecília sobre os ataques do padre. A própria Cecília foi falar com o bispo, que sem demora ordenou que ele fosse enviado a uma missão em Veneza. No entanto, Eufrásio não estava disposto a libertar sua vítima, então traçou seu plano sinistro. Na noite em que seria enviado para viajar, Alessandra dormia tranqüilamente em seu leito, certa de que estaria livre para sempre de seu algoz. No entanto, um vulto surgiu em sua janela. Esgueirando-se rente à parede, o vulto aproximou-se dela e, tapando-lhe a boca, arrastou-a para fora do palácio.

Salai dormia um sono perturbado. Algo lhe avisava sobre os perigos que Alessandra corria. Num ímpeto, ele levantou-se e foi verificar se ela estava bem. Chamou-a inúmeras vezes através da porta, que estava trancada por dentro, mas não teve resposta, então a arrombou e adentrou em seus aposentos, descobrindo que a cama estava vazia, os lençóis em desalinho, e a janela aberta. Num salto, correu e chamou

Melzi. Eles foram juntos até a capela, mas nada encontraram. Assim, chamaram alguns guardas para ajudá-los na busca a cavalo.

Enquanto isso, Eufrásio forçava Alessandra a subir em seu cavalo, para que chegassem até a carruagem que os levaria a Veneza. Seguindo seu instinto e coração, Salai acelerou o galope, logo alcançando o raptor. Tão logo Alessandra ouviu que alguém se aproximava, começou a gritar. Salai logo se aproximou. Sem temer qualquer perigo, saltou sobre o cavalo de Eufrásio, derrubando-os no chão. Alessandra correu para longe, vindo a encontrar Melzi, que a acalmou.

Salai e Eufrásio travaram uma luta de socos, cabeçadas e pontapés. Logo, os guardas se aproximaram e renderam o padre, levando-o amarrado até o bispo. Alessandra abraçou Salai e o beijou na face, dizendo-lhe:

— Graças a Deus! Eu não poderia ter um irmão melhor!

Salai sofreu ao ouvir a palavra "irmão". Fechou o semblante, mas não soube como reagir, então a colocou em seu cavalo e ambos retornaram ao palácio.

Ao ser denunciado ao bispo, padre Eufrásio não foi preso, mas perdeu o título eclesiástico e não poderia jamais retornar a Milão.

Alessandra já se recuperava das fortes emoções pelas quais passara, quando, semanas depois, ficara sabendo que, numa viagem de navio, Eufrásio entrara em contato com a peste e sucumbira com a tripulação. Seu corpo não recebeu sequer a extrema-unção, pois foi lançado pelos últimos enfermos aos tubarões.

Todos no palácio agora pareciam felizes, menos Cecília, que vivia aborrecida com o duque. Eles brigavam, e ela confessou para Alessandra que Ludovico não lhe era fiel e que estava certa de que ele tinha várias amantes e filhos bastardos.

Alessandra, doce e meiga, orientou Cecília para que reconquistasse o duque, fazendo-lhe alguma surpresa amorosa. Ela resolveu seguir seus conselhos.

De madrugada, quando Ludovico e Cecília faziam as pazes, Jerônimo bateu impaciente à sua porta e disse preocupado:

— Senhor, perdoa-me, mas um mensageiro trouxe-lhe uma carta urgente!

Antes que ele se vestisse, o mensageiro que havia chegado ofegante e ferido prostrou-se no chão e disse entre gemidos:

— Meu senhor, as tropas francesas surpreenderam e mataram nossos defensores nas divisas a Oeste e estão vindo diretamente para cá. Não há muito tempo. Alguém revelou o lugar das tropas de segurança. Senhor, deves fugir enquanto é tempo — disse, caindo morto.

O duque foi até a janela, depois retornou com um ar preocupado, cerrou os punhos e ordenou:

— Fui traído! Oh, maldito Carlos, quando o vencerei?! Tira este homem daqui e chama Hipólito, o capitão da guarda!

Tão logo Hipólito se apresentou, Ludovico ordenou:

— Reforça a guarda do palácio!

— Sim, senhor.

Nesse momento, Leonardo chamou Melzi, Salai e Alessandra e disse-lhes:

— Peguem os cavalos e os mais preciosos pertences e fujam sem demora para Florença. Vou logo atrás.

— Mas, mestre, não posso deixar-te! — disse Melzi.

— Obedecei-vos e fugi sem demora! Milão será invadida e desta vez será a pior de todas as invasões.

Assim eles fizeram. Alessandra chamou Cecília; no entanto, ela disse que iria somente se o duque fosse.

Leonardo foi falar com o duque:

— Estou com um mau presságio. É melhor reforçarmos não somente a guarda do palácio, mas procurarmos uma forma de abrigar o povo. Temos muitas armas e passagens secretas.

— O povo? — ironizou o duque. — O povo sabe defender-se! Quando eu estiver morto e estraçalhado pelos franceses, não se lembrarão mais de mim.

Todos estavam muito tensos e não conseguiam raciocinar direito. Com o passar das horas, discutiam sem encontrar uma solução, já que as tropas distantes tinham sido destruídas. Ao amanhecer, ouviu-se um grito na rua:

— Deus nos castiga mais uma vez! Oh, desta vez quem nos salvará dos exércitos inimigos?

Uma confusão começou a formar-se. O exército francês parecia saber de todas as armas secretas.

Tão logo Carlos adentrou o palácio, encontrou Ludovico armado e preparado para lutar. Hipólito pôs-se à sua frente. Por um momento, pareceu defender o duque, mas, de repente, curvou-se ao francês e disse-lhe:

— Sê bem-vindo, meu soberano!

Ludovico sentiu o mundo abrir-se a seus pés. Num gesto de fúria, empunhou a espada em direção a Hipólito e gritou:

— Traidor, miserável! Morra mil vezes por ter me traído!

Hipólito desviou-se da afiada espada do duque e falou com ironia:

— És infeliz, não mereces o poder! Saiba que tua mulher e teu filho mereceram o mesmo fim que tu mereces agora!

Ludovico não compreendeu. Olhou para Jerônimo e Leonardo e perguntou:

— O que ele quis dizer?

— Meu senhor — explicou Leonardo —, no dia em que a duquesa deu à luz eu poderia tê-la salvado, mas Hipólito impediu-me.

Ludovico sentiu as pernas enfraquecerem e o sangue subir-lhe à cabeça. Desnorteado, avançou com sua espada em direção a Hipólito, porém um grupo de soldados franceses apresentou-se, e o duque não pôde dar mais nenhum passo.

Carlos assistia a tudo com um prazer no olhar. Na verdade, estava admirado com a beleza interna do palácio. Arrastando um sotaque francês, falou com ironia:

— Senhores, não quero que lutem aqui dentro, pois poderiam estragar "meu" novo palácio.

Jerônimo aconselhou ao pé do ouvido de Ludovico:

— Meu senhor, é hora de fugir.

Ludovico avaliou a situação e retirou-se rapidamente através de uma passagem secreta. Carlos apenas disse:

— Guardas, capturem-no, mas quero-o vivo, para que apodreça na prisão!

Vitoriosos, Carlos e Hipólito comemoraram com vinho e comida à vontade. No entanto, o soberano rei da França tinha outros planos. Hipólito sonhava com as promessas de altos cargos e muito ouro sob a nova regência. Entretanto, Carlos esperou Hipólito embebedar-se. Empunhando a espada, colocou-se por detrás dele e pôs-lhe a espada na garganta. O chefe da guarda arregalou os olhos diante dos outros comensais e perguntou:

— Vais me matar? Mas por quê?

Sem titubear, Carlos cortou-lhe a garganta num só golpe. O sangue jorrou sobre a mesa, e um silêncio mortal se fez. Então, o rei disse aos ouvintes:

— Não aprecio a companhia de traidores.

Distante dali, Ludovico, Jerônimo e Leonardo, bem como um grupo de oito soldados, saíam da cidade, galopando apressados em suas montarias. Uma passagem secreta no palácio dava acesso a uma plantação de trigo fora da cidade. Cecília, Alessandra, Melzi e Salai já estavam adiante e logo foram alcançados por Leonardo e seu grupo.

Enquanto isso, Milão era invadida por flechas e tiros. Um cheiro forte de pólvora inebriava a cidade, cuja população fugia desorientada.

Agora unidos, Cecília se sentia mais segura com Ludovico. No entanto, um soldado inimigo à espreita atirou várias vezes contra o grupo, matando um dos soldados. Ludovico atirou e matou o inimigo. Alessandra olhou para o lado e não viu Cecília, pois ela tinha caído após ser atingida em cheio no peito. Então, gritou:

— Cecília! Oh, meu Deus, ela foi atingida! Parem todos!

Sem pensar duas vezes, Ludovico deixou todos para trás e ordenou:

— Não há tempo! Vamos embora, pois deve haver mais franceses escondidos!

— Covarde! — gritou Alessandra.

Leonardo retornou e, tocando o pescoço inerte de Cecília, falou:

— Sinto muito, está morta.

Alessandra, desesperada, começou a chorar. Salai puxou-a pelo braço, colocou-a de volta na montaria e falou:

— Vamos, minha querida, não há nada que possamos fazer.

Alessandra disse aos prantos:

— É um ingrato este duque! Ele nem voltou para vê-la!

Leonardo sugeriu:

— É melhor irmos pela floresta até chegarmos às costas dos franceses. É uma tática que eles jamais pensariam. Com certeza, imaginam que fugiremos pelo caminho oposto à invasão.

— Não! — falou Ludovico. — Sigam-me!

— Confiem em mim — insistiu Leonardo —, é mais seguro. Deveis ir na frente, filhos. Eu vos encontro.

— Ficaremos com o senhor — disse Melzi.

Ludovico estava profundamente irritado; não confiava em mais ninguém e não conseguia pensar direito. Então gritou a Leonardo:

— Devo ouvir-te? Oh, que grande mestre tenho! Vê, minha cidade está tomada por franceses como uma dispensa de ratos. Confiei em ti e olha o que aconteceu ao meu povo! Deveria matar-te aqui mesmo.

Ludovico estava enlouquecido. Empunhando a espada, avançou em direção a Leonardo, que não estava disposto a lutar com um louco. Quando percebeu que o ex-duque não estava em seu juízo normal, Leonardo afiou as esporas no cavalo e distanciou-se. Ludovico, ruborizado de raiva, gritou aos soldados:

— Encontrem-no! É outro traidor! Ah, eu que um dia tudo fiz para este ingrato! Encontrem-no vivo ou morto! Este homem é um perigo, suas artimanhas são malignas e não há quem possa contra ele. Vai colaborar com o inimigo contra mim.

Enquanto os soldados partiam para um lado, o próprio duque partiu com Jerônimo para outro. Após algumas horas de cavalgada alucinante, Ludovico encontrou Leonardo dando descanso ao cavalo. Jerônimo aconselhou-o:

— Senhor, deixemos as intrigas de lado. Não há tempo, precisamos fugir para longe o quanto antes.

— Cala-te — disse o duque — ou terei de matar-te também!

Empunhando uma espada, Ludovico lançou-se de surpresa sobre Leonardo, que, mesmo desarmado, conseguiu se livrar de suas investidas.

Sem travar qualquer diálogo, os dois lutaram próximos a um desfiladeiro muito alto, que terminava em um riacho profundo, de ágeis e fatais correntezas.

Ludovico estava cego de ódio e revolto. No entanto, sabia que Leonardo estava cada vez mais perto do barranco. Planejando um golpe para derrubá-lo, avançou sobre ele, mas Leonardo desviou-se rapidamente, fazendo com que o duque escorregasse. Antes, porém, que Ludovico despencasse no desfiladeiro, ele se agarrou em algumas raízes e teria caído se não fosse amparado pela mão ágil de Leonardo.

Num esforço mais que humano, Ludovico percebia que as raízes não suportavam seu peso, então gritou:

— Pelo amor de Deus, Leonardo, não me solte!

— Tem calma — falou Leonardo num esforço —, vou puxar-te. Segura minha mão.

Jerônimo também se aproximou e ajudou-os. Enquanto ele e Leonardo puxavam Ludovico, os guardas chegaram ao local com Alessandra, Salai e Melzi. Os três estavam com as mãos amarradas.

Após muito esforço, Leonardo conseguiu salvar o duque. No entanto, quando estava seguro, em terra firme, Ludovico agiu traiçoeiramente e com uma rasteira inesperada desequilibrou Leonardo, que caiu desfiladeiro abaixo.

Leonardo caiu e desapareceu na água, sob os gritos desesperados de Melzi, Salai e Alessandra, que estavam presos.

Ludovico aguardou alguns instantes até perceber que Leonardo não apareceria nadando na superfície. Então, falou com um riso malévolo:

— Traidor! Estás morto! Ninguém cai de uma altura desta e sobrevive. Vamos embora.

Jerônimo, sem que os guardas percebessem, usou de um punhal para cortar as cordas que prendiam os três jovens, que fugiram em disparada.

Os guardas que restavam tentaram persegui-los, mas não conseguiram alcançá-los.

Melzi, Salai e Alessandra fugiram para Florença, desnorteados pela perda de seu mestre e pai. No entanto, Ludovico não teve a mesma sorte: fugia a esmo. O rei francês não descansou até que o encontrasse. Os soldados de Ludovico foram mortos, e ele, capturado, levado à França e aprisionado na masmorra.

Durante um longo período a cidade de Milão ficou tomada.

Jerônimo conseguiu fugir e enclausurar-se em um mosteiro, onde viveria em paz como monge até seus últimos dias.

Enquanto isso, em Florença, Salai, Melzi e Alessandra encontraram a casa, da qual Leonardo havia-lhes falado. Instalaram-se e pediram que a casa fosse desocupada. Lá choraram a perda de Leonardo. Os três sentiam-se novamente órfãos.

Salai, na intenção de consolar Alessandra e fazer-lhe retornar o belo sorriso, falou-lhe:

— Oh, doce Alessandra, lança para longe as tristezas! Mesmo depois de tantas e atrozes fatalidades, sei que posso tornar-te a mais venturosa das esposas.

A jovem mirou-o de cima a baixo e, ainda consternada pelos últimos acontecimentos, falou inundada por uma insatisfação íntima:

— Teu desejo é justo e sábio. No entanto, admiro que teu coração ingrato seja capaz de pensar em bodas enquanto meu coração e de teu irmão é só luto.

Salai respondeu irritado:

— Insensata! Crê que não sofro? É em memória de meu pai que pretendo desposar-te, para que estejamos unidos e não sejamos destruídos!

Alessandra, cabeça em fogo, respiração arquejante, estava confusa, ou pelo menos não sentia por Salai o amor que este esperava.

Seu coração talvez estivesse ocupado por outro amor. Sem saber o que dizer, a jovem levantou-se e num ímpeto correu para seu quarto. No entanto, uma surpresa os aguardava. À noite, quando a lua ausente deixava a escuridão dominar os caminhos, Leonardo reapareceu imundo e ferido. Salai mal o reconheceu, então acordou a casa gritando:

— Nosso pai está de volta! Graças a Deus!

Melzi surgiu na sala, abraçou Leonardo e perguntou:

— O senhor está bem?

— Sim, filho. Apenas com alguns arranhões e muita fome. Conheço muito bem o movimento da água. Sempre fui um excelente nadador. Atravessei o riacho e saí pela floresta, às costas do acampamento francês.

Alessandra, com os olhos úmidos e um largo sorriso, apareceu correndo e, de braços abertos, lançou-se a seus pés. Levantando-se, beijou as mãos e as faces do mestre, emocionada:

— A Virgem Santíssima ouviu minhas preces! Ela salvou o senhor para mim!

Salai, aflito, aproximou-se. Retirando Alessandra, falou:

— Ah, pobre Alessandra, pensou que estaria novamente órfã! Vem, deixa o mestre, ele precisa descansar.

Leonardo estranhou tanta euforia, mas imaginou que tipo de sentimento ainda existia no coração de Alessandra. Porém, ainda assim, abraçou novamente com emoção os três adoráveis pupilos. Sentiu que era bom estar de volta a Florença e em segurança.

A jovem, desta vez mais calma, ofereceu:

— Farei um jantar para comemorarmos.

Tão logo ela saiu, Leonardo banhou-se e relatou aos filhos os detalhes de sua fuga.

Depois do jantar, quando os jovens se recolheram, Leonardo caminhou pela casa. Lembrou-se das sábias palavras de André, da adorável Ângela e principalmente de Leda. No dia seguinte, saindo à rua, encontrou seu velho amigo, Luca Pacioli. Leonardo não demorou a perguntar-lhe:

— Se vires Sandro, avisa-lhe que estou de volta à cidade das artes.

— Ah, então não sabes? Pois tenho duas notícias para ti: uma boa e outra ruim. Qual queres primeiro?

— Somente a boa — disse Leonardo num sorriso.

— Vou dizer-te as duas: a ruim é sobre o falecimento de Sandro, nosso velho amigo. Não houve tempo para avisar-te, pois sua partida fora rápida. — Leonardo entristeceu-se profundamente, mas Luca tentou animá-lo: — A boa é que André, teu mestre, antes de morrer em Veneza, deixou um testamento, onde destina oficialmente a ti como herdeiro desta imensa casa. Um mensageiro trouxe-a, e Sandro outorgou-me a responsabilidade de entregar-te.

Leonardo emudeceu por alguns instantes. Então, falou com emoção:

— Oh, realmente foi uma grande perda para Florença! Sandro e mestre André. Dois homens que viverão em minhas lembranças, pois ambos fizeram de seus dias uma coleção de boas ações.

— É verdade — completou Luca. — Há homens que são velhos; outros, sábios. Assim como tu, eles foram talentosos desde a infância. Mas dize-me, como vai Milão?

Leonardo suspirou e respondeu:

— Continua uma terra estranha, com pessoas estranhas e de idéias estranhas. Não sabem valorizar um talento. A felicidade não está lá e, vou dizer-te a verdade, nem cá.

Luca riu e ralhou:

— Ora, tu és um mortal, por isso pára de almejar a suprema felicidade que só pertence aos anjos! Quanto à valorização do talento, prefiro ser detestado pelos invejosos que adorado pelos bajuladores. — Leonardo olhou-o, admirado com aquelas palavras. Então Luca continuou: — Estive no Mosteiro de Santa Maria e vi tua maravilhosa obra. Pareceu-me que dividistes a obra em treze figuras formadas por cinco grupos, isto é, quatro de três, e um individual que é Cristo. Interessante colocar os apóstolos em quatro grupos de três, como na astrologia. És mesmo talentoso.

Leonardo sorriu e disse:

— És mesmo detalhista, meu amigo. Aprendi contigo sobre astrologia. A obra não está concluída, pois tive que abandonar o trabalho por causa das más condições. O rosto de Jesus ficou incompleto; faltou-me inspiração e sobrou-me respeito para ousar pintá-lo de qualquer forma. Sabe que não ousaria pintar qualquer rosto para o nosso querido Jesus.

— Bem — suspirou Luca —, de qualquer forma, mesmo que o trabalho não esteja acabado, é uma obra-prima, mesmo numa localização infeliz. O que mais me chamou a atenção foi a inegável solidão de Cristo em contraste com a agitação dos apóstolos.[11]

— Oh, és um homem de sensibilidade, meu caro!

— Nem tanto — esquivou-se Luca.

— Meu amigo — disse Leonardo, sentando-se —, cá estou outra vez em Florença. Apesar de reconhecido meu talento, sei que para sobreviver precisarei de trabalho. Se souber de uma encomenda, por favor, informa-me.

— Podemos oferecer serviços de porta em porta — disse Melzi, aproximando-se e interferindo na conversa.

— Pois eu já sei — disse Luca, entusiasmado e querendo ajudar. — Conheço um rico comerciante, o senhor Francesco de Giocondo, que queria encomendar um retrato da esposa. Se tu estás descansado, poderemos ir até sua casa oferecer-lhe...

— Oh, espera, meu caro! — interrompeu Leonardo. — Não quero que o povo florentino pense que não tenho encomendas, senão não vão querer pagar o material gasto.

— Isso não acontecerá — disse Luca. — Cuidarei para que teu trabalho seja bem remunerado. No entanto, se me permites, sugiro que concluas tuas obras, senão...

— Não temas — confirmou Leonardo.

---

[11] O que Leonardo não sabia é que sua obra-prima, "A última ceia", seria quase destruída por uma inundação, e que, no futuro, os padres acabariam por abrir uma porta no mural. Além disso, a pintura-mural escaparia por um triz do bombardeio aéreo na Segunda Guerra Mundial. A obra já foi restaurada inúmeras vezes, mas continua sendo a pintura mais reproduzida de todos os tempos.

CAPÍTULO 24

# A Musa e o Gênio

Conforme prometera, Luca orientou o rico comerciante sobre a qualidade dos trabalhos de Da Vinci.

No primeiro encontro, Francesco Giocondo adiantou:

— Pagar-te-ei muito bem, se retratares minha esposa tal qual ela é.

— Posso retratá-la como o senhor preferir e onde quiseres. Pode ser em tua casa, mas prefiro em minha oficina.

O bom senhor falou sorridente:

— Preferia que fosse em minha casa, se não for incômodo. Quanto aos instrumentos, meus empregados cuidarão de carregá-los todos os dias. Sou um nobre burguês, meu caro. Posso dar à cultura um apoio como nunca antes se teve. Preciso obter conhecimentos que me auxiliem a gerir e multiplicar minha fortuna. A Igreja reza não obter lucro, por isso mantém uma centena de homens inteligentes na mais insignificante pobreza. Isto é o fim do mundo!

— Não compreendo, mas concordo — disse Leonardo, entusiasmado. — É possível criar um novo programa de estudos, orientado para facilitar conhecimentos profissionais.

— Temo apenas que se ampliem as atitudes mundanas — preocupou-se Giocondo.

— Isso depende da forma como cada um aprende — respondeu Leonardo.

— Mas o que é preciso fazer? — insistiu Giocondo.

— Simples. Basta a leitura de antigos autores gregos, do estudo da gramática, da prática da retórica, da crítica da história, do uso da aritmética e da filosofia moral. Enfim, o estudo das humanidades.

Giocondo baixou o tom de voz e disse quase aos cochichos:

— Não pretendo de forma alguma oferecer qualquer resistência à existência de Deus, apenas quero estar preparado para o crescente comércio e às novas condições de vida. Chega de pobreza, de celibato, de solidão. O homem de hoje precisa de vida familiar e do uso judicioso da riqueza. Viva a burguesia!

— Tens razão. Acho que o homem pode pensar por si mesmo, sem entraves, e admitir diferentes soluções para qualquer problema, entre eles os filosóficos, ainda que tenham caráter "pagão".

— Mas onde fica Deus nesse contexto? — quis saber o burguês.

Leonardo respondeu com tranqüilidade:

— Deus quer que o homem cresça. É possível chegar a Deus por meio do exercício da razão. Afinal, o homem é o centro da criação divina, o grande construtor de seu mundo e de sua felicidade. É ele que encara a ética como norma para construir a si mesmo, a economia como instrumento para administrar seus bens e a política como a arte de gerir sua cidade-Estado.

— Realmente, senhor Da Vinci, a concepção integradora do saber humano espelha a harmonia do mundo.

— Bravo, senhor! Magnífico! — disse Leonardo. — És um homem de rara inteligência! Deves compreender que nenhuma pesquisa humana pode denominar-se ciência verdadeira se não passar pelas demonstrações matemáticas. A pintura é ciência e filha legítima da natureza, porque esta natureza a gera. Mas, dize-me, quando poderemos então começar a pintar tua digníssima esposa?

— Amanhã a conhecerás — falou Giocondo, com orgulho e otimismo.

O comerciante despediu-se animado, com seu jeito alegre, cumprimentando com o chapéu na mão todas as senhoras que encontrava pela rua.

No dia seguinte, Leonardo foi apresentado à bela Lisa Gherardini. A princípio, pensou tê-la conhecido antes. Suas feições e sua voz não lhe eram estranhas. Sem querer entrar em detalhes, preferiu se ater à técnica.

— Podemos fazer um retrato a meio-corpo?

— Faça o melhor que puder, senhor Da Vinci — disse Giocondo num sorriso.

— Eu poderia cantar e tocar para tua esposa, antes de começar a pintá-la, para que não fique tensa, com as expressões contraídas, mas minha lira de prata e meu órgão d'água foram destruídos pelos franceses quando invadiram o palácio em Milão. Se puderes fazer com que a senhora pense em algo agradável enquanto desenho os contornos de seu rosto, será muito útil, para que saia um retrato ao nível da sua graciosidade.

Tão logo Leonardo falou, a moça corou, mas manteve-se firme e em silêncio.

Naquele momento, na casa do senhor Giocondo, enquanto cantarolava, Leonardo começou a riscar os primeiros contornos para o desenho.

Após algumas horas de trabalho, a moça demonstrou sinais de cansaço. Afinal, permanecer na mesma posição por muito tempo não parecia ser tarefa fácil. Leonardo então sugeriu:

— Não te canses. Amanhã, tão logo o sol nascer, estarei de volta para completar o desenho.

— Como quiser, senhor — disse o burguês.

No dia seguinte, Leonardo não retornou, pois um ilustre visitante fora à sua casa fazer-lhe um convite pessoalmente.

César Borgia era o governador e estava ciente das armas de guerra que o inventor tinha criado em Milão. Sabendo que Leonardo estava na cidade, foi até ele convidá-lo para ser seu conselheiro, não importasse a quantia que cobrasse.

Naquele dia, após longa conversa, Leonardo tornou-se o Consultor para Questões de Arquitetura. César quase ordenou que Da Vinci trabalhasse para ele e sua família.

Sob a inspiração das intenções cruéis de Borgia, Leonardo deu vazão ao seu estilo criador. Desenhou diferentes lanças afiadas e era bem recompensado.

Ao lado de César Borgia, Leonardo viajava o tempo todo. Fora a Mântua, onde se hospedara na casa da rica atriz Isabel d'Este, que lhe encomendara, entre outras coisas, um retrato que nunca fora além do primeiro esboço, apesar do empenho da ilustre dama.

Passando alguns meses em Veneza, Leonardo aproveitou a atmosfera agradável para estudar as águas e pesquisar seres marinhos. Com a mente sempre em movimento, retornou aos estudos de anatomia humana, a fim de pintar são João Batista. No entanto, em um momento de descuido, foi flagrado dissecando cadáveres. Não demorou muito a ser acusado do crime de necrofilia e desrespeito aos mortos, além de terrível pecado contra a Igreja. Em troca de sua liberdade, Leonardo elaborou um projeto de proteção à cidade. Projetou gigantescas catapultas, preocupado com o domínio dos ares. Agradando os governantes, o gênio conseguiu abafar o escândalo.

Desencantado com Veneza, em poucos meses retornou a Florença, onde desenvolveu um projeto para desviar o curso do rio Arno, de forma a cortar o acesso da cidade ao mar.

Unido a César Borgia, Leonardo tornou-se oficialmente seu arquiteto e engenheiro militar e ainda encontrou tempo para inventar uma grua de cabrestante, com freio dentado e equilibrada por contrapeso, além de um isqueiro para acender canhões. Refez o canhão, o tanque e a primitiva metralhadora que lançava centenas de lâminas. Instrumentos inaugurados por Ludovico foram amplamente utilizados por César Borgia.

Florença crescia novamente sob o domínio dos Borgia. A farta distribuição de recursos atraiu de volta Michelângelo e Rafael. A cidade encheu-se outra vez de artistas.

Leonardo ouvira falar do escultor e pintor conhecido mais por sua sensibilidade que por seu fantástico talento. Naqueles dias, Michelângelo estava diante de uma decisão: como definir as linhas de uma escultura. Assim, foi levado por Luca à casa de Leonardo, onde foram apresentados.

— Preciso esculpir um "Davi" — disse Michelângelo —, mas este precisa ser imponente, colossal, quase vivo.

— Posso fazer um projeto agora mesmo — disse Leonardo.

Em poucos minutos, Leonardo tomou do giz negro e desenhou uma figura masculina forte, robusta e divina, porém nua.

— Davi, musculoso e nu? — interpelou Michelângelo. — Ora, Golias era forte, não Davi!

— Deves transmitir à peça a força espiritual de um vencedor — explicou Leonardo.

— Agradeço-te, mas não me serve este projeto. Pensarei em outro.

Leonardo ficou aborrecido, mas o que ele não imaginava era que Michelângelo esculpiria um colossal Davi, exatamente conforme ele projetou. No entanto, restava saber onde colocá-lo, já que se tornara um imenso e belo modelo masculino e viril. Diante do impasse, Luca convidou Michelângelo e Leonardo para se reunirem na taberna, onde, juntos, pudessem decidir sobre o assunto. Estando os três, Luca sugeriu:

— Coloque o "Davi" na Igreja.

— Ah, não. Os padres não se sentiriam bem.

— Coloque-o na praça, então! — falou Leonardo num sorriso.

— Quê! — contestou o escultor. — De jeito nenhum! As mulheres terão de virar o rosto sempre que atravessarem a praça. Logo me obrigarão a cobrir as vergonhas de Davi.

Risos.

No dia seguinte, Michelângelo conseguiu a licença para colocar o colossal Davi na praça do palácio. Foi um escândalo, e Michelângelo culpou Leonardo pelos transtornos. Porém, o tempo cuidou de fazer com que todos se esquecessem e se acostumassem com a presença da magnífica escultura na praça.

Perseguido pela simpática figura de Giocondo, Leonardo retornou à pintura da senhora Lisa. Impaciente, o comerciante foi até a casa do pintor, acompanhado pela esposa. Ele falou severo, mas sem ser agressivo:

— Por que não terminas logo este quadro?

— Fiquei sem pincéis — respondeu Leonardo, esquivando-se.

— Ora, então toma mais dinheiro! — disse, rompendo a bolsa e jogando-a em cima da mesa. — Vê como é bela minha senhora. Por que não queres pintá-la? Quero que meus filhos, quando os tiver, é claro, ao crescerem, vejam quanto sua mãe foi bela, meiga, bondosa e responsável pela paz em nossa casa. Que digam que a mulher é a responsável pelos pecados do mundo, eu não acho! Ao contrário, acredito que seja o homem, com sua sede de poder, riqueza e toda forma de luxúria, o único responsável pelas misérias humanas. Vê minha Lisa, como é toda paz.

Enquanto senhor Giocondo, segurando a mão de Lisa, girava-a a seu redor, Leonardo via o jogo de luz e sombra que se formava no rosto da jovem. Quando ela estava do lado dos lustres repletos de velas acesas, seu rosto se iluminava: quando estava do lado oposto, fazia sombra.

Lisa acompanhava desconcertada a empolgação do esposo. Às vezes, baixando os olhos; outras vezes, delineando nos lábios um leve sorriso, mas nada dizia.

Alessandra os interrompeu, servindo chá para todos. Leonardo levantou-se e, tomando da pena, falou entusiasmado:

— Sim, senhor. Com tua licença, é realmente muito bom amar uma bela mulher. Prometo-te, não tardarei mais a pintá-la.

Leonardo correu para seus instrumentos. Havia despertado em si uma magnífica lógica. Ele disse a si mesmo: "Supondo que, sendo a senhora Lisa a lua, o senhor Giocondo a Terra e as velas o Sol, é evidente que existe uma órbita heliocêntrica. Meu Deus, isso vai contra tudo o que se diz por aí sobre o movimento dos planetas! É fantástico! É magnífico! É uma revolução!".

Enquanto Leonardo viajava em seus pensamentos e projetava em forma de desenho a maneira mais rápida de terminar o quadro da senhora Lisa, eis que Salai e Melzi chegam da rua com uma notícia:

— Mestre — disse Salai —, a República Florentina está escolhendo artesãos para pintar um afresco para a Sala do Conselho do Palácio dos Senhores.

Imediatamente Leonardo levantou-se e disse:

— Partamos agora para o Palácio Vecchio.

— Mas, senhor — disse Giocondo —, não terminarás o projeto?

— Senhor Giocondo — disse Da Vinci —, como posso criar se me sinto traído? Ora, não há nesta cidade nenhum pintor à altura de meus estudos. Debaixo de meu nariz, armam uma festa para escolher quem pintará uma obra no palácio.

— Ora! — interpelou o comerciante. — O que o senhor está esperando? Vá até lá e oferece teus préstimos!

Assim Leonardo fez. Tão logo chegou à porta do palácio, havia vários artesãos que aguardavam ser chamados para começar a pintura. Um oficial apresentou-se no alto da escada, abriu um pergaminho e leu em voz alta:

— Senhores artesãos, será bem remunerado aquele que apresentar o melhor e mais belo projeto para a pintura, cujo mural será inaugurado na comemoração do aniversário da vitória dos florentinos sobre os milaneses na Batalha de Anghiari. Outro mural será uma pintura comemorativa da Batalha de Cascina. Ainda hoje, antes do anoitecer, devereis trazer vossos projetos e apresentá-los ao Conselho. Estais dispensados.

Leonardo olhou para Salai e disse-lhe:

— Vá até casa e traz meu material. Farei aqui mesmo o projeto inicial. Isso é uma afronta! Só porque morei em Milão não significa que eu não seja um cidadão de Florença!

Salai saiu correndo e não demorou a retornar, quando outros artesãos disputavam espaço nas calçadas. Enquanto isso, Leonardo viu que um moço já se empenhava em improvisar uma mesa. Aos poucos, surgia um belo desenho de suas mãos ágeis e frágeis.

Salai aproximou-se do ouvido do mestre e disse-lhe:

— Senhor, olha, é Michelângelo Buonarroti! E aquele que está a seu lado, de pé, a observá-lo, é Rafael, um jovem de talento reconhecido desde a mais tenra idade.

Leonardo chamou-o para o lado e disse impaciente:

— Silêncio! Já os conheço! Agora deixa-me, preciso trabalhar.

Em algumas horas, ambos apresentaram ao mesmo tempo seus projetos. Leonardo apresentou a Batalha de Anghiari, e Michelângelo, a Batalha de Cascina. Os outros artesãos também se esforçaram, mas os dois foram os escolhidos; porém, por alguma razão inexplicável, um não cumprimentou o outro.

Dois dias depois, Leonardo e Michelângelo começaram a pintar os painéis, sem se olharem, até que Michelângelo aproximou-se:

— "Davi" continua imponente na praça.

— Ainda não o vestiram?

— Não. Olha, para mim é um prazer trabalhar com um homem de talento como o senhor. Se bem que sou o pintor oficial do palácio, por isso não era preciso fazer nenhum concurso.

Leonardo ficou desconcertado e respondeu apertando a mão do outro:

— O prazer é todo meu, "filho".

— Não sou teu filho — respondeu Michelângelo, percebendo que Leonardo talvez quisesse colocá-lo em um lugar que não merecia, ou seja, no lugar dos iniciantes.

Eles viraram-se novamente de costas e começaram a pintar as duas paredes, uma de frente para a outra, na enorme sala.

Tanto Leonardo quanto Michelângelo estavam aborrecidos por causa do sistema de competição em que estavam. Ambos preferiam ser valorizados pelos próprios dons.

Rafael, um jovem aspirante a pintor, sentou-se num banquinho diante da terceira parede, a fim de observar os dois geniais pintores trabalhando juntos. Estava maravilhado com a forma fantástica com que cada um trabalhava. Um grupo de curiosos uniu-se a ele. De um lado, Leonardo, sempre belo e bem trajado, trabalhava com gestos delicados e perfeitos. Alegre, às vezes cantarolava alguma canção. Do outro, Michelângelo, um tanto feio, desajeitado, mal vestido e de expressão triste, fazia gestos lentos, mas igualmente perfeitos, e irritava-se com o cantarolar de Leonardo.

Adiantado, Leonardo inspirou Rafael a romper o silêncio e dizer:

— Como é belo!

— O belo é o bom — interpelou Michelângelo.

Leonardo disse do outro lado:

— Nem tudo que é belo é bom. A beleza é apenas um aspecto da bondade. Depende de outros fatores como harmonia e proporção. Por isso, a arte é algo do espírito, da inteligência, não do físico.

O silêncio retornou ao local. Rafael percebeu que era melhor ficar quieto. Leonardo e Michelângelo ficaram concentrados durante horas.

Michelângelo, por um momento, aproximou-se da pintura de Leonardo e, vendo que ele utilizava uma técnica experimental à base de cera, disse-lhe de supetão:

— Isso aí é belo, mas não é bom, pois vai escorrer quando fizer calor.

Leonardo estava concentrado. Então, virou lentamente a cabeça, lançou-lhe um olhar fulminante e contendo a rispidez disse-lhe:

— Cuida de tua batalha que eu cuido da minha. Vê que aconteceram há sessenta anos e não vamos, nós, recriá-la em carne e osso nesta sala.

Um dos curiosos que ali estavam ainda falou:

— Senhor Da Vinci, fala sobre Dante enquanto pinta.

— Ora — respondeu Leonardo —, peça ao colega ali do lado, que tem a língua afiada!

— Ah, explica tu — provocou Michelângelo —, que não terminas nada que começas e ainda colocas os amigos em situações embaraçosas!

— O senhor é um iniciante mal-educado! Se te referes à escultura de Davi colocada na praça, saiba que eu não ordenei, apenas sugeri — disse Leonardo, jogando os pincéis no chão.

— Iniciante? E o senhor é um necrófilo! Volta aos cadáveres!

Rafael, que tomava notas das técnicas de ambos, aproximou-se e disse:

— Senhores, sois artesãos reconhecidos por vossos talentos, não podeis brigar. A culpa é dos contratantes, que lançam os artesãos uns contra os outros para pagar menos a todos.

Leonardo olhou para sua pintura, que continha apenas o tema central, e disse aos presentes:

— Por hoje chega! Até logo, senhores. Florença tornou-se pequena para mim. — E saiu.

No dia seguinte, Leonardo não compareceu. Os oficiais do palácio foram falar com Michelângelo:

— Senhor Buonarroti, continua as duas pinturas. Teu prestígio já começa a superar o de Leonardo Da Vinci; podes fazê-lo sem problemas.

— Senhores, dai-me licença. Nem eu tampouco continuarei. Eis os meus florins — disse, jogando sobre a mesa um saco de moedas. — Contrata outros pintores. Prefiro pintar catedrais.

Giocondo tornou-se estimulador de idéias inovadoras, exibindo-as enquanto viajava a negócios em Roma, mas isso gerou conflitos com a

Igreja e ele terminou por ser perseguido pela Inquisição. Preso em Roma, foi rapidamente julgado, condenado e morto na prisão, juntamente com outros seguidores das mesmas idéias.

A viúva, temendo morrer também, pensou em fugir para algum lugar em que os inimigos de seu marido não pudessem alcançá-la, mas antes procurou Leonardo, a fim de que este terminasse o quadro, o qual era um dos últimos desejos do amado esposo.

Lisa fugiu de volta a Florença e guardou segredo sobre as razões de sua viuvez.

Era manhã de sábado, quando Leonardo recebeu a visita da senhora Lisa. Vestida de luto, com um fino véu negro à cabeça, trazia um pranto contido. Leonardo percebeu uma nuvem escura cobrindo-lhe o semblante jovem, então falou, estendendo-lhe a mão:

— Senta-te, nobre senhora. — Tão logo ela se sentou, baixou os olhos, com a face fogueada, e premiu os lábios, tentando segurar a torrente que lhe inundava a alma. — O que houve? — perguntou Leonardo, com voz suave.

Em silêncio, uma lágrima quente e contida insistiu em cair-lhe dos olhos. Sem saber o que fazer, ele se aproximou e entregou-lhe um lenço:

— Por favor, senhora, acalma-te. Acho que sei o que aconteceu.

— Sabes? Mas ninguém sabe em Florença! — ela disse, finalmente.

Leonardo sentou-se e falou:

— Ele foi um homem digno e corajoso, diferente do modelo esperado pelo clero, que prefere homens indignos a homens que conduzem seu próprio destino.

— Perdoa-me incomodar-te. Giocondo era tudo o que eu tinha. Minha mãe faleceu quando nasci. Meu pai, apesar de todos os esforços que fez para dar-me afeto e boa educação, sempre esteve envolvido com suas pinturas em Roma.

— Teu pai, um pintor? Mas por que não pediste a ele para retratar-te?

— Ele nunca quis. Dizia que meus olhos são os olhos de minha mãe e todas as vezes que tentava me retratar se sentia profundamente angustiado por sua perda. Deus o levou ano passado.

Leonardo conhecia uma história parecida. Desconfiado, insistiu:

— Senhora, qual era o nome de teus pais?

— Meu pai, que Deus o tenha, se chamava Piero e minha mãe...

— Elisa era o seu nome? — interrompeu Leonardo, curioso.

— Sim. Como sabes?

— Deus do Céu! — disse Leonardo sorrindo. — Não posso acreditar! Eu te vi nascer! Tuas feições possuem a exata mistura de teu pai e de tua mãe. Ele foi um grande amigo. Que satisfação saber que meu amigo Piero cuidou da filha, conforme prometeu! Fico feliz!

— Sim, ele cuidou muito bem de mim, mas de que falas, senhor Da Vinci?

— É uma longa história, minha cara. Deves saber apenas que teu pai amou tanto tua mãe que, tendo tu os olhos dela, as cruéis lembranças lhe voltavam à mente.

— Que cruéis lembranças?

— Ele não te contou?

— Não. Meu pai falava muito pouco comigo.

— Nem eu tampouco vou trazer do passado o que deve ser esquecido. Mantém o ânimo e suporta as dificuldades com esperança e fé, assim como fez teu pai.

— Oh, é o que tento! Giocondo era maravilhoso. Mas que faço agora com essa solidão?

— A solidão não é tão ruim como se imagina — respondeu Leonardo, num suspiro.

Um breve silêncio se fez. Então, Lisa levantou-se e disse-lhe:

— Senhor Da Vinci, por favor, perdoa-me. Não deveria estar aqui, vou-me embora.

— Não — disse Leonardo, colocando-se à sua frente —, por favor, fica, senta-te novamente. Pedirei a Alessandra que providencie um chá. Aguarda um momento. — Filha — disse ele, deparando com Alessandra —, prepara-nos um chá.

— Não temos chá — ela respondeu secamente, com o nariz empinado, escondendo seu ciúme.

— Ora! — respondeu Da Vinci, sem graça — Um copo com água, pelo menos, para a senhora Lisa. Vê que ela está emocionada.

Alessandra deu meia-volta e logo trouxe uma taça com água. Sem nada dizer, apenas se curvou e saiu. Leonardo estranhou os modos pouco gentis de sua pupila e preocupou-se com a moça.

— Não quero ser um incômodo — disse a senhora Lisa, levantando-se. — Se não quiseres, não estás obrigado a pintar-me.

— Senhora, é uma questão de honra para mim. Se não te incomodas, posso terminar tua pintura hoje mesmo. Antes, porém, preciso que relembres as impressões felizes que tiveste quando aqui estiveste com teu amado esposo. Tenho certeza de que ele gostaria que fosses retratada com a paz de espírito que sempre tiveste.

Ela olhava-o em silêncio, ainda dominada por alguns soluços, sentindo-se incapaz de fazer o que ele pedia. Então, ele percebeu que sua dor era talvez maior que a dele próprio. Ele conheceu o amor, mas não pôde usufruí-lo. Ela, ao contrário, conheceu e usufruiu do amor, da forma mais profunda. Quando o esposo se foi, deixou um espaço ainda maior.

Leonardo pegou suas mãos geladas, levantou-a e a colocou diante de uma paisagem misteriosa, que ele havia desenhado poucas horas antes:

— Isso mesmo, magnífico! Não te movas. O dia e a noite estão estampados em teu belo rosto.

Ela começou novamente a soluçar e falou:

— Não posso, senhor. Não compreendes que não tenho condições para posar? Minha alma ferve em dor... A solidão que sinto fere-me como um punhal... Deixa-me ir.

— Ah, doce senhora, não sabeis nada sobre solidão. Eu sei! — Ele a olhou por alguns instantes, inspirou profundamente e começou a falar com ela, como se estivesse entoando um poema: — Oh, solidão, de onde vens? Por que assolas tão humilde alma? Quem és tu, que obrigas ao silêncio a mais nua das falácias? De quem foges? O que temes? É noite, solidão? É dia? Por que lanças ao mar as mais nobres intenções? Quem tu és? Oh, solidão? Dize claramente se és a noite muda e sombria que como criança repousa! Dize se és o dia que se move implacavelmente sem dar direito ao sonho. Tal como a noite, não dá direito à realidade. O dia não dá direito ao sonho? Oh, solidão, por que te implantas em meu seio? Acende. Oh, luz, dissipa as trevas desta alma em fel. Traz a fé, o vigor, o brilho. Ampara o necessitado, cativa o inimigo, cobre o desnudo, alimenta a criança, dá esperança ao aflito e fé ao desesperado. Oh, solidão! Oh, silêncio, que gritas diante da lágrima! Segue teu caminho sem te queixar, lembra-te que um dia podes ter plantado o que hoje colhes, lembra-te que poderás colher o que hoje plantas. Perdoa, mas não cega os olhos trabalha, busca e principalmente ora. Oh, alma que hoje chora! Não busca amparo na Terra. Não está aqui a força. Segue teu caminho. O maior de todos que um dia também chorou disse: “Bem-aventurados os que choram, pois serão consolados”. Se na noite de angústias faltar a luz da esperança, sê paciente, espera, planta o bem, o amor, a concórdia, e verás que as nuvens tempestuosas haverão de se dissipar com os ventos, e um céu claro e muito azul se formará. Mas não te queixes se no dia claro que tanto clamastes, com sol forte, tua cabeça estática começar a se queimar por não ter plantado nas veredas da vida a árvore frondosa da fé, que te dará a sombra da paz.

Quando Leonardo terminou, nos olhos da jovem Lisa já não havia lágrimas. Em seu rosto, um leve semblante de quem era compreendida, mas guardava ainda restos de dor e sofrimento. Num leve sorriso, ela falou:

— Belas e profundas palavras, senhor Da Vinci. Muito obrigada. São bálsamos para minha alma.

Leonardo insistiu:

— Senhora, um suave sorriso fará com que te tornes imortal, como o queria o nobre Giocondo — disse Leonardo, conseguindo que ela delineasse uma expressão suavemente misteriosa. — Isso mesmo... Ótimo... Assim... Não te movas.

Com movimentos rápidos, Leonardo aos poucos concluía e dava vida à imagem, utilizando tinta a óleo. Após tanto tempo, um belo quadro tomava forma. A expressão, apesar de confusa, transmitia o que Lisa realmente sentia naquele momento. Os cabelos soltos, cobertos pelo fino véu negro, as luzes no rosto e no colo, as sombras nas devidas proporções e a mão direita sobre a esquerda denotavam que a racionalidade havia dominado por completo a emoção.

— Parece pronto — ele disse —, mas não está. É preciso ainda fazer retoques e uma última camada transparente. Assim que estiver completamente seco, eu mesmo o entregarei em tua casa.

Lisa levantou-se e disse-lhe:

— Que Deus te ilumine, senhor Da Vinci.

Leonardo foi até um móvel e, retirando de lá um saquinho de moedas, entregou-o a ela.

— De que se trata? — perguntou Lisa.

— Seu esposo pagou-me adiantado. Quero que aceites o dinheiro que me foi pago antecipadamente. Precisarás para cuidar do filho que esperas.

Ela assustou-se e vivo rubor cobriu-lhe as faces. Então, levando a mão ao ventre, onde não havia qualquer sinal de que estava grávida, perguntou:

— Como sabes que estou esperando um filho?

— Perdoa-me, sou um observador indiscreto. As mulheres mudam o semblante quando estão esperando, tornam-se divinas e santas. Tome o dinheiro, não precisarei dele.

— Tu és um homem generoso, como poucos nesta cidade. Por favor, gostaria que ficasses com o quadro. Não posso levá-lo comigo.

— Oh, não! É teu!

— Eu insisto, por favor! — disse ela.

— Pois bem, estará bem cuidado. Será um prazer.[12]

Leonardo despediu-se com um beijo no dorso de sua mão, agora não tão gelada. Depois, a acompanhou satisfeito até a saída.

[12] "Mona Lisa" é a principal atração turística do Louvre, numa sala em que um Rafael e um Correggio passam despercebidos, ofuscados pela fama da Gioconda.

CAPÍTULO 25

# *O Despertar de um Amor*

ALESSANDRA, QUE A tudo via e ouvia, estava próxima à sala, orientando uma nova criada sobre os afazeres da casa, quando se aproximou de Leonardo e falou:

— Vi teu olhar.

Leonardo virou-se assustado:

— Que olhar?

— Um olhar de homem apaixonado. Eu conheço bem.

— Oh — disse Leonardo. —, não conheces, não! Se conhecesses, veria quanto Salai te ama. Mas tu insistes em desprezá-lo.

Alessandra, tendo os olhos inundados de ciúme, jogou-se aos pés de Leonardo:

— Não compreendes que amo a ti. Podes tomar-me por louca, mas todos os meus pensamentos são para ti.

— Ah, és tola! — disse Leonardo, levantando-a. — Desperdiças tua beleza e mocidade sonhando com o impossível. Tenho idade para ser teu pai e sei que foste destinada para Salai. Ele, sim, é ideal para ti. Deves te casar com ele o mais breve possível, não esperes mais. Já não és tão jovem como antes. Não sabes quanto o tempo é traiçoeiro!

— Oh, eu sei! — disse Alessandra, secando os olhos. — Salai é muito carinhoso, amigo, mas apenas isso. Não é sábio e brilhante como o senhor.

— Isso é questão de tempo — riu Leonardo. — Pegue em meus aposentos um livro que está na cabeceira da cama e poderás compreender minhas atitudes. As confissões de santo Agostinho esboçam que ele cometeu pequenos erros ao estimular o clero a ocultar do povo a verdade; no entanto, em se tratando de outros assuntos, ninguém melhor que ele para testemunhar a solidão de um missionário.

— Lerei com atenção — disse Alessandra, retirando-se cabisbaixa.

Salai vinha chegando e ouviu algumas mulheres que estavam passando comentar maldosamente a respeito daquela que mal acabara de enviuvar e já visitava sozinha um homem solteiro. Tão logo entrou em casa, chamou Leonardo à porta e comentou o que ouvira. Leonardo respondeu:

— Nunca me importei com os comentários do povo. Quem não é capaz de suportar as críticas do mundo, não pode modificá-lo.

De longe, Leonardo viu a senhora Lisa distanciar-se e suspirou:

— Quem diria, a filha de Piero. Aquela garotinha que quase morreu ao nascer tornou-se uma bela jovem. Uma dama como poucas, não achas, Salai?

— Sim, senhor, muito bonita, mas não mais que Alessandra. Ah, esqueci-me de dizer-te. Acabo de comprar um morto...

— Psiu! Fala baixo! — disse Leonardo, colocando-o para dentro e fechando a porta. — Estás louco! Não estamos em Milão! Quer que sejamos presos? Tu te esqueces que é crime estudar cadáveres?

— Perdoa-me. Eu só quis...

— Onde está o infeliz?

— Acabou de morrer; era o marido da senhora Melardi. Ela precisa de dinheiro, então ofereci uma boa quantia. O bastante para ela pagar as dívidas do falecido, assegurando liberdade ante os credores para ela e os dois filhos.

— Muito bem — disse Leonardo. — Agiste bem. À noite, o traremos para cá.

Salai foi até a cozinha e viu que Alessandra secava o rosto, disfarçando os olhos vermelhos.

— Que tens?

— Nada! São as cebolas — respondeu ela rispidamente. — Ele aproximou-se e, ao tocar seu ombro, ela desviou-se e disse-lhe: — Já disse que preciso pensar mais para esquecer tudo o que passei em Milão.

— Claro, perdoa-me! — disse Salai, compreensivo.

— Tem paciência. Agora, preciso ver o que a criada anda fazendo.

Salai saiu cabisbaixo e foi preparar suas tintas.

De volta aos cadernos de pesquisa, Leonardo começou a estudar anatomia como antes, fazendo desenhos detalhados dos membros superiores, inferiores, do coração, dos pulmões, do fígado... No entanto, alguns detalhes intrigavam-no. Seguindo o caminho das artérias, partindo do coração, percebeu algo estranho. Chamou Salai e Melzi e explicou-lhes os detalhes anatômicos. Melzi foi estimulado a perguntar:

— Ora, e agora? Para onde vai o sangue?

— É isto que quero descobrir — informou Leonardo. — Às vezes, de tanto olhar algo, terminamos por não mais vê-lo. É preciso olhar para outro lado, no duplo aspecto enxergar com mais maturidade, ou para si mesmo, para retornar e ver o que aprendeu. Chega um momento em que tais vasos se tornam mais finos que um fio de cabelo, até que desaparecem.

— Desaparecem ou não os enxergamos?

— É isso mesmo, meu jovem — alegrou-se Da Vinci. — Para enxergá-los, precisamos de um instrumento que nos auxilie na ampliação de nosso olhar.

Dirigindo-se para a cozinha, Leonardo pegou um pote de compotas de maçã, cujo caldo adocicado já estava viscoso, e mostrou-o aos discípulos.

Melzi olhou de perto e disse:

— Mestre, o que vês que não vejo?

Leonardo explicou-lhes:

—Vês com a inteligência, não apenas com os olhos. Quando colocamos uma colher suja de boca no pote de doce, em alguns dias surgem seres pequeninos como estes.

— É realmente verdade. Eu já sabia que o doce azedava se não tivéssemos cuidado.

— Mas quem os azeda, filho? — inquiriu Leonardo.

— Não tenho a mínima idéia — respondeu Salai.

Leonardo pôs-se a pensar e disse:

— São seres providos de vida assim como nós outros. Ah, se existissem fundos de boticas capazes de aumentar a visualização dessas estruturas ou fosse possível que aproximassem o que está distante!

— Isso não é possível, mestre — meneou a cabeça o jovem Melzi.

— Isso é possível, sim! Ora, se medi a distância do Sol à Terra e o tamanho da Lua, posso criar lentes que aumentem um objeto.

Salai assustou-se e perguntou:

— Mediu o quê?

— Ah, não tenho tempo para contar-te tudo o que penso e faço!

Salai riu:

— Mestre, não sei do que falas. Que nomes estranhos! Porém, já o conheço o bastante para saber que quando tens uma idéia, cedo ou tarde, a experimentará. Como chegarias a tais lentes?

Leonardo jogou fora o doce e, enquanto lavava o pote, olhou bem para Salai e Melzi e falou-lhes:

— Só há um caminho para as grandes descobertas: é preciso pensar, planejar, buscar materiais próprios, testar, experimentar, tirar conclusões dos erros e acertos, recomeçando sempre, até conseguir o resultado desejado e tendo em mente que nada é impossível.

— Ah, mestre, tu és realmente um artista em constante evolução! — falou Melzi.

— Somente porque me inquieto diante dos problemas?

— Não somente, mas porque vês o que os outros não vêem.

— Crio apenas a partir de elementos da natureza não como mero observador, mas como um ser detalhista. Quando nos tornamos observadores, somos capazes de modificar o tempo e as coisas. Vamos ao trabalho, filhos. Retornemos à dissecação. Quero saber o que faz o homem pensar.

Na semana seguinte, Melzi chegou esbaforido da rua, dizendo entre um fôlego e outro:

— Mestre, os padres de Milão estão à procura do senhor!

— Querem encomendar alguma pintura? — questionou Salai, inocente. — Estamos mesmo precisando de alguns florins.

— Não — respondeu Melzi. — Eles parecem revoltados e estão vindo para cá!

— Que venham! — disse Leonardo, sem temor.

O novo prior, que era o padre superior do mosteiro, logo chegou acompanhado por dois monges. Antes mesmo de desejar-lhe uma boa tarde, foi logo dizendo:

— Senhor Da Vinci, as cores da pintura mural "A última ceia"[13] estão desbotando; a parede descasca vertiginosamente. Acho que não foi uma boa idéia usar tinta a óleo em argamassa seca. O que o senhor fará? Precisamos de uma solução urgente!

— A culpa é da parede que tomou umidade — respondeu Leonardo.

— Oh, não, senhor. Utilizaste técnicas pobres! E toda aquela lamúria dizendo que queria pintar devagar, que misturaria óleo com temperos e outras coisas mais?

— Tenho a solução, senhores — disse Leonardo.

— E qual é? Espero que não seja pior que a idéia original!

[13] O mural "A última ceia" (1493-1498), 460cm x 880cm, está no Refeitório da Igreja de Santa Maria delle Grazie, em Milão (Itália).

— Usarei pó de múmia, aquele pó preto usado como remédio para fortalecer o sangue das crianças.

O padre arregalou os olhos, benzeu-se com o sinal-da-cruz e perguntou:

— E para que o usarás?

— Para evitar que a tinta rache mais uma vez o mural — respondeu Leonardo, com muita calma.

Enraivecido, o padre vociferou:

— Não permitirei em hipótese alguma que use pó de múmia em uma pintura sagrada. Não suportarei ver o rosto de Nosso Senhor sendo retocado com pó de múmia. Que absurdo! Já não basta ter-se inspirado em bruxarias astrológicas para as expressões dos discípulos? Por isso, tua obra foi castigada!

Leonardo olhou-o de cima a baixo, suspirou, cruzou os braços e disse:

— Então não restaurarei o mural.

— Isto é uma afronta grave! — irritou-se o padre. — Se por um fio de cabelo perderás o Reino dos Céus, quanto mais por este desrespeito à casa de Deus!

— Ora — disse Leonardo —, quero reformar a pintura. Os senhores é que não me permitem.

— Com pó de múmia?! Francamente!

— E em que o senhor e eu nos tornaremos quando morrermos, senão em pó? — ousou Leonardo, enquanto Melzi e Salai tentavam conter o riso.

O padre olhou para o jovem Melzi e disse:

— Quando tua mãe deixou-te aos meus cuidados, prometi que estarias bem encaminhado na casa do Senhor, onde poderias te tornar um monge respeitável. No entanto, demonstravas dons para as artes. Por isso, coloquei-te para estudar com este senhor. Entretanto, percebo que cometi um erro, pois não passa de um louco este Da Vinci. Também não deve ser um bom cristão.

Melzi tornou-se sério e ficou com medo de que o padre o levasse consigo, então falou:

— Perdoa-me.

Leonardo sempre ouvira Sandro criticar e condenar as posições da Igreja, mas nunca parara para pensar se ele estava certo ou errado. Porém, naquele momento, não gostou da afronta e respondeu:

— Disseste que não sou bom cristão? Pois digo: a religião que ora vejo não é cristianismo; é qualquer coisa bárbara, menos a doutrina que Jesus ensinou.

— Bravo! Bravo! — ironizou o padre. — Temos um herege importante!

Leonardo, prudente, sempre evitou tais atritos. Porém, não via motivos para esconder suas idéias. De mãos cruzadas nas costas, começou a andar nervosamente de um lado para o outro, com a fronte baixa. Num momento, parou, levantou o rosto e começou a falar:

— Cristianismo não é para mim este catolicismo que hoje paira como uma nuvem negra sobre nossas cabeças, tencionando arrancá-las a qualquer hora. Se falamos de Deus, é heresia; se não falamos, é blasfêmia! Ora, Jesus veio à Terra com um propósito bem claro: esclarecer os homens, para que pudessem alcançar o Reino dos Céus pelo amor ao próximo. No entanto, o que vemos? Há alguma diferença entre os romanos, que martirizaram os seguidores do Cristo para defender seus deuses, e nosso clero de hoje, que derrama um lamaçal de sangue e chamas em nome de Deus? Haverá de dizer-me que estamos um passo à frente, porque hoje é possível pagar com dinheiro um crime, apenas porque há interesse na construção de obras ditas santas? E a casa do pobre que morre de frio e fome, sem teto para abrigar sua família? É menos santa? Pois, acredite, meu caro, não há nada de santo em tais atitudes. Se a Igreja pensa que está precisando reformar apenas seus prédios, engana-se, pois precisa reformar-se internamente, sob o risco de desmoronar e nunca mais ficar de pé!

— Há! — levantou a voz o padre. — Cuidado com as palavras, senhor Da Vinci! Elas podem custar-te a vida.

— Guarde teu terror para teus diáconos! — respondeu Leonardo. — Não o temo, não sou católico!

— Como ousas tentar-me, artesão? Os bispos de tua cidade ficarão sabendo desta afronta e te excomungarão! — vociferou o padre.

Leonardo, sem temor, reiterou:

— O senhor veio falar-me de negócios ou de religião?

— Uma coisa não pode existir sem a outra — respondeu o padre. — Vou-me embora. Já que não queres resolver esta questão em paz, terei que recorrer à justiça!

— A justiça dos homens ou a de Deus? — criticou Leonardo.

— Uma e outra — respondeu o padre.

— Que seja!

O padre virou-se, bufou e saiu francamente irritado.

— Salai, Melzi! — chamou Leonardo.

— Sim, mestre — os dois responderam ao mesmo tempo, trêmulos diante da discussão.

— Arrumem nossos pertences. Partiremos hoje mesmo para Milão.

— Milão? — os dois perguntaram, assustados.

— Sim, Milão. Vou terminar o que comecei.

— Mas os padres o perseguirão.

— Não se eu fizer o que querem. Além disso, esse povo rude daqui não me dá o devido valor. Talvez mereçam ser assolados pelos franceses, que não me parecem tão estúpidos. Pelo menos assim aprenderão uma cultura nova. O que fiz e faço aqui posso fazer em qualquer lugar da Terra. A arte é universal, e um rei precisa sempre de um engenheiro.

Mesmo sem compreenderem, os discípulos começaram a arrumar as malas.

Naquele mesmo dia, Leonardo providenciou um empréstimo para retornar a Milão. Após sair com o valor requisitado, encontrou dois soldados, que pareciam saber que ele acabara de fazer um empréstimo. Tão logo o viram, foram enfáticos em exigir que Leonardo devolvesse os cento e cinqüenta florins recebidos para pintar "A batalha de Anghiari" ou que terminasse a pintura.

Leonardo, impaciente, falou apenas:

— Deixai-me passar. Não devolverei nenhum dinheiro, pois tive o meu trabalho, muito menos terminarei a pintura. Que chamem Michelângelo!

Um dos soldados respondeu:

— Se não pagares, serás preso! No entanto, tenho certeza de que resolverás em paz esta questão, pois dizem que és um homem muito inteligente.

— Não, eu não serei preso nem devolverei o dinheiro — respondeu Leonardo. — Agora, com licença, senhores.

— Não vais embora, vais? — insistiu o outro soldado.

— Já fui — respondeu Leonardo. — E saiu.

Quando chegou em casa, percebeu que os dois soldados o seguiam em silêncio. Chegando à porta, mudou de idéia. Chamou-os e disse:

— Nem todo homem é capaz de reconhecer a inteligência do outro. Toma, entrega estes florins ao cobrador.

Leonardo entrou, reuniu seus discípulos e seus pertences e retornou para Milão, ainda ocupada pelos franceses. Felizmente, Carlos de Amboise, comandante das tropas francesas, tinha-se apaixonado pela decoração do palácio, pelas engenhocas que sobraram de sua invasão e pelos comentários que os criados faziam sobre a genialidade de Da Vinci. Tão logo Leonardo se apresentou, pedindo sua proteção e autorização para viver em sua vinha, Carlos concordou e convidou-o a ser seu engenheiro artístico. Leonardo aceitou. No entanto, o líder francês não era tão generoso quanto ele pensava, pois só lhe dava em troca o direito de viver livre em Milão.

Em sua vinha, Leonardo desenhava febrilmente. Prosseguia em seus estudos de anatomia, com os quais tinha a firme convicção de prestar inestimável benefício à humanidade. Pintou muito pouco nesses sete anos; preferia estudar matemática e as condições de equilíbrio sobre um plano inclinado. Enunciou o teorema do polígono de sustentação da balança, realizou pesquisas originais sobre os centros de gravidade e idealizou uma máquina destinada a testar a resistência dos fios metálicos à tração. Ainda no domínio da física, estudou os efeitos do atrito e enunciou definições para força, percussão e impulso, além de aperfeiçoar máquinas de fiar, trivela, tornos e perfuratrizes. Projetou a drenagem do pântano de Pontine, a fim de torná-lo uma terra produtiva. Criou também objetos pequenos, como uma caneta feita de tubo de ouro, cuja minúscula esfera na ponta evitava que a tinta "nanquim" borrasse o papel.

Salai aprendia rápido e já pintava quase como Leonardo. Melzi cuidava para que não faltasse paz a seu mestre. Alessandra se distraía com bordados e passeios.

Salai, envolvido com a pintura, já não esperava por Alessandra, que, ao contrário, começava a perceber que Leonardo jamais seria capaz de amar uma mulher conforme ela imaginava. De longe, começava a perceber que Salai se tornava independente do mestre e criativo e já não lhe dava atenção como antes. Tal solidão foi útil para que ela refletisse melhor sobre os anos que se passaram. Para Leonardo, ela se tornara mais uma entre seus filhos adotivos. Para ela, Salai tornava-se mais que um bom amigo, mas um companheiro perfeito, e aguardaria a hora ideal para revelar-lhe tal descoberta. Vez ou outra, Melzi a alertava dizendo-lhe:

— Minha irmã, se não declarares o que sentes por Salai, ele terminará por desistir de ti.

Alessandra respondeu-lhe:

— Eu sei. Mas pensas que não o vejo retornando para casa tarde da noite, cheirando a vinho e perfume de mulheres?

— Que querias que ele fizesse? Ele é homem!

— Ora, que esperasse por mim!

— Alessandra, Salai não é como nosso pai, que vive tal qual um monge. Deves compreender sua situação. Ele te ama, mas sente dificuldades em esperar-te sozinho.

— Pensarei em uma maneira de dizer a ele sobre meu amor — disse Alessandra, retornando a seus afazeres.

Sem dinheiro e sem padrinho, Leonardo chegou à meia-idade. Apesar de fisicamente cansado, sua alma ainda estava ansiosa por novos desafios. Deixou crescer mais ainda a longa barba branca, cobrindo-lhe a face enrugada.

Da Vinci estava desapontado com a efêmera natureza humana e a solidão de um gênio incompreendido. Numa tarde silenciosa, ele olhou-se no espelho e começou a desenhar a si mesmo no papel, utilizando giz vermelho. Descreveu com fidelidade os olhos tristes de quem teve a vida toda o pesado encargo de trazer luz à escuridão, pensamentos amplos às limitadas formas de conceber as idéias; de quem buscou respostas que a ciência não oferecia; de quem demonstrou, pelas invenções, a natureza divina e criativa do ser humano.

Lá fora, a revolta antipapista alastrava-se. O povo começava a despertar para as injustiças causadas pela ambição e cobiça do clero licencioso e corrompido pela ganância.

Os Sforza, tendo o apoio financeiro dos avessos ao papa, recuperaram Milão. Com o restabelecimento da dinastia Sforza, Leonardo percebeu que era admirado. Porém, apesar de ter sua proteção, não se sentia à vontade.

Reunindo seus filhos, falou-lhes mais uma vez:

— Vamos embora, meus diletos. Não há lugar para nós aqui.

— Mas por quê? — perguntou Salai.

— Não vês que poderíamos permanecer em Milão até o fim de nossos dias se esta aliança entre Vaticano, Veneza, Suíça, Espanha e Inglaterra não tivesse expulsado os franceses e restaurado um Sforza no governo do ducado?

— E o que tem isso? — quis saber Melzi.

— És tolo? É um dos filhos que Ludovico teve em seus muitos amores. Tu te esqueces de que ele morreu me odiando?

— Perdoa-me, mestre, eu me esqueci, mas não foi culpa tua.

— Oh, meus filhos! Não me sinto à vontade sob esse novo senhor. Este ano farei 50 anos de idade e não tenho mais ânimo para aventuras. Reuni-vos tudo, pois partiremos para Roma amanhã mesmo. Contaremos com a proteção de João, ou melhor, de Leão X. Além de ser o papa, é filho de Lourenço de Médici, um antigo protetor.

Assim todos fizeram e se instalaram em Roma. Porém, Leonardo não estava disposto a bajular ninguém e preferiu hospedar-se na casa de Giuliano, irmão de João.

Tão logo encontrou o papa, em meio a uma reunião de amigos falou-lhe:

— Ora, se não é o pequeno João, filho de Lourenço, "O Magnífico". Tu te tornaste um homem poderoso!

O papa levantou o queixo e disse com soberania:

— Agora sou o papa Leão X. Reatarei o esplendor de meu pai, construindo a maior igreja que os homens já viram!

— E como pretendes fazer isso? — quis saber Leonardo.

— Certa vez, meu professor de infância me disse: "Todos os meios são lícitos quando se alcança o fim almejado".

— E quem foi este terrível professor?

— Nicolau Maquiavel — respondeu o papa, sem titubear.

— Compreendo. Aquele que cala as verdades que condenam as perversidades humanas.

— Depende do ponto de vista, meu caro Da Vinci. O povo precisa de indulgências; Igreja, de dinheiro. Faremos uma troca. É simples, não?

O grupo aplaudiu:

— E o patriciado burguês quer sua fatia neste lucro, se estou certo.

— Não, senhores — falou o papa, caminhando pela sala e olhando os que assistiam ao diálogo pouco amistoso. — A renda será toda revertida em construções.

— E o clero não terá o seu bocado? — perguntou Leonardo, em voz baixa.

— Quem tu pensas que és para pressionar-me com tais inquéritos? — disse o papa, virando-se rispidamente.

— Oh, apenas um homem do povo — respondeu Leonardo, voltando-se para seu lugar.

— Então te comporta como tal!

Leonardo compreendeu a mensagem e aproveitou para se enclausurar em sua oficina e aprofundar-se em suas pesquisas ópticas e matemáticas. Assim, se manteria longe das questões políticas. Imaginava que, com as novas descobertas, o povo se tornaria mais inteligente e, com isso, teria melhores líderes, tática essa melhor que morrer na fogueira.

Em Roma, Leonardo encontrou muitos amigos, entre eles Luca. Além disso, encontrou, protegidos pelo Médici, o sensível e sempre angustiado Michelângelo e o sempre bem-disposto Rafael, preferidos pelo clero e pelos burgueses.

Certa tarde, quando da ocasião do aniversário de Leão, foram convidados todos os artistas conhecidos. Rafael propôs pintar um quadro, retratando o papa em seu ofício. Enquanto os amigos conversavam, Leão se esforçava por não mudar a pose, a fim de que sua fisionomia parecesse a mais harmoniosa possível. Michelângelo havia sugerido uma magnífica pintura no teto da Capela Sistina.[14] Porém, desanimado, dizia:

[14] O nome Sistina deve-se a Sisto IV, o papa que, em fins do século XV, ordenou a construção da capela, mundialmente conhecida por seus admiráveis afrescos, sobretudo os de Michelângelo.

— Não é do meu gosto pintar afrescos, prefiro a escultura. No entanto, acredito que daqui a quatro anos termino o teto. Depois, juro que volto para Florença. Vou rever meu "Davi" e ver se não o depredaram — disse, lançando um olhar para Leonardo.

# CAPÍTULO 26

## Deus é o Centro do Universo

Ainda no aniversário, os comentários eram sobre a missa de domingo, quando o papa Leão lançou a Igreja em campanha de arrecadação de dinheiro, atribuindo indulgências aos fiéis, a fim de construir a mais bela basílica de todos os tempos: a de são Pedro.[15] Enquanto degustava uma coxa de pato assado, Leão X dizia:

— Devemos voltar todas as nossas sagradas atenções para a casa de Deus. Ele e somente Ele deve ser o centro de tudo.

Todos o ouviam reverentemente. No entanto, Leonardo preferiu dizer o que pensava:

— A alma humana é o centro do Universo.

João desfez a pose rija e disse:

— Quê? Deus é o centro do Universo! Isso é incontestável!

Leonardo não se intimidava em explicar:

— Estás enganado. Deus é o criador do Universo, não o Universo. Não sou o quadro que pinto. O homem é o centro do Universo. É o momento das descobertas. Está na hora de o homem conduzir seu destino, de trabalhar a mente para o humano e natural em oposição ao divino e sobrenatural.

João arregalou os olhos diante de cada palavra proferida por Leonardo e insistiu:

---

[15] A atual Basílica de São Pedro, no Vaticano, foi construída sobre os alicerces de outra igreja, que o imperador Constantino, o Grande, mandara erguer entre os anos 326 e 333 sobre o túmulo do apóstolo Pedro, na colina do Vaticano, antigo local do circo de Nero.

— Blasfêmia! Queres morrer excomungado?

— Não, Vossa Santidade, mas devemos contestar as antigas idéias e alimentar em nossos espíritos um pouco de ciência. Aristóteles não estava certo em tudo, não é mesmo?

Rafael, empolgado com tais idéias, disse sem hesitar:

— Concordo plenamente. Se democratizarmos a cultura, as idéias se expandirão. Daí a necessidade das pinturas serem o mais realistas possíveis.

— Se for preciso, retornaremos às virtudes da Antiguidade, resgataremos a cultura greco-romana — acrescentou Leonardo.

— É realmente verdade. Já estamos agindo assim — disse Michelângelo.

Da Vinci argumentou:

— A beleza deixou de ser reflexo da divindade, e os artistas não mais criam apenas para reis e para a Igreja. Estudemos também os monumentos antigos, a fim de aperfeiçoarmos a arquitetura.

Todos concordaram, exceto os padres, que estavam horrorizados. Luca falou sorrindo:

— Será que os espíritos dos grandes gregos retornaram para disseminar mais uma vez sobre a face da Terra os mistérios do conhecimento, já que tudo foi queimado na biblioteca de Alexandria?

— Isso não temos certeza — disse Leonardo.

— Oh — ironizou João —, finalmente alguém aqui não tem certeza de algo. Bem, meus interesses não estão ligados a tais sandices. Precisamos de novas idéias para fortalecer e enriquecer a Igreja, não para enfraquecê-la e torná-la miserável.

— Ah, isso é com o senhor, papa! Nossa tarefa é outra — disse Michelângelo. — Se queres que pinte um afresco em cada igreja, assim o farei, mas não me envolva em tais dissensões.

— Terei que agir por meus próprios meios — disse o papa.

— Não te esqueças — disse Leonardo — de que teu pai era, acima de tudo, um homem que poupava o povo dos sofrimentos.

— Não me esquecerei — falou João. — Da mesma forma que o poderoso Sol ofusca a luz das mais radiantes das estrelas, assim meu nome será considerado o mais glorioso entre os homens...

Um longo silêncio se fez. Os convidados sentiam-se enojados diante do orgulho de João.

Após essas últimas palavras, Leonardo levantou-se e retirou-se. Luca foi logo atrás, seguido por Michelângelo.

João observou a saída de cada um e, sentindo-se humilhado, deu um soco na mesa, dizendo:

— Fujam todos, pois o poder é para poucos!

Rafael sentiu-se constrangido, mas logo se levantou, com a desculpa de lavar os pincéis, sendo acompanhado por alguns burgueses, deixando o papa apenas com uns poucos padres.

Sob um clima tenso e vergonhoso, João ordenou aos que ficaram:

— Terminai de comer, já estou satisfeito. — E levantou-se, como a dizer que se retirassem.

Todos saíram.

Alguns meses depois, o papa recebeu um grupo de visitantes que soube do seu agrado por Leonardo. Pressionado pelos cobradores que foram solicitar a intervenção do papa Leão X, este lhes respondeu a respeito de Leonardo:

— Senhores, deixem-no em paz! Até hoje não percebestes que Da Vinci gosta mais do caminho que da chegada, mais do processo que do resultado? Eu vos pagarei em dobro o que ele deve.

João ordenou a um servo que buscasse o baú. Ao abri-lo, encheu a mão com moedas de ouro, entregando-as aos credores, que saíram satisfeitos.

Leonardo ficou sabendo do ocorrido e foi ter com Leão:

— Perdoa-me por retirar-me da tua presença naquele dia, mas já estou velho bastante para suportar longas palestras. Agradeço-te a gentileza, mas pretendia pagá-los com obras. Para retribuir teu gesto, farei à vossa santidade belos quadros.

O papa, no entanto, lhe disse:

— Não tens mais dívidas. Assim fiz em consideração à amizade que meu pai tinha por tua pessoa. Eu, de minha parte, não te farei nenhuma encomenda.

A fama de Da Vinci havia ultrapassado as fronteiras e chegado aos ouvidos de Francesco I, o novo rei da França, que ocupara o lugar de Carlos. Interessado nos projetos de Leonardo, ele enviou um de seus conselheiros para encontrar-se com o inventor e sondar-lhe os planos. O enviado fora Beatis, funcionário competente e dedicado, que conseguia viajar sem problemas em todas as terras, pois seu latim era excelente.

Beatis era um homem alto, esbelto, de cabelos bem penteados, olhos bondosos e gestos nobres. Vestia-se impecavelmente; fora padre por um tempo, mas casou-se e teve de deixar a batina, fato inédito até então.

Tão logo o enviado fora até Leonardo, Salai o recebeu e informou-se de que se tratava. Ciente das intenções do rei da França, Salai achou prudente encaminhá-lo a seu mestre.

Beatis encontrou Da Vinci recostado em sua cadeira preferida, pensando, enquanto observava de perto um instrumento que parecia uma lente de vidro. Salai interrompeu-o:

— Mestre, este é Beatis, ex-padre e secretário do rei Francesco da França.

Beatis curvou-se, tirando o chapéu enfeitado por uma pena negra, e disse-lhe:

— Um admirador de teu trabalho. É um prazer conhecer-te, senhor Da Vinci. Venho em nome de Vossa Majestade, o rei.

— De França? Amigo ou inimigo? — perguntou Leonardo.

— Totalmente amigo, meu senhor. Venho convidar-te e aos teus para que venham conosco para Amboise. Lá tu terás todo o conforto de que necessitares para criar, pintar, desenhar e arquitetar. Tu terás servos e servas para atender a ti e aos teus discípulos.

— Sinto-me honrado com o convite. Mas por que iria? — questionou Leonardo.

— O rei Francesco há muito tem tido conhecimento de teus talentos e acredita que tu estás desperdiçado em Roma. Lá terás um castelo próprio, perto de Amboise, no Touraine.

— E quais são as exigências? — perguntou Leonardo.

— São poucas. Acredito que exigirá apenas que não fiques entre seus inimigos. Com certeza, não permitirá que retornes a Milão, Gênova, Veneza ou Florença.

— E o que eu faria ali? E se algum amigo me visitar? Não posso deixar de acolhê-lo.

— Antes terás de ter a aprovação do rei, que é bondoso e hospitaleiro. Ele pede que também evites as cartas, para que não sejam extraviadas por espiões. Todos estes cuidados são necessários para evitar guerras, que geralmente custam muitas vidas inocentes.

Após ouvi-lo, Leonardo respondeu:

— Dize ao rei que pensarei em sua proposta.

— Sim, senhor — respondeu Beatis, curvando-se. — A França te agradecerá. Com tua licença. Estarei na cidade e em alguns dias retornarei para saber tua resposta. Não poderei retornar a Amboise enquanto não puder levar-te. É a vontade do rei, que não pode ser contrariada.

— Falas bem o latim. Podes permanecer em Roma sem muitos problemas.

— Tu és muito gentil, senhor Da Vinci. Voltaremos a nos falar em breve — disse Beatis, saindo em reverência.

Leonardo ficou impressionado com a figura de Beatis. Fisicamente ele lhe trazia terríveis lembranças. Sua fisionomia e porte lembravam a figura astuta de Donatto.

Disposto a aceitar o convite do soberano francês, Leonardo mandou chamar Beatis. Não demorou, e o gentil cavalheiro apresentou-se. Melzi recebeu-o e informou ao mestre:

— Senhor Beatis está aqui para falar-te. Vais recebê-lo?

— Manda-o entrar — disse Da Vinci, simpático.

— É um prazer rever-te, senhor Leonardo. Pareces mais corado e disposto.

Leonardo riu e disse:

— És sempre tão gentil, senhor Beatis!

— Oh, muito obrigado! Meus pais educaram-me assim. Além do mais, trabalhei muitos anos com um cardeal muito exigente e especialmente educado.

Sempre que via o secretário, Leonardo lembrava-se de Donatto. Então, lhe disse:

— O último homem que conheci tão gentil e que media as palavras era um assassino canibal.

Beatis demonstrou-se lívido e apavorado e disse:

— Sinto muito se te faço ter atrozes lembranças. Acredite: nem mesmo suportei ver minha mãe em seu leito de morte, quanto mais... Oh, Deus do Céu! Disseste "canibal"!

Risos.

Leonardo, vendo que havia uma discreta mancha amarelada na manga esquerda da roupa do secretário, ousou perguntar de que se tratava, ao que ele respondeu:

— Ah, foi distração minha! Depois que deixei a batina, me casei. Conheci minha esposa nos campos de batalha. Logo depois, nos casamos e tivemos um filho. Agora ele nos deu um neto, um garotinho fantástico e muito inteligente. Minha senhora adora que fiquemos com ele enquanto nosso filho viaja com a esposa. No entanto, havia alguns dias ela andava muito indisposta, e não consigo me alimentar caso o jantar não seja feito por suas dedicadas mãos. Então eu mesmo fazia nossa comida e, principalmente, dava à boca de nosso neto a papinha. Certo dia, sujei-me e não conseguiram tirar a mancha, por mais que as dedicadas servas esfregassem. Ora, mas é uma mancha muito discreta! Tens um excelente senso de observação.

— Obrigado! Mas dize-me: vives mais feliz casado que quando usavas a batina? — quis saber Leonardo.

— Muito mais! Obrigado por perguntar. Ela também quebrou os votos para se casar comigo.

— Que linda história de amor — disse Alessandra, servindo um chá.

Da Vinci pensou que passaria a vida desconfiando de pessoas assim. Entretanto, ao conhecer Beatis, sua idéia mudou. Então ficou à vontade, pois um homem que se preocupa em cozinhar para sua esposa e dá à boca a comida do neto não pode ser um assassino mascarado.

Não querendo ser, mas sendo soturno, Leonardo perguntou:

— Acreditarias se dissesse que estudei cadáveres?

Outra vez o homem assustou-se:

— Jesus Cristo! É mesmo verdade? E para que perturbastes o sono sagrado dos mortos?

Novos risos.

— Não creio que a morte seja um sono — respondeu Leonardo, tranqüilo. — O sono pode até ser um tipo de morte, mas a morte não pode ser um sono. Em todos os cadáveres que dissequei, não encontrei nenhum vestígio de sono, mas matéria inerte. Acredito que o que somos verdadeiramente vai-se embora, e o corpo que tanto cuidamos durante a vida é abandonado sem qualquer apego. Comprei ou roubei corpos para lhes arrancar a pele, ver o caminho das veias, estudar a junção dos ossos, aprender a disposição dos músculos à procura dos segredos do movimento do homem.

Beatis, admirado, quis saber mais:

— Fizeste alguma anotação a respeito?

— Evidentemente. Minhas pesquisas, conclusões e questões formuladas estão anotadas e bem guardadas. Melzi, filho, por favor, podes buscar os cadernos?

— Sim, mestre, agora mesmo.

Momentos depois, Melzi surgiu com uma caixa nas mãos. À medida que ia abrindo e expondo na mesa os inúmeros desenhos e anotações, Beatis olhava espantado:

— Oh, Deus do Céu, que maravilha! Mas não compreendo. Que dialeto é este que usas? Não preferiste o latim?

— É latim — respondeu Leonardo. — Acontece que, para me proteger, escrevo de trás para a frente e conto com tua discrição. Se bem que os padres não me perseguem por causa do que faço, mas pelo que deixo de fazer. Preciso encontrar tempo para concluir todas as pinturas que comecei.

Melzi pegou um espelho e colocou-o diante de algumas anotações.

— Que maravilha! — disse Beatis, ao perceber que era possível ler apenas utilizando um espelho. — És mesmo genial! Tais informações farão com que a medicina, a arquitetura e a arte avancem. Seria possível informar a outros estudiosos sobre tais apontamentos?

— No momento não, meu amigo. Os homens de hoje ainda não estão preparados para tais revelações. Espere que eu me vá e poderás, junto a Melzi, divulgá-los. Da mesma forma, rogo que não reveles o segredo da escrita invertida.

— Podes confiar em mim, senhor Da Vinci — asseverou Beatis.

— Sim, eu confio — falou Leonardo. — Dize ao rei de França que estarei com ele em seu palácio o mais breve possível.

— Oh, Deus seja louvado! — alegrou-se Beatis. — O povo francês lhe será muito grato! — Eles despediram-se amistosamente.

Algumas semanas depois, o rei francês providenciou uma cerimônia no palácio, especialmente para receber Leonardo Da Vinci. Com ele, foram Melzi, Salai e Alessandra.

Com a reverência de todos, Leonardo logo percebeu que Francesco era admirado, ainda moço, não apenas pelas estratégias de guerra, mas pelo porte atlético e elegante.

Francesco já sabia de todos os dons de Leonardo, então não demorou para nomeá-lo primeiro-pintor, engenheiro e arquiteto imperial. Muitos de seus projetos foram prontamente executados pelos engenheiros do rei, que ficaram maravilhados com a genialidade de Da Vinci.

Casado com a rainha Cláudia, no início de seu reinado, aos vinte anos de idade, pleno de vida e ambição, Francesco I quis reconquistar o ducado de Milão, antiga possessão francesa. Leonardo orientou-o a desistir de tal investida, pois conhecia bem os terríveis preços pagos pelos invasores de ambos os lados.

Os três pupilos foram bem instalados no palácio, sendo que cada um recebeu um quarto individual, bem como roupas de acordo com o luxo da vida palaciana francesa.

Naqueles dias, Giorgio Vasari tornara-se um estudioso da vida dos artesãos e viajara para a França a fim de completar seus estudos sobre as personalidades de sua época. Avisado sobre o talento de Leonardo, ousou visitá-lo e foi bem recebido.

Uma animada palestra deu-se durante um banquete com a família real. Francesco, ao redor de uma mesa repleta de vinhos, assados, pães e frutas, perguntou a Leonardo:

— Não bebes, Leonardo?

— Não, obrigado. Vossa Majestade também não deveria beber. O vinho se vinga do bebedor.

— Ah, gosto de apreciar um delicioso vinho diante de uma obra de arte, tal qual as que vejo nesta ampla sala!

— Também não degustarás nenhum assado? — perguntou a rainha Cláudia.

— Não como carne por convicção, minha rainha, e rogo teu perdão pelas palavras rudes que direi: não quero ser túmulo para nenhum animal, muito menos degustar cadáveres.

Aquelas palavras causaram estranheza em todos. A rainha mandou que retirassem seu prato e substituíssem o bife por frutas.

Leonardo, vendo que Giorgio observava distraído uma pintura do século passado, questionou sem pudor:

— Caro Giorgio, não te cansas de ver pintadas figuras de santos dominando seres animalescos malévolos e retratos de vaidosos papas, todas com péssimo gosto e tendenciosas?

Aquela pergunta causou impacto. Giorgio respirou profundamente e respondeu:

— Talvez. Mas não sou homem de provocar revoluções. Isto é para os gênios como tu.

— Revolucionar não é tão difícil; é apenas criar novos conceitos — redargüiu Leonardo.

Giorgio gostava de fazer perguntas francas e diretas, mas sua seriedade em trabalhar e doçura no falar faziam com que as pessoas respondessem sem agravo.

— Por que escolhestes um trabalho inferior à literatura e à música? — aproveitou Giorgio.

— Não escolhi as artes da pintura, da escultura e do desenho, elas me escolheram. Assim como o belo atrai o feio, o máximo atrai o mínimo, o novo atrai o velho, o claro atrai o escuro e o gênio atrai o néscio.

— Ora — interferiu Francesco, que até o momento assistia ao diálogo —, por mais rico, famoso e prestigiado que seja, um pintor, escultor ou arquiteto não passa de um artesão que executa meros trabalhos manuais.

Leonardo respondeu-lhe:

— Com todo respeito, Vossa Majestade, bem se vê que não compreendes nada do campo artístico. Pintar é uma atividade basicamente cerebral, que se concretiza por meio das mãos.

— Sim, caro Leonardo, respeito tua sinceridade. Realmente não temos de medir as palavras para que nossa amizade seja verdadeira. Entretanto, não acho que uma pintura seja tão importante a ponto de se cobrar tão caro por uma tábua de madeira lambuzada de tintas e cores.

— Quê! — advertiu Leonardo. — Uma obra de arte não pode ser avaliada pelo custo dos materiais utilizados ou pela quantidade de cores empregada. Isso seria tão absurdo quanto julgar uma composição musical pelo número de notas que contém ou um poema pela variedade de palavras que encerra.

Giorgio riu soltamente e passou a anotar aquele diálogo, acrescentando em seguida:

— A música ainda é a arte mais procurada, meus senhores.

— Será mesmo? — questionou Leonardo. — O povo inculto idolatra aquilo que não lhe cobra inteligência. A meu ver, a pintura supera todas as outras artes. Todos os anos, milhares de peregrinos partem de suas cidades para admirar grandes obras de pintura, mas ninguém viaja só para ler um poema.

— És mesmo impossível! — gargalhou o rei.

— Caríssimos amigos — disse Leonardo —, minha paixão está nos desenhos, além de serem um instrumento de estudo para trabalhos de escultura e arquitetura. O desenho é o caminho pelo qual procuro, entre outros objetivos, resolver problemas criados ao imaginar determinado quadro ou mural.

Giorgio interessou-se mais ainda e perguntou:

— Que tipo de problemas? Um gesto, um detalhe facial?

— Estás longe — disse Leonardo. — Acredito que o pintor deve representar basicamente o homem e os movimentos da mente humana.

O rei terminava de sorver o último gole de uma taça de vinho e então quis saber:

— Que dizes? Movimentos da mente humana? Isto me é novidade!

Leonardo explicou-lhe:

— Vossa Majestade está diante daquele que criou tal afirmação. Vê que a primeira representação que começo a pintar, aquela que é limitada às aparências, não envolve maiores dificuldades. Já a representação dos movimentos da mente, isto é, a apreensão do caráter pelos gestos e pela expressão, esta, sim, representa um imenso e incomensurável desafio.

— Imagino que seja de desafios que tu vives — disse Giorgio, anotando tudo.

— Até certo ponto estás certo. Tento realmente me concentrar nestes desafios, que nada mais são que obstáculos facilmente vencíveis. Aí vem o tédio.

— Entendo. É nesse momento que abandonas o trabalho? — continuou a questionar Giorgio Vasari.

— Exatamente — respondeu Da Vinci, retirando uma uva do cacho. — Por falta de estímulo intelectual.

— Eis a razão de os clientes se enfurecerem contigo e te processarem — insistiu Giorgio.

— Talvez. Não pinto para pessoas do meu tempo, mas para a humanidade. Aqueles que compreenderão meu trabalho ainda não nasceram.

Um silêncio de admiração se fez no salão.

— Que tipo de tinta preferes? — perguntou Giorgio, tomando nota.

— O que é isso, um interrogatório? — quis saber o rei.

Giorgio desculpou-se:

— Perdoa-me, estou sendo um perguntador enfadonho.

— Oh, não me importo, até me divirto — disse Leonardo. — Responderei com prazer: com certeza a tinta a óleo é o meu material favorito, seja com a pena, seja com o fio de prata.

Giorgio insistiu:

— É consenso que os poucos que se aventuraram a adotá-la raramente obtiveram bons resultados. Há alguma razão especial?

— Sim. O óleo é de secagem demorada, o que me permite refletir longamente diante do quadro, demorar-me à vontade no esfumado e na gradativa transição de tons, além de poder trabalhar detalhes com meticulosa precisão. O segredo de qualquer obra está no acabamento de primeira qualidade.

— Por que não gostas do afresco? — perguntou, ainda, Giorgio.

— O afresco exige que se trabalhe às pressas, o que não permite fazer correções. Além disso, não proporciona a mesma beleza do acabamento obtido com o óleo.

— Foi com óleo que pintaste "A última ceia"?

— Basicamente, sim — respondeu Leonardo, franzindo a testa, como a denunciar uma preocupação.

— E para "A batalha de Anghiari"?

— Nem me lembre! Foi um desastre! Utilizei uma tinta à base de cera. Na verdade, não gosto de guerras. Prefiro retratos. Além disso, os temas religiosos fazem com que os padres não persigam meu lado científico.

— O que tens contra as guerras? — perguntou o rei.

— Não as suporto. Acho-as todas inúteis. Servem apenas para empobrecer o povo de ambos os lados e exaltar o orgulho de poucos.

Um silêncio se fez. Então, Giorgio o interrompeu:

— Senhores, já é tarde. Se não vos importais, preciso de uma longa noite de sono. Amanhã mesmo partirei para Milão.

— Ah, as boas noites de sono! — suspirou Leonardo. — Há quanto tempo não as tenho.

— E por que não? — questionou o rei.

— Há muitos anos que só durmo ao amanhecer. Às vezes, penso que minha mente é habitada por inúmeras outras mentes que fervilham em centenas de pensamentos ao mesmo tempo.

Giorgio Vasari ainda perguntou:

— E por que não escreves tudo que pensas?

— Acho que não tenho a paciência que tu tens, meu amigo. Não suporto fazer o que qualquer um pode fazer. Pode parecer presunção, orgulho, mas minha alma anseia por descobrir coisas novas. Não sou um repetidor, mas um revelador.

— Pois digo — concluiu Giorgio — que tais apontamentos seriam de grande proveito para os estudos dos eruditos e apaixonados pelas letras.

— Prometo escrever algo quando estiver na velhice, se me sobrar tempo.

— Ora, perdoa-me a franqueza, mas não és mais tão jovem — abusou Vasari.

Risos.

— Bem sei que estou velho — respondeu Da Vinci —, mas ainda não me sobrou tempo.

— Mestre — interrompeu Melzi com doçura —, hei de escrever tudo que o senhor ditar.

— Oh, é um bom filho esse Melzi! — disse Leonardo com os olhos úmidos. — Minhas mãos já não conseguem seguir o ritmo de minhas idéias. Há tantas coisas para descobrir, pesquisar, experimentar, refletir. Os homens poderiam preocupar-se com coisas mais importantes, não com guerras — disse Leonardo, lançando um olhar para Francesco.

O rei defendeu-se:

— Um soberano somente declara guerra quando pretende manter a paz.

— Um cozinheiro acrescenta sal a um prato quando pretende servir doce?

Risos.

O rei insistiu:

— Às vezes, a guerra é necessária se o inimigo não tem escrúpulos nem negocia pacificamente.

Leonardo inferiu:

— Pelo menos poupe dos sofrimentos as mulheres e as crianças.

— Prometo ouvir-te os conselhos, mas não garanto que serei brando com os guerreiros inimigos — disse simpático o rei.

Após animada palestra no salão, todos se retiraram, cada um para seus aposentos.

Alessandra, aos poucos, tinha consciência do amor que sentia por Salai, mas não queria confessá-lo por temer uma reação contrária por seu prolongado desprezo, então antes consultou Melzi:

— Acho que o amo. Mas como dizer isso a ele?

— Achas? Não tens certeza? — quis saber Melzi.

— Na verdade, tenho certeza de que o amo. Aliás, creio que sempre o amei, mas estava confusa. Se ele ainda quiser se casar comigo, eu aceito.

Melzi pensou um pouco e disse-lhe:

— Muito tempo se passou. Creio que ele ainda te ama, mas no momento está envolvido com a pintura. Fala com ele, de repente pode ser... Talvez... Tenta... Quem sabe?

— Vou tentar! — disse Alessandra, sorrindo e ajeitando os cabelos e o laço do longo vestido.

O rei era farto e fazia questão de que todos à sua volta estivessem bem vestidos e felizes. Servas mantinham Alessandra perfumada, e ela usava agora vestidos caros e jóias. Logo de manhã, já estava maquiada e bem penteada. No entanto, Salai estava cansado de esperar, por isso noite e dia se concentrava em seu trabalho.

Aos poucos, ele foi-se distanciando, enquanto ela se sentia cada dia mais apaixonada e tomava coragem para falar-lhe. Este, por sua vez, estava numa sala à parte, transformada em oficina, onde se concentrava em pinceladas num quadro encomendado para a sala de jantar do rei. Ele a recebeu amigavelmente como sempre, com um sorriso rápido.

— Salai — disse ela cuidadosa —, desculpa interromper-te, mas o que tenho para dizer-te é muito importante.

— Oh, podes dizer, Alessandra — disse ele sem se virar. — Não prometo total atenção, pois preciso terminar este quadro para o mestre. Bem sabes que ele não pode mais se esforçar tanto.

Alessandra, que havia demorado para tomar a decisão de declarar seu amor, viu naquela reação fria esvair-se seu ânimo de falar sobre seus sentimentos. Então, disse desanimada:

— Não te atrapalharei. Amanhã, ou quem sabe na semana que vem, nos falamos.

— Está bem! O mestre precisa de mim — disse ele, entrando novamente em concentração.

Alessandra saiu murmurando:

— O mestre, sempre o mestre!

Naquelas semanas, realmente Francesco não ouviu Leonardo. Depois de assegurar-se da neutralidade austríaca e inglesa, derrotou, à frente de um poderoso exército, os mercenários do duque Maximiliano Sforza e seus aliados na batalha de Marignano. Após a morte do imperador Maximiliano Sforza, Francesco I se fortaleceria, pelo menos por algum tempo.

Francesco tinha dois filhos: Henrique, de quatro anos, e Filipe, de dois, ambos muito inteligentes e brincalhões. Leonardo não raras vezes se distraía contando-lhes histórias fantásticas, pois tornara-se impaciente com as festividades internas. Já não suportava a Corte. Apesar de culta e esplendorosa, esta escondia hábitos dissolutos, repletos de devassidão, oculta em superficial valorização das artes, da elegância e do luxo. Leonardo preferia se distrair com as crianças, ensinando-as a desenhar e a pintar, já que não tinha mais paciência para ter um grupo de alunos. No entanto, vez ou outra, os meninos preferiam duelar em lutas de espada.

Enfadado com a vida palaciana, Leonardo declarou sua vontade irresistível de voltar a Milão e retomar sua vinha, onde teria sossego. Francesco, orientado por Beatis, presenteou Da Vinci com um castelo próximo à residência real, em Amboise, onde uma renda mensal o manteria na França. Foi onde Leonardo pôde estabelecer-se em paz com seus três filhos. Ali também ele recebeu seus amigos. Os primeiros foram Giorgio e Lourenço Credi, que moravam em Florença e trouxeram novidades. Entusiasmado, Lourenço dizia a Leonardo enquanto recebia um copo de vinho:

— Vê que os tempos já não são os mesmos? Acredito que não conheceste o franzino Américo, filho do velho Vespúcio. No entanto, eu me lembro muito bem dele, pois era tímido, mas extremamente inteligente. Pois o menino tornou-se um grande navegador e não tem tempo nem para visitar sua cidade natal, tão importante se tornou ao lado do soberano da Espanha.

Giorgio, desta vez, apenas ouvia. Leonardo insistiu:

— Com a visão de que já não é Deus o centro do mundo, mas o homem, será o fim do mundo ou o fim de um mundo de trevas que abrigará novos tempos? Vê que a pintura, a escultura e a arquitetura, depois de prolongada e profunda degeneração, que quase levou à morte da própria cultura, renascem e revivem agora em grandioso esplendor.

Giorgio Vasari finalmente completou:

— É evidente que deve estar havendo um renascer. A vida, as obras e o talento artístico ressuscitaram as artes já envelhecidas.

Leonardo acrescentou com tranqüilidade:

— Quem contemplou a história da arte em sua ascensão e em seu declínio compreenderá, mais facilmente, o sucesso de seu renascer e da perfeição a que tem chegado em nossos dias.

— É verdade — interferiu Melzi, aproximando-se e sentando-se ao lado do mestre. — Não havia nenhuma razão, nenhuma racionalidade. A perfeição foi exorcizada pela Igreja. Agora, sim, é possível descobrir o mundo exterior, a beleza física do homem e da mulher, enfim, no centro desse mundo novo está o grande indivíduo.

— Agora que o mundo está descoberto, que fazer? — questionou Lourenço Credi.

— Ora, dominá-lo pela inteligência — riu Leonardo.

— E como isso se dará? — quis saber Giorgio.

Leonardo não titubeou:

— Pela matemática, pela magia, pelos estudos cabalísticos, pela astrologia, mas principalmente pelas novas invenções.

Lourenço Credi, empolgado, inferiu:

— Os líderes de todas as nações anseiam ampliar seus limites territoriais em vez de melhorarem o que já existe! Querem transformar seu Estado em obra de arte, cientificamente administrado.

— Eis o perigo — completou Leonardo. — As façanhas desse individualismo não refletem uma decadência moral?

— De que falas? — quis saber Lourenço Credi.

— O individualismo pode levar o homem a fazer tudo para satisfazer seus mais ocultos desejos — explicou Leonardo. — Como os criminosos inteligentíssimos, sem escrúpulos. Vede os crimes horrorosos de César Borgia.

— Perdoa-me — disse Lourenço Credi —, tu mesmo com tuas invenções contribuíste para aumentar o poder de seu exército.

— Na tentativa de acertar, às vezes um homem comete erros — disse entristecido o mestre Da Vinci. — Melzi, conduzi-os aos quartos de hóspedes.

— Sim, mestre — respondeu, solícito, o discípulo.

— Quando quiserdes, senhores — ofereceu Leonardo —, podereis descansar.

— É verdade — disse Giorgio —, amanhã teremos uma longa viagem a Roma. Não teremos como retribuir tua hospitalidade e segurança.

— Oh, é tão bom rever os amigos!

Giorgio, sempre grato, redargüiu:

— No próximo mês, deverei estar de volta a Amboise, trazendo meus escritos para que possas apreciar.

— Será um motivo de júbilo para mim, meu amigo.

CAPÍTULO 27

# O Discípulo Torna-se Mestre

Salai destacava-se como bom aprendiz e lecionava aos jovens aspirantes a pintor de Amboise. Sua beleza e dedicação atraíam cada dia mais a atenção de Alessandra. Ela percebia que já não era tão jovem e que muito tempo se passara sem que se decidisse sobre sua vida amorosa. Agora, fazia tudo para conquistar o coração do homem que escolhera, a muito custo, para ser seu companheiro pelo resto da vida. No entanto, Salai apenas conseguia pensar em ser tão bom quanto o mestre Da Vinci.

Certa vez, o mestre o flagrou ensinando aos novos alunos, dizendo com orgulho:

— Meus caros, esta forma de arte é indispensável para a realização da exploração científica da natureza. Por isso, vos aconselho, da mesma forma que meu mestre um dia aconselhou-me: se quiserdes realmente ser grandes pintores, não vos limiteis à expressão estática do ser humano. Captai a essência do espírito.

Um dos discípulos redargüiu:

— Mas, mestre, os modelos logo se cansam! Não querem posar enquanto os pintamos.

"Mestre" soava bem aos ouvidos de Salai. Então, ele respondeu:

— Utilizai cadáveres.

— "Cadáveres?" — disseram espantados, em um só coro, os cinco alunos. — Como poderemos captar a alma de um cadáver?

— Isso mesmo — respondeu Salai seriamente. — Todos os meus estudos e os do mestre Leonardo derivam de estudos de anatomia humana e animal. Utilizareis apenas para aperfeiçoares o desenho das partes do corpo.

— Então é melhor que pintemos paisagens a sermos excomungados — disse um deles.

— Não tereis por onde fugir. Deveis buscar o conhecimento da anatomia, da botânica e da geologia para obterdes uma pintura de qualidade visual.

Empolgados, os jovens passavam a tarde aprendendo com o novo mestre de desenhos e pintura.

Leonardo estava tranqüilo e feliz por ver seus pupilos ocupados. Queria muito que pelo menos um deles se casasse. Mente inquieta, Leonardo entrou em seu quarto e começou a desenvolver um "quebra-cabeça" de geometria. De repente, sentiu uma aguda dor de cabeça e começou a perder os sentidos. Antes de cair desmaiado, gritou por Melzi.

Tanto Melzi quanto Salai e Alessandra saíram correndo de onde estavam e foram ver o que estava acontecendo. Encontraram Da Vinci caído no chão, inconsciente. O médico da Corte foi chamado. Enquanto todos estavam ansiosos e preocupados, o médico falou:

— Acredito que Da Vinci tenha sofrido uma paralisia. Deixem-no descansar e não permitam que faça esforços físicos nem mentais. Talvez não mova mais nenhum membro.

Aquela notícia abalou a todos. No entanto, Leonardo levantou-se no dia seguinte e não pareceu tão debilitado.

O rei tomou providências para que fosse bem cuidado, pois Leonardo precisava de repouso. Porém, Leonardo reagiu e continuou, mesmo com dificuldade, desenhando e escrevendo.

A Corte vivia de banquetes, e Francesco encontrou em Leonardo um excelente organizador de eventos e competições. Mas Da Vinci não tinha o mesmo ânimo. Mesmo assim, Francesco promoveu uma festa para comemorar o aniversário de cinqüenta e sete anos de Leonardo.

O velho e sábio Da Vinci já não escondia sua aversão em receber a Corte vilipendiada, luxuriante e hipócrita. Poucos eram os que verdadeiramente o amavam. Por isso, ele evitava participar desses grupos, para não ter de se aborrecer com os bajuladores e os cobradores de atenção. No entanto, sua fama ia longe, e muitos queriam vê-lo. Melzi chamou-o para que descesse e comemorasse com os convidados. Ele, no entanto, recolheu-se em seus aposentos e disse-lhe:

— Tudo que tenho e amo está neste quarto: meus diletos filhos, meus manuscritos, centenas de desenhos e meus três quadros preferidos. Posso estar velho, abatido, com a mão direita paralisada e sem forças para pintar, se bem que escreveria até os últimos momentos de minha existência. Oh, mas estou chateado, não quero ver ninguém!

Melzi insistiu para que seu mestre desse o prazer de sua presença aos convidados naquela noite — afinal, era seu aniversário — e disse:

— Faze um esforço, mestre. Todos aqueles que te amam estão à tua espera.

— Tolices, Melzi. Até quando acreditarás que os homens são capazes de amar uns aos outros?

— Pelo menos até quando o senhor viver — respondeu sorrindo.

Leonardo emocionou-se e, com os olhos úmidos, deu um beijo na fronte do discípulo amado e falou com a voz embargada:

— Espero que não percas esta ternura, meu filho. Por ti descerei.

Lá estavam, entre os convidados, Giorgio Vasari, que havia retornado, mas ainda não tinha mostrado suas anotações a Da Vinci. Melzi, sempre atento, pediu a Giorgio que não incomodasse o mestre naquela noite e disse que lhe mostraria suas próprias anotações sobre tudo que acontecia com o mestre.

Vasari viajava de cidade em cidade, coletando informações sobre os artesãos que se destacavam por algum motivo, fosse pela pintura, pela escultura, pela escrita, pela arquitetura ou pela ourivesaria. Ele então comentou com Melzi:

— A graça de Deus possui a mente de Leonardo Da Vinci.

— Mas infelizmente ele está morrendo — disse Melzi com voz baixa e olhos úmidos. — Não se conforma por estar velho, debilitado, com a mão direita parcialmente paralisada.

— É mesmo? Que desagradável! — quis saber Giorgio. — E quando se deu esse acidente?

Melzi respondeu com expressão desconsolada:

— Foi quando resolvia um quebra-cabeça geométrico. Mas a disfunção da mão direita não o atrapalha, pois é canhoto. Teimosamente ele escreve sem cessar, como se temesse não ter tempo bastante para registrar todos os seus conhecimentos. Ele diz que deseja praticar milagres. Já não dorme durante as noites. Tem sonhos com o fim do mundo causado por inundações e fúria dos ventos. Sua mente fervilha de pensamentos e lembranças, mas seu corpo já não acompanha seu espírito.

Giorgio Vasari concluiu:

— É o homem mais inteligente que já conheci. Para que ele se distraia, quero que Leonardo conheça dois amigos meus.

Leonardo sentiu a falta de Beatis, mas pensou que talvez ele também não fosse adepto de festas, pois raramente participava dos banquetes oferecidos pelo rei.

Vasari tinha feito amizade com um padre chamado Jaques, que pretendia deixar a batina diante dos escândalos da Igreja. O outro era um marquês que enviuvara e pretendia casar-se novamente; seu nome era Astolfo.

Vasari aproximou-se de Leonardo e apresentou-os. O padre, como se adivinhasse, logo perguntou:

— Tu foste batizado?

— Não, não fui — Leonardo respondeu.

— Oh, mas que pecado! Se bem que tanto em Milão quanto em Roma é visível o crescente desprestígio da Igreja. Será possível que ninguém do clero perceba o interesse mais no próprio enriquecimento material do que na orientação espiritual dos fiéis?

— De que falas? — perguntou Da Vinci, fazendo-se de desentendido.

— Será preciso dizer mais? É crescente a ignorância e o relaxamento moral do baixo clero. É um nepotismo desenfreado associado à imoralidade completa dos pontífices. Que venha esta tal reforma do alemão Martinho Lutero. Não a temo, é necessária.

Vasari interferiu, perguntando:

— Mas e quanto à construção da Basílica de São Pedro, em Roma? Dizem ser a casa de Deus.

Padre Jaques asseverou:

— Casa de Deus? Oh, perdoe-me! Agora Deus precisa de uma casa! Senhores, por favor. A Igreja anseia por uma casa imponente para reforçar seu poder, não Deus! Quem tem o Universo precisará de um punhado de tijolos comprado à custa de dinheiro imantado de pecado e sofrimento? Cheios de pecados tanto quanto os ricos, os pobres se disporão do pouco que possuem, e ambos ficarão na miséria, não restando ninguém abastado senão a própria Igreja. Os que tiverem coragem para pedir cairão na mendicância, e os que tiverem coragem para roubar se perderão no latrocínio. Aqueles que não tiverem nenhuma coragem encontrarão uma forma de matar-se, seja envolvendo-se em bandos, onde o perigo é constante e a vida está sempre por um fio, ou envenenando-se com o vinho, o ópio e a noite.

Enquanto os convidados ouviam-no, Astolfo voltava sua atenção para Alessandra, que estava linda com um belíssimo vestido azul. Desconcertada, ela fazia tudo para desviar seu olhar. Ousado, ele aproximou-se e convidou-a para dançar. Ela não teve como recusar. Após a dança, ele perguntou:

— Que faz uma bela mulher sozinha em uma festa tão animada?

Alessandra respondeu, encabulada:

— Agradeço tuas gentis palavras, mas, sinto muito, não estou só.

— Estás acompanhada? Então deve ser muito relapso este teu acompanhante, pois a vejo só desde que cheguei.

— Na verdade, não estou devidamente acompanhada — disse Alessandra constrangida, silenciando-se até o fim da dança.

— Concede-me outra dança? — insistiu o rapaz.

Alessandra consentiu, enquanto procurava Salai com o olhar, a fim de salvá-la daquele constrangimento.

Astolfo, de família nobre e muito rica, tornou-se marquês e procurava uma companheira. Apressado, foi direto ao assunto:

— Procuro uma esposa para usufruir comigo de minha fortuna. Se não estás comprometida, gostaria que aceitasses este humilde cavalheiro como seu noivo. Se tu permitires, falarei agora mesmo com teus pais.

Alessandra assustou-se e disse trêmula:

— Todos os franceses são rápidos assim?

— Quando se encontra a mulher certa, um homem não pode perder tempo — disse Astolfo num meio sorriso desenhado sob olhos apaixonados.

— Perdoa-me, senhor, mas não posso dar-te uma resposta agora — respondeu Alessandra.

— Tens até o final da festa para dar-me uma definição — ele galanteou. — Estarei esperando ansiosamente. Enquanto isso, posso fazer-te companhia?

Alessandra já começava a sentir vontade de chorar, pois não sabia como se livrar daquela situação. Então, em silêncio, rogou aos céus que o chão se abrisse a seus pés e ela pudesse desaparecer. Nesse momento, Salai apareceu a seu lado e, antes que a música terminasse, tocou o ombro do marquês e disse:

— Com licença, senhor, esta mulher tem compromisso.

Alessandra sentiu um alívio; seu coração acelerou ao ver Salai. Os dois começaram a dançar, e o marquês distanciou-se, irritado.

— Graças a Deus! — disse Alessandra, num sorriso largo. — Pensei que não viesses me salvar.

— Aquele homem te aborreceu? — perguntou Salai.

— Não, meu querido, ele apenas me pediu em casamento.

— Quê? — falou Salai querendo soltá-la. — Aquele abusado merece uma surra! E tu, o que disseste?

Alessandra segurou-o e disse carinhosa:

— É claro que meu amor pertence somente a ti.

— Te casarias comigo tão logo consiga juntar uma pequena fortuna?

— Não preciso de nenhuma fortuna, apenas de ti, meu amado — respondeu ela num sorriso.

Naquela noite, os dois não pretendiam parar de dançar. Ao longe, Melzi observava-os feliz por vê-los juntos e por ter aberto os olhos de Salai.

O marquês foi chamado por um de seus seguranças, a pretexto de uma tarefa urgente. No entanto, disse que retornaria, pois ficara imensamente interessado em Alessandra e não perderia uma batalha para um artesão, mesmo um protegido do rei.

Do outro lado do salão, os convidados ouviam em silêncio padre Jaques falar. A maioria demonstrava apoio, outros discordavam. No entanto, ele continuava:

— Caríssimos, sei que só não estou sozinho porque Deus, Jesus e Nossa Senhora estão de acordo comigo. Precisamos mesmo é de uma vida cristã mais condizente com o Evangelho. Lembremo-nos das ordens mendicantes, com a figura notável de são Francisco de Assis.

Apesar de se sentir só, o padre não imaginava que, distante dali, um profundo humanista chamado Erasmo de Roterdã, com seu estilo conciliatório e radicalmente oposto à violência, começava a traduzir para a língua latina o Novo Testamento, afastando-se da versão oficial da Vulgata.

Leonardo estava sentado em uma poltrona, em meio aos convidados, e procurava forças para tocar a harpa com uma das mãos, enquanto declamava antigos poemas. Sua melodia foi interrompida por uma trágica notícia. Melzi ficara rodeando-o, esperando o momento certo para dizer-lhe o que acabara de ouvir de uma serva inconsolável. Então o discípulo chegou a seu ouvido e disse-lhe:

— Mestre, estás preparado?

— Para quê, filho? Que mais pode abalar-me?

— Deixa a harpa e não te assustes, mas Beatis acaba de falecer.

— Que dizes?

Melzi explicou:

— Ele estava em casa, sossegado, e tal qual um pássaro descansou no próprio leito.

Leonardo apenas virou-se e disse:

— Filho, é uma pena que não seja eu.

— Cruz credo, mestre! Deus não te ouça! — benzeu-se Melzi.

— Ajude-me a levantar, filho. Vamos até a casa deste nobre homem cumprimentar sua família e dar-lhes ânimo. O rei já sabe?

— Não — respondeu Melzi. — Seus assessores impediram-me de contar-lhe, para que sua alegria não fosse interrompida. Recomendaram que ele só soubesse quando a festa acabasse e ele retornasse ao palácio.

— Para mim acabou. Povo sem consideração! — ralhou Da Vinci. — Depois dizem que eu é que não tenho respeito pelos mortos! Vamos agora mesmo despedirmo-nos de Beatis. Pega meu casaco.

Os dois saíram discretamente e não demoraram a chegar à casa de Beatis. Algumas poucas pessoas rodeavam o leito. No entanto, três delas pareciam estar mais abaladas que as outras. Esposa, filho e nora trajavam o negro luto e não escondiam sua dor.

Apesar de não ter sido apresentado à viúva, Leonardo aproximou-se dela na intenção de transmitir seu pesar. Encontrou-a com a face para o chão e as mãos justapostas sobre os lábios, segurando um lenço, já com um pranto contido. Leonardo aproximou-se lentamente e disse com emoção:

— Senhora, venho trazer minha consideração, pois muito admirava teu esposo, que era um homem muito inteligente, generoso e sensível.

Lentamente, ela levantou os olhos. Virando-se para Leonardo, emudeceu-se trêmula, inundando-se de lágrimas.

Leonardo, ao ver aquele rosto conhecido, sentiu gelar o peito. Levou a mão ao coração e perguntou pasmo:

— Leda?

Com dificuldade, ela respondeu-lhe com a voz embargada:

— Sim, sou eu.

— O que houve, mãe? — quis saber o filho.

— Nada, meu querido. Receba as condolências do senhor Leonardo, um grande amigo de teu pai.

O jovem estendeu a mão, mas Leonardo continuou estático, respirando rapidamente. Não podia acreditar. Melzi nada compreendia e estranhava a palidez de seu mestre. Ele começou a pender o corpo para trás, como se perdesse as forças das pernas, mas Melzi o segurou.

— Mestre? Pelo amor de Deus, o que tens? — quis saber Melzi.

Leonardo apenas falou com dificuldade:

— Tira-me daqui, meu filho. Vamos embora.

Sem nada dizer, Leonardo saiu e permaneceu mudo até o dia seguinte. Por mais que tentassem, Salai e Melzi não conseguiram dele nenhuma palavra. Imaginaram que Beatis fora muito querido.

Leonardo estava enlouquecido; sua mente fervilhava de inúmeros pensamentos e questionamentos. O que realmente aconteceu? Ela não morreu naquele dia? Se não morreu, por que fugiu de sua presença? Não o amava? Achava que não era amada? Por que se casou com outro homem? Por que se escondeu? Como conseguiu estar tão perto sem o procurar para explicar-lhe tudo?

Por um momento, Leonardo pensou que morreria, pois sua cabeça girava. Então se lembrou de não ter visto o sepultamento de Leda naquele terrível dia de tantos tormentos.

Sem respostas para seus questionamentos, Leonardo tomou a iniciativa de ir até a casa dela, a fim de esclarecer todas essas dúvidas, que pareciam enlouquecê-lo.

Seu corpo, antes alquebrado e lento, tornou-se lépido e ágil. Lá chegando, foi recebido por uma criada, que o levou até o jardim sagrado da capela, onde Leda estava de luto colocando flores no túmulo recém-coberto. O vento frio movia seus cabelos embranquecidos.

De longe, ela olhou para Leonardo e, reunindo forças, caminhou em sua direção, indicando com a mão uma varanda, para que pudessem se sentar e conversar. Após se sentarem, ele retirou do bolso um crucifixo e entregou-o a ela.

Ela revirou o crucifixo na palma da mão, delineou um leve sorriso nos lábios, suspirou e deixou que uma lágrima quente rolasse dos olhos.

Ele foi o primeiro a romper o silêncio, com a voz embargada pela dor e revolta:

— Em respeito ao nobre Beatis, eu não deveria estar aqui, mas preciso de respostas.

— Não te exaltes! — ela disse com uma voz suave, porém com a garganta apertada pelos últimos acontecimentos. — Há anos venho rogando a Deus para que essa hora aconteça da melhor maneira possível.

Leonardo olhava-a com um misto de admiração e ódio. O tempo parecia não tê-la afetado. Os cabelos estavam alvos, a pele havia-se tornado menos rígida, no entanto o frescor dos lábios e o brilho dos olhos não se perderam.

Leonardo insistiu:

— Deves saber que nunca amei ninguém senão a ti. Por que me enganaste? Por quê?

Leda reuniu forças e falou:

— Eu não te enganei. O destino ou Deus nos separou.

— Não me dê explicações vazias — levantou-se Leonardo, tentando conter a fúria. — Quero fatos!

— Pois bem! — falou Leda, conseguindo que ele voltasse a se sentar. — Naquele dia em que fui ferida mortalmente, me deste algum líquido que diminuiu a atividade de meu organismo. Eu tinha perdido muito sangue, fiquei como morta. Quando acordei, muitos dias depois, estava sendo cuidada pelas freiras, que me tiveram como protegida por Deus ou morta-viva. Levei muito tempo para me recuperar. Estava atormentada e me sentia castigada por ter buscado meu pai, quando Deus me livrou dele. As freiras me ajudaram a encontrar um caminho mais suave.

— Por que não voltaste para mim? — interrompeu Leonardo, suplicando.

— Não era justo que eu atrapalhasse teu trabalho. Lembra-te de quantas vezes ficavas semanas inteiras, até meses, envolvido com uma pintura ou desenho? Eu seria muito egoísta se exigisse de ti um amor maior por mim. Tinhas a tua missão e hoje és reconhecido por isso. Observava-te de longe, pois estava confusa se eu merecia o teu amor ou mesmo viver ao teu lado.

— Isso não tem nenhuma lógica! Por favor, não subestime minha inteligência! — disse Leonardo.

— Também pensei assim — explicou Leda —, até que um dia decidi retornar e dizer quanto te amava e não me importaria se iria atrapalhá-lo ou não. Porém, era tarde demais. Não mais o encontrei na casa. Descobri que foste embora de Florença. Então, nunca mais te vi. Entendi o que Deus queria. Tornei-me freira e fiz votos, até que conheci Beatis na fronteira com a França, numa viagem de ajuda aos feridos de guerra, que eram muitos, em vista das novas armas. Depois de alguns anos nos casamos e viemos morar em Amboise. Tivemos um filho e...

— Não precisas me contar mais detalhes — interrompeu Leonardo. — Não imaginas quanto sofri? Compreendo o que pensaste, pois tenho inteligência para isso, mas não aceito o que fizeste. Amaste-me tanto que me fizeste o mais infeliz de todos os seres!

— Sim, imaginei isso durante todos estes anos! — ela disse. — Mas foi melhor para nós dois.

Leonardo levantou-se e andou nervosamente de um lado para o outro. Então falou com voz irritada:

— Então decidistes o que seria melhor para nós dois? Será que eu não tinha o direito de decidir sobre o que seria melhor para mim?

— Fale baixo! — ela falou, segurando sua mão.

Nesse gesto, ele parou, pois voltaram à sua mente todas as boas lembranças que guardara com extremo carinho, os momentos em que estiveram juntos, o carinho e afeto que nutriram um pelo outro e que lhe serviram de alento durante tantos anos. Assim, ele mudou o semblante e perguntou com voz baixa:

— Um dia, me disseste que me amavas. Deste-me o estímulo para viver intensamente, para modificar a arte, descobrir novas técnicas. Poderíamos ter feito tudo isso juntos. E ainda há tempo?

— Tempo? O que é o tempo senão uma fera indomável? Não dificulte as coisas — ela falou, soltando-lhe a mão. — É tarde demais; além disso, meu filho não compreenderia.

— Não, Leda — disse Leonardo, franzindo o cenho —, não dificultarei. Tens a tua vida e eu tenho a minha. Perdoa-me por ter vivido contigo em meus pensamentos. Guardava-a com o mais profundo afeto. Voltarei para a minha solidão. Tu, ao contrário, tiveste uma vida intensa, com um homem bom e dedicado. Eu, por minha parte, vivi solitário...

Um silêncio se fez entre ambos. As lágrimas brotavam incessantemente. Ela secou o próprio rosto e o dele com um lenço e disse-lhe:

— Não penses que não sofri. Mas foi por amar-te que assim agi. Disseste a um amigo: "Com a arte viverei completamente feliz; não preciso de mais nada". Estavas certo, eu seria um tropeço em tua vida. Desde que me conheceste passaste a correr perigo. Agora, vê tuas obras, são valiosas para a humanidade...

— Incompletas! — ele falou num acesso de fúria. — Todas incompletas, assim como eu! Um incompleto! De alma incompleta!

— Não, meu querido, és o melhor, o mais fantástico e também o mais respeitado! Tua obra atravessará os séculos.

— Sou um artista incompleto — ele falou com voz embargada —, pois me falta uma fonte de inspiração. Todo artista possui uma musa, mas me foi negado esse direito.

— Oh, rogo teu perdão! Deus é testemunha de que tudo fiz com a melhor das intenções. Se errei...

Ela já não tinha forças para continuar falando. As lágrimas copiosas que lhe brotavam dos olhos impediam-na de continuar. Leonardo aproximou-se e, tocando seus cabelos, falou com carinho:

— Oh, severa musa, invejo a tua felicidade e cada momento que Beatis passou ao teu lado. No entanto, não posso voltar no tempo. Apenas queria que soubesses que te amei todos estes anos. Eu sozinho te amei por nós dois. Vou-me embora, não quero fazer-te sofrer mais.

Ambos perceberam que muito tempo havia-se passado. Um imenso abismo havia-se formado entre eles. Leonardo deu as costas, colocou o chapéu e deu dois passos em direção ao portão. De longe, ela falou:

— Não é verdade, eu te amei! — e disse a si mesma: — E amo. — Ele ouviu, parou, mas logo voltou a caminhar. No entanto, ela insistiu de longe: — Não queres saber o nome de meu filho?

— Não me importa saber o nome de teu filho — falou Leonardo, distanciando-se. — Nada mais me importa.

Num esforço, ela alcançou-o e falou:

— Leonardo, acredite, jamais deixei de amar-te. Mas seria impossível não amar Beatis. Tu o conheceste e me dás razão. Quero apenas que me perdoes antes que eu me vá deste mundo.

— Isso é impossível! — disse Leonardo, ríspido, distanciando-se a passos largos, deixando-a. Enquanto isso, ele viu entrar pelo portão o jovem filho do casal, tendo a esposa do lado com o filho no colo.

Num silêncio mortal, ele caminhou até chegar em casa. Tão logo chegou, Melzi foi a seu encontro com palavras de filho preocupado:

— Mestre, onde estavas? Ficamos preocupados! Estás bem?

Ele respondeu secamente:

— Não, filho, não estou bem. E não me faça perguntas! Não entenderias nada do que aconteceu.

Melzi calou-se. Jamais havia visto o mestre assim tão desfigurado. Pensou que, talvez, Leonardo precisasse de cuidados especiais. Então decidiu adiantar a visita do padre.

No dia seguinte, à tarde, Leonardo recebeu a visita do padre, que se tornara muito simpático e foi logo lhe dizendo:

— Querido irmão, que Deus te abençoe!

— Amém — respondeu Leonardo, pouco simpático.

Vendo a tristeza estampada em seus olhos, o sacerdote comentou:

— Só Deus mesmo para explicar os mistérios da vida e da morte, não é verdade?

— Os mistérios da morte são fáceis, os da vida é que são desafios. Mas o que foi, padre, meus filhos acham que vou morrer, por isso chamaram-no antes da hora?

— Oh, chega de morte! Ontem à noite faleceu a viúva do senhor Beatis. Pobre mulher, não suportou a ausência do marido.

Leonardo levantou-se da cadeira com os olhos já úmidos. Porém, logo voltou a sentar-se e disse, disfarçando a melancolia:

— Pessoas nascem e morrem todos os dias. É a lei da vida.

O padre continuou:

— Beatis era um homem santo, e sua esposa, uma flor de candura. Conheceste Leonardo, o filho deles? Ele está inconsolável!

Da Vinci levantou-se novamente, desta vez trêmulo e estupefato, e perguntou:

— Como é o nome do filho deles?

— Leonardo — respondeu o sacerdote —, assim como tu. Não é uma feliz coincidência?

Leonardo voltou a sentar-se. Era como se um punhal tivesse lhe aberto o peito, fazendo jorrar um mar de sangue gelado por todo seu corpo. Ele percebeu que mais uma vez não havia enxergado a realidade. Então, perguntou com a voz embargada:

— Padre, podes me batizar? Quero me confessar longa e detalhadamente.

— É claro! — respondeu contente o sacerdote. — Será uma honra para mim. Nunca é tarde para se render ao Senhor. Amanhã mesmo o aguardarei em minha igreja.

— Oh, padre, se não for incômodo, gostaria de me confessar aqui mesmo, em meu quarto.

— Sem problemas! Agora mesmo?

— Não, eu te avisarei quando estiver preparado — disse Leonardo.

Nas últimas semanas, Leonardo ficara mais na cama, rodeado por seus filhos adotivos, e todas as tardes o rei ia visitá-lo. Em seu quarto, estavam expostos apenas três quadros: o retrato da Senhora Lisa,[16]

[16] "Mona Lisa" (1503-1505), óleo sobre madeira, 77cm x 53cm, bem como "Sant'Ana, a virgem e o menino" (1508-1510), óleo sobre madeira, 168cm x 112cm, estão hoje no Museu do Louvre, em Paris (França).

"Sant'Ana, a virgem e o menino, e são João Batista". Salai encontrava-se envolvido com as pinturas, mas Melzi estava sempre ao lado do mestre, assistindo-lhe em suas mínimas necessidades. Vez ou outra, segurava suas mãos generosas e ouvia-o dizer com serenidade:

— Ah, estas mãos que muitas vezes usei para concretizar o que concebia mentalmente, tal qual um artista de elevado plano!

— Deves descansar — disse Melzi cuidadoso, cobrindo-lhe os pés com o cobertor.

— Oh, o que é o descanso, filho? Assim como um dia bem passado traz sono feliz, a vida bem vivida traz a morte feliz. Dediquei minha vida inteira à arte e à ciência. Paixões diferentes, fortes, intensas, mas que não preencheram minha alma, que é humana e necessita de amor humano. O amor é tudo, meu filho...

— Por falar em amor — disse Melzi —, tenho pena de Salai e Alessandra. Gostaria que se unissem oficialmente, pois assim terei certeza de que estarão seguros quando o senhor não estiver mais entre nós.

— Falarei com Salai. Tenho certeza de que isso se resolverá de uma vez por todas. Jamais vi um romance demorar tanto para se resolver. Mas e tu, meu dedicado discípulo — perguntou Leonardo —, não buscarás nenhuma mulher para te casares?

— Ah, mestre, sou um celibatário! Aliás, nunca tive coragem para perguntar: como o senhor conseguiu passar tanto tempo vivendo como um monge, isto é, sem nenhuma mulher? O senhor entende o que digo?

Leonardo sorriu e respondeu:

— Sim, compreendo o que queres saber. Digo-te que, quando era jovem como tu, sentia dificuldade em equilibrar-me. Mas confesso que, assim como o rio, cujas águas canalizadas transformam terras secas em férteis, as forças da virilidade, quando dirigidas à criação intensa, podem transformar um simples e bastardo garoto de um vilarejo em um gênio rodeado por reis poderosos. Melzi, chama o padre, quero confessar-me. Depois chama Salai e Alessandra, pois quero abençoá-los.

Não demorou muito, e Salai chegou acompanhado pelo sacerdote, vestindo uma batina branca e trazendo a Bíblia nas mãos. O padre o batizou com água e depois se sentou para ouvi-lo. Leonardo fez um pedido apenas: que seus filhos permanecessem no quarto. Alessandra saiu, dizendo que resolveria uma questão muito importante e logo voltaria para receber a bênção de Leonardo.

CAPÍTULO 28

# Amores Diferentes, Destinos Diferentes

Leonardo narrou detalhadamente cada passagem de sua vida desde a infância. Os dois discípulos ouviram-no emocionados, criando imagens na mente à medida que o mestre lhes relatava tantos depoimentos maravilhosos.

O padre fez o sinal-da-cruz diante de Leonardo, ungiu-o com água benta e disse-lhe:

— Em nome de Deus, Nosso Senhor, e de Jesus Cristo, Nosso Salvador, teus pecados estão perdoados. Agora, deves descansar na misericórdia do Altíssimo.

— Obrigado, padre. Gostaria que preparasses na tua igreja uma bela cerimônia de casamento para meu filho Salai, no próximo domingo.

O padre levantou-se de onde estava sentado e falou:

— Com muita satisfação. Agora preciso ir, pois tenho alguns batizados para fazer. Fiquem com Deus.

Leonardo respirou profundamente, reuniu forças e voltou a falar para Salai:

— Filho, não te apegues a nada, mas se tiveres de te apegar escolhe as pessoas que amas, pois a criatura humana é a melhor das invenções de Deus. Vai, corre, antes que tua amada encontre outro destino, outro amor, e viva infeliz como tu. Não és como eu. Sê tu mesmo, não tentes imitar-me em tudo. Se queres ser um bom pintor ou inventor, que sejas, mas não me sigas pelo lado do coração. Ah, se pudesse voltar no tempo, seria a única coisa que mudaria! — Voltando-se para Melzi, ordenou com carinho: — Diminua o fogo da lareira, filho, já não sinto frio.

Melzi agiu rapidamente e disse para Salai:

— Está quase na hora de o rei chegar. O que estás esperando! Não ouviste o mestre? Vá falar com Alessandra antes que seja tarde! — irritou-se Melzi, que insistia em tratá-lo como irmão mais novo, enquanto mexia as brasas com um espeto em forma de garra, desenvolvido por Da Vinci.

— Espera só mais um instante! — murmurou Leonardo. — Melzi, abre a gaveta que tenho aqui embaixo da cama.

— Sim, mestre — disse ele, retirando um baú muito antigo. — Aqui está.

Leonardo olhou com carinho para Salai, indicou o baú e disse:

— Melzi, herdarás meus manuscritos e desenhos. Tu, Salai, por aprenderes rapidamente o meu estilo, herdarás os meus quadros. Mas quero também que guarde consigo este baú e passe-o aos teus filhos e netos. Foi de meu avô e muito me serviu em meus estudos. Deixa para abri-lo quando eu me for. Meu coração não está forte o bastante para suportar a emoção de tais lembranças.[17]

— Teu desejo será cumprido, mestre. Como sempre, és muito generoso — disse Melzi, modificando o semblante de espanto, como a se lembrar de uma notícia. — Ah, como pude esquecer-me! Semana passada comprei isto de um garoto na rua. Está bem aqui nesta gaveta. Deve ter sido roubado de alguém. Se parece muito com teu estilo. É um desenho antigo. — Melzi desenrolou um desenho e colocou-o na altura dos olhos de seu mestre e perguntou-lhe: — Não é bela?

Era o antigo retrato de Leda no leito do rio Arno, feito com o sangue do próprio punho de Da Vinci.

---

[17] Melzi preservou cuidadosamente a herança, mas com sua morte, cerca de cinqüenta anos após a do mestre, os sete mil manuscritos dispersaram-se entre colecionadores que os guardam secretamente. Conservaram-se cerca de seiscentos desenhos, os quais representam talvez a terça parte da vasta produção de Leonardo Da Vinci. Alguns estão nos museus; outros, em poder da rainha da Inglaterra e de colecionadores milionários que insistem em ocultar da humanidade a genialidade de Leonardo Da Vinci.

Leonardo, logo que viu aquele desenho, levantou-se a meio corpo e, com os olhos úmidos e fixos nele, esticou com dificuldade a mão trêmula e tocou com a ponta dos dedos a face da jovem no rio, coberta por uma cortina de água. De repente, ele cobriu o rosto com as duas mãos e chorou copiosamente.

— Mestre, não sofras! — preocupou-se Salai, abraçando o mestre. — Melzi, vê o que fizeste?

— Oh, perdoa-me! — disse Melzi em agonia. — Como fui estúpido! É claro! Este desenho muito lembra o que fizeste de Leda, a quem amaste.

— Não te culpes — disse Leonardo secando as lágrimas que lhe banhavam o rosto —, é o meu desenho, tenho certeza. Quem o roubou deve tê-lo vendido, e quem o comprou acabou por ser igualmente roubado. Deixa-me olhá-la mais uma vez.

Após ficar mais um instante estático, repetindo em sua mente fantástica a figura especialmente bela de Leda e as últimas e duras palavras que ele lhe falara, Leonardo disse com voz emocionada:

— Estes meus olhos já estão prontos para partir, pois não há mais nada a ver. Ah, eu a amei durante toda minha vida. Sim, eu a amei mais que a arte. No entanto, sou obrigado a concordar que uma força poderosa não quis que nos uníssemos. Vai, Salai, não perde tempo, chama Alessandra, quero unir-vos.

Nesse momento, ouvindo aquelas palavras, muitos pensamentos passavam pela cabeça de Salai. Então, ele decidiu-se e, sorrindo, beijou a testa do mestre, dizendo-lhe.

— Não tardarei, mestre. — E saiu como um doido.

Quando Salai abriu a porta e deu de cara com um criado, este anunciou:

— Senhor, o rei chegou.

Salai viu-se obrigado a acompanhar a visita do rei. Um hábito do regente todas as tardes: Sua Majestade, o rei Francesco I, deixava seus afazeres para conversar longamente com Leonardo, que lhe dava, por suas lições, a maturidade e a segurança de que o rei precisava para governar sabiamente. Tão logo entrou, o rei perguntou-lhe alegremente:

— Meu amigo, como estás hoje? Ainda estás acamado?

— Estou bem melhor agora que te vejo, majestade — respondeu Leonardo num sorriso, secando as lágrimas com o lençol.

— Oh, bom homem, quisera tê-lo sempre comigo, a fim de ouvir teus sábios conselhos!

— Quem dera! — riu Leonardo. — A mente continua trabalhando, enquanto o corpo já não acompanha os lampejos do espírito... que anseia por liberdade.

Nesse momento, Leonardo silenciou, e seu semblante ficou sério. Todos também silenciaram. Então, Leonardo acenou com o dedo indicador para que Francesco se aproximasse mais.

O rei aproximou-se, sentando-se a seu lado no leito e, segurando-lhe carinhosamente a cabeça com as mãos, ouviu Leonardo falar baixo em seu ouvido:

— É chegada minha hora. Ampara meus diletos discípulos.

O rei, assustado, falou:

— Não fales assim, Da Vinci. Mas, se é teu desejo, assim farei com prazer se me fizeres igualmente outro favor.

— E qual é? — perguntou Leonardo num gemido.

— Prometes reservar-me um bom lugar no Céu, para onde tu vais?

— Sim, se jurares não fazer guerra.

— Eu tentarei — disse o rei num sorriso, quase em choro.

— Então também tentarei reservar-te um bom lugar, mas parece que Deus não faz tudo que queremos.

Ambos se emocionaram. Os que estavam ao derredor não compreenderam o que eles diziam, mas sabiam que algo especial estava acontecendo, pois de seus olhos brotavam pérolas de lágrimas pela atmosfera de despedida que se instaurava no ambiente.

Por um momento, Leonardo sentiu-se tranqüilo, enquanto Francesco lhe acariciava os longos cabelos brancos numa ternura filial, que fazia a todos derramar um pranto sincero. Lançando um olhar para Melzi, com extremo carinho e gratidão, e para Salai, quase como a dizer "Vai, corre atrás da felicidade, pois ela está escapando de tuas mãos como escapou das minhas", ainda balbuciou:

— O amor... é... tudo...

Nesse enlevo, sua cabeça pendeu, seus olhos se fecharam lentamente, e com semblante alegre sentiu seu coração diminuir o compasso e suas forças se esvaírem como se um leve torpor tomasse conta de seus sentidos. Já não sentia seu corpo, outrora dormente; no entanto, ainda podia ouvir o som do soluço de seus filhos. De repente, tudo se tornou estático e silencioso para Leonardo, como se entrasse em sono profundo.

Salai e Melzi debruçaram-se sobre o corpo inerte daquele que fora seu pai, amigo, protetor e, principalmente, mestre. Melzi, no entanto, que até o momento parecia forte, rompeu-se em pranto sincero e beijou a fronte serena do amorável protetor, chorando:

— Meu pai! Meu pai! Não partas ainda! Por favor, não partas! Não nos deixe...

Salai aproximou-se e disse-lhe:

— Meu irmão, não estás só.

Melzi silenciou e deixou que as lágrimas banhassem seu rosto e beijou mais uma vez a destra de seu mestre, dizendo:

— Hoje é Dia de Santo Atanásio,[18] que nos deixou uma lição: por maior que seja a dificuldade, nunca devemos deixar de perseguir nossos ideais.

Salai repetia em sua mente as palavras do mestre: "O amor é tudo". Um oceano de pensamentos borbulhava em sua mente. Sem dizer nenhuma palavra, correu até o quarto de Alessandra, para que ela pudesse se despedir do mestre, mas não a encontrou; então, correu até a estrebaria onde estavam as carruagens. Uma serva ainda secava os prantos, pois sabia que sua ama seria infeliz. Após dizer-lhe, num gesto apenas, o caminho que ela havia tomado fazia pouco tempo, ele apropriou-se de um cavalo e, galopando como um louco, tomou a estrada,

[18] Era 2 de maio de 1519.

a fim de alcançar a carruagem que levava sua amada para outro destino. Tão logo a viu de longe, gritou, até que o cocheiro parasse. Então, ela olhou para trás e gritou:

— Deixa-me em paz!

Salai pediu que ela descesse e disse-lhe ofegante:

— Alessandra, meu amor, nunca tive dúvidas: amo-te mais que a tudo no mundo e quero ser teu para sempre! O padre já está providenciando para que nos casemos no domingo. — Antes que a donzela, sorridente, lhe respondesse, ele continuou com a face mergulhada em sombras: — Nosso pai acaba de descansar nos braços do rei. Ele será insuperável através dos tempos. E não serei eu quem o superará.

Tirando do rosto um leve sorriso, ela baixou os olhos e disse com docilidade:

— Virgem Santa, quero vê-lo agora mesmo!

O casal voltou para o palácio, plenos da certeza de que o tempo não os impediria de encontrar seu destino, certos de que é possível vencer o medo, a indecisão e a própria infelicidade.

IMPRESSÃO E ACABAMENTO
YANGRAF Fone/Fax: 6198-1788